BERLINER LATEINAMERIKA-FORSCHUNGEN

Ute Hermanns

Schreiben als Ausweg, Filmen als Lösung?

Zur Problematik von Literatur im Film in Brasilien 1973-1985

VERVUERT VERLAG · FRANKFURT AM MAIN 1993

Die Deutsche Bibliothek - CIP-Einheitsaufnahme

Hermanns, Ute:
Schreiben als Ausweg, Filmen als Lösung? : Zur Problematik von Literatur im Film in Brasilien 1973 - 1985 / Ute Hermanns.
- Frankfurt am Main : Vervuert, 1993
(Berliner Lateinamerika-Forschungen ; Bd. 3)
Zugl.: Berlin, Freie Univ., Diss., 1992
ISBN 3-89354-153-5
NE: GT

Inhaltsverzeichnis

Vorwort

Diese Arbeit soll Studenten und Lehrenden einen Einstieg vermitteln, um die Auseinandersetzung mit dem wissenschaftlichen Grenzbereich der sogenannten "Literaturverfilmungen" in der Lateinamerikanistik zu fördern.

Mein Dank richtet sich an Institutionen, Personen und Freunde, die mir Anregungen gaben und Unterstützung gewährten.

Heloísa Buarque de Hollanda und Silviano Santiago sei gedankt für die wissenschaftliche Orientierung in Rio de Janeiro, den Mitarbeitern der *Embrafilme* und der *Fundação do Cinema Brasileiro* für die Möglichkeit, Filme zu sichten und Archivmaterial zu beschaffen.

Ich danke auch den Mitarbeitern der *Cinemateca do Museu de Arte Moderna* in Rio de Janeiro, der *Cinemateca Brasileira* und des *Museu Lazar Segall* in São Paulo für die Unterstützung bei der Materialsuche und der Filmsichtung; Suzana Amaral, Joaquim Pedro de Andrade, Jean-Claude Bernardet, Ignácio de Loyola Brandão, Carlos Augusto Calil, Leonor Chaves Sprenger, Ceres Feijó, Théa und Rubem Fonseca, Roberto Gervitz, Arnaldo Jabor, João Luiz Lafetá, Lígia Chiappini Morães Leite, José Louzeiro, Lúcia Nagib, Maria Monteiro, Hermano Penna und Nelson Pereira dos Santos und Berthold Zilly für Gespräche oder Interviews.

Mein besonderer Dank gilt Prof. Dr. Ulrich Fleischmann, der mir in zahlreichen Gesprächen wertvolle Hinweise gab und mich dadurch in den unterschiedlichsten Phasen dieser Arbeit motivierte.

Jürgen Gans hat den Text in eine schöne Form gebracht, dafür ein herzliches Dankeschön.

Paul Stänner, Juliane Laschke, Ursula Niehaus, Anne Willems und Dietrich Schier tausend Dank für die Freundschaft und, und, und...

Schließlich möchte ich dem *Deutschen Akademischen Austauschdienst* für den Forschungsaufenthalt in Brasilien und der *Friedrich-Naumann-Stiftung* für das Stipendium aus Mitteln des Bundesministeriums für Bildung und Wissenschaft danken. Dadurch wurde mir die kontinuierliche Arbeit am Thema ermöglicht.

Einleitung

Marcélia Cartaxo erhielt auf den Berliner Filmfestspielen 1986 den Silbernen Bären für ihre schauspielerische Leistung im Film *A Hora da Estrela*. Der Film von Suzana Amaral erregte zwar das Aufsehen der Presse, aber die deutsche Filmkritik erwähnte nur am Rande, daß er nach einem Roman von Clarice Lispector entstanden war. Sein Inhalt wurde nicht berücksichtigt. Die Schriftstellerin ist in der Bundesrepublik Deutschland durch zahlreiche Übersetzungen ihrer Werke bekannt[1]. Die Filmkritik beließ das deutsche Publikum sowohl über die intertextuellen Bezüge zwischen Film und literarischem Text als auch über den Kontext des Films innerhalb des brasilianischen Filmschaffens in Unkenntnis.

Das Verhalten der Filmkritik zeigt beispielhaft, daß in der Bundesrepublik die Rezeption von Filmen und Literatur aus Brasilien vertieft werden könnte. *A Hora da Estrela* gehört zu den Filmen, die, obwohl sie ein spezifisch brasilianisches Thema zeigen, vom internationalen Publikum verstanden und gewürdigt werden.

Die vorliegende Arbeit wird sich der Problematik von Literaturverfilmungen in Brasilien durch Einzelanalysen annähern, um das Verständnis zu diesem Thema in der Bundesrepublik Deutschland zu wecken. Damit soll zur Integration des Mediums Film in die Lateinamerikanistik als Literaturwissenschaft beigetragen werden.

An exemplarischen Beispielen wird die Situation von Literaturverfilmungen aufgearbeitet werden, die im Rahmen der brasilianischen Filmproduktions- und -distributionsgesellschaft *Embrafilme* in den Jahren von 1973 bis 1985 entstanden sind. Staatliche Subventionen flossen in die Spielfilmproduktion, weil die brasilianische Regierung internationales Ansehen auf diesem Sektor anstrebte.

Der Grund für dieses Interesse der Militärregierung und die Rolle, die die Regisseure des sogenannten *Cinema Novo* einnehmen, sollen ermittelt werden. Die *Cinema Novo* Regisseure hatten in den 60er Jahren ein politisches Kino mit einem gesellschaftsverändernden Anspruch entwickelt. Sie drehten Filme, die sich kritisch mit den gesellschaftlichen Gegebenheiten Brasiliens auseinandersetzten. Ob die Regisseure des *Cinema Novo* sich an den Rahmen der staatlichen Filmpolitik der *Embrafilme* angepaßt oder ob sie erkennbare Gegenstrategien entwickelt haben, um ihre Opposition zur Militärregierung deutlich zu machen, wird bei dieser Analyse untersucht. Wie FilmemacherInnen der nachfolgenden Generation ihre Projekte durchgesetzt haben, soll dargestellt werden.

Die Fragestellungen beziehen sich auf Literaturverfilmungen, weil diese durch eine spezielle Förderung des Ministers für Erziehung und Kultur seit 1972 eine besondere Rolle in der brasilianischen Kinematographie einnehmen. Jedes Jahr gab es einen Preis für die beste Verfilmung eines literarischen Textes aus dem Werk eines verstorbenen Autors.

Für die Untersuchung werden literarische Texte mit einem schreibenden Ich als Protagonisten herangezogen, der Überlegungen zum Prozeß des Schreibens und zur gesellschaftlichen Verantwortung des Schriftstellers anstellt. Auch Texte, die Stereotypen des Verhaltens aufzeigen, die eine gesellschaftliche Veränderung blockieren, werden in die Untersuchung einbezogen.

Ein Schwerpunkt wird die Einordnung von Literaturverfilmungen sein, die im Kontext eines "peripheren Kinos" entstanden sind. Die Bedeutung der Filme für das nationale Selbstverständnis soll erarbeitet werden.

Für die Analyse wird die allgemeine Forschungslage zur Integration des Mediums Film in die Literaturwissenschaft ebenso berücksichtigt wie der Stand wichtiger Arbeiten zur Verfilmung von Literatur. Die unterschiedlichen Methoden von Literatur- und Filmwissenschaft besagen auf die erste bezogen, daß der Film von Elementen des schriftlichen Textes geprägt sein muß. Die Filmwissenschaft dagegen betont die Autonomie des Mediums Film gegenüber dem literarischen Text und stellt an den Film die Anforderung, innerhalb der Filmgeschichte Bezüge herzustellen oder auszuarbeiten. Beide Ansätze sind zu beleuchten, denn jeder bietet Erklärungsmuster an, die sich z.T. gegenseitig nicht ausschließen.

Die Integration des Films in die Lateinamerikanistik wurde bislang in der Forschung vernachlässigt. Wie in anderen Philologien gibt es auch hier noch keinen Konsens hinsichtlich der Integration der Filmwissenschaft[2]. Durch die "Literaturverfilmungen" kommt auch die Lateinamerikanistik als Literaturwissenschaft mit dem Medium Film in Berührung.

> "Möglicherweise gibt es für den Literaturwissenschaftler kein schwieriger zugängliches Objekt als die Literaturverfilmung - eben weil die unreflektierte Übertragung literaturwissenschaftlicher Analyseverfahren, die an der Buchliteratur erprobt wurden, auf den Film eine stete Gefahr ist" [3].

Die theoretische und analytische Auseinandersetzung weist verschiedene Ansätze auf. Die Analyseverfahren, Theorien und auch Erklärungsmuster, die sich mit diesem Phänomen aus filmkritischer, filmwissenschaftlicher oder literaturwissenschaftlicher Sicht auseinandersetzen, müssen überprüft werden. Es geht darum, eine Herangehensweise zu finden, die der Besonderheit der lateinamerikanischen Film- und Literaturproduktion nahekommt.

Dafür werden die literarischen Texte zunächst vorgestellt und in ihrer Stellung und Bedeutung innerhalb der brasilianischen Literatur und im Rahmen des Gesamtwerks des Autors/der Autorin eingeordnet. Die Filmanalyse wird die Aussage der Regisseure zu den Texten aufarbeiten. Dabei soll auch untersucht werden, ob sich der Regisseur auf andere Filme bezieht. Wie sieht sein Beitrag zu einer eigenständigen nationalen Filmsprache aus? Gibt es diese überhaupt? Welche Aussage macht der Regisseur aus dem literarischen Text durch seinen "Akt des Wieder-holens" zur Zeitgeschichte? Welche Bedeutung haben die beiden Arbeitsschritte der Transformation über das Drchbuch zum Film für seine Aussage? An diesen Fragen wird die Analyse ausgerichtet sein.

Es liegt in diesem Fall nahe, zuerst die relevanten Analyseverfahren aus anderen Philologien, wie der Germanistik, der Romanistik oder der Anglistik zu prüfen. Ein Ansatz ist die Methode von Klaus Kanzog. Er geht davon aus, daß Film und Literatur einen Textstatus besitzen. Kanzog versucht mit einer linguistisch fundierten Adaptationsanalyse, in seiner Filmphilologie die Unterschiede von filmischem und literarischem Erzählen zu erarbeiten. Sein Ansatz zielt darauf ab, dem nicht sprachlichen Text (Film) mit einem Filmprotokoll einen sprachlichen Text zuzuordnen. Das Filmprotokoll beschreibt den nicht sprachlichen Text mit einer geordneten Menge von Propositionen (zuvor definierte Angaben). Dieser neu entstandene sprachliche Text (Filmprotokoll), der einen nicht sprachlichen Text (Film) wiedergibt, ist nach Kanzog wie jeder andere Text (Literatur) analysierbar[4].

Dieses Verfahren setzt voraus, daß von einem nicht-sprachlichen Text ein sprachlicher Text erstellt werden muß, um ihn zu begreifen und dann analysieren zu können. Das Vorgehen ist umständlich, zumal der Film eine eigene Sprache entwickelt und der Zuschauer imstande ist, den Film zu begreifen, ohne die literarische Vorlage zu kennen. Allerdings können aus Kanzogs Filmphilologie vier Prämissen übernommen werden:

> "Grundsätzlich gilt: (1) Literaturverfilmungen sind Analogiebildungen zur literarischen Vorlage. (2) Keine Transformation verläuft ohne Informationsverluste. (3) Bei jeder Transformation ergeben sich Varianten und Invarianten. (4) Adäquatheit ist nur deskriptiv, nicht normativ bestimmbar" [5].

Kanzog unterscheidet zwischen der bloßen Ausbeutung des literarischen Stoffes, die vielfach zur Zerstörung von inhaltlichen, intentionalen oder sprachlichen Textbotschaften beiträgt, und der "Literarizität" eines Films. Sie meint die bewußte literarische Orientierung eines Regisseurs, die im Autorenfilm stattfindet. Dort wählt der Regisseur selbst einThema und arbeitet es, möglichst nach eigenen Vorgaben, filmisch mit eigener künstlerischer Handschrift aus. Literarizität meint auch, daß der Film auf die

Literatur Bezug nimmt. Kanzog sieht die Filmanalyse als komplementäre Analyse zur Textanalyse. Hier wird die sprachwissenschaftliche Ausrichtung seines Ansatzes sehr deutlich, da Filme oft filmsprachlich aufeinander bezogen sind. Dieser Bezug fällt in seiner Filmphilologie weg.

Irmela Schneider begreift den Film ebenfalls als Text und läßt in die Textstrukturierung der Literaturverfilmung besonders den Prozeß der Transformation des literarischen Textes einfließen. Dadurch ist sie in der Lage, das Problem der Kürzungen intentional zu entschlüsseln:

> "Wenn in einem Transformationsprozeß Aussagenkomplexe eines Textes gestrichen werden, so muß man nach der Motivation dieser Streichung und nach dem historischen Ort der gestrichenen Stelle fragen. Diese Überlegungen führen zu der prinzipiellen Frage, inwieweit die Intertextualität durch derartige Streichungen und Modifikationen verändert wird, und zwar jetzt nicht durch die semiotische Veränderung, sondern aufgrund der veränderten historisch gesellschaftlichen Bedingungen und der damit einhergehenden Veränderung von Symbolsystemen" [6].

Die Straffung der Handlung, die Selektion von Protagonisten und die Konzentration auf bestimmte Erzählinhalte gehören zu dem Verfahren der Transformation von Literatur in den Film. Der Ansatz von Irmela Schneider befaßt sich mit den historischen Gegebenheiten, die in die Transformation eines Textes einfließen; doch ist ihr Ansatz sehr abstrakt und entbehrt eines Modells zur Filmanalyse.

Demgegenüber enthält der Ansatz von Karl Prümm eine differenziertere Auseinandersetzung sowohl mit dem Standpunkt des Autors in seinem historischen Kontext als auch dem Standpunkt des Regisseurs zum Zeitpunkt der Verfilmung: Prümm spricht von einer Adaptionstrias, die sich bei der Analyse von Literaturverfilmungen empfiehlt. Sie besteht aus einer Adaptionskonstellation, einer Adaptionsintention und einer Adaptionskonzeption.

> "Adaptionskonstellation wäre eine Art Einleitungskapitel in der Chronologie jenes Prozesses von Übertragung und Aneignung. Hier ist die Ausgangslage zu umreißen, die Position der beiden Pole, des literarischen Textes und des verfilmenden Autors in ihren jeweiligen medialen Kontexten zum Zeitpunkt des Medientransfers, die Rezeptionssituation der Vorlage, die öffentliche Präsenz und Bewertung ihres Autors sowie die Ausrichtung, die ästhetischen Interessen und die Arbeitsweise des Verfilmenden, die eine auf die Adaption zielende Lektüre in Gang setzen. Zu der Aktualität des literarischen Textes und dem Impuls, ihn im optischen Medium neu zu erzählen, muß als dritter, das Adaptionsereignis konstituierender Faktor die Bereitschaft des Mediums hinzutreten, seine Ressourcen für ein solches Projekt zur Verfügung zu stellen" [7].

Diese Adaptionstrias wird beiden Medien gerecht, indem sie Autor, Regisseur und das literarische oder filmische Werk in ihren jeweiligen historischen Kontext einordnet und von dort aus für den Leser und/oder Filmzuschauer begreifbar macht. Die Produktionsbedingungen werden untersucht, eine Analyse des literarischen und des filmischen Werkes wird erstellt, und die Position des "Textes" im jeweiligen Werk von Regisseur und Autor aufgezeigt. Das hat den Vorteil, dem "Grenzstatus der Literaturverfilmung", ihrem Charakter als Grenze zwischen Literatur und Film näher zu kommen:

Literaturverfilmung wird hier definiert als Text, der sich unter Verwendung von ikonischen und sprachlichen Zeichen in einen transformationellen Bezug zu einem literarischen Text mit ausschließlich sprachlichen Zeichen setzen läßt. Dabei spielen historische und produktionstechnische Einflüsse eine entscheidende Rolle für eine neue Ausrichtung eines bereits existenten Textes.

Dabei bleibt zu untersuchen, ob die brasilianischen Regisseure den radikalen Anspruch Fassbinders an die Literaturverfilmung einlösen:

> "Ein Film, der sich mit Literatur auseinandersetzt, muß diese Auseinandersetzung ganz deutlich, klar und transparent machen, darf in keinem Moment seine Phantasie zur allgemeinen werden lassen, muß sich immer in jeder Phase als eine Möglichkeit der Beschäftigung mit bereits formulierter Kunst zu erkennen geben. Nur so, mit der eindeutigen Haltung des Fragens an Literatur und Sprache, des Überprüfens von Inhalten und Haltungen eines Dichters, mit einer als persönlich erkennbaren Phantasie zu einem literarischen Werk und nicht der Versuch einer Erfüllung von Literatur, legitimiert deren Verfilmung" [8].

Fassbinder stellt den Anspruch, zu einem neuen, nach eigenen Schwerpunkten ausgerichteten Ansatz zu kommen. Dieses stringente Autorenfilmkonzept setzt voraus, überhaupt die Freiheit zur radikalen Infragestellung des Textes oder eines zeitlichen Kontextes zu haben.

Die Untersuchung der ausgewählten literarischen Werke und Filme soll anhand der folgenden sechs Arbeitshypothesen durchgeführt werden:

1. Die Literaturverfilmungen unter *Embrafilme* formulieren kritische Aussagen zur aktuellen politischen Situation. Dies geschieht durch den ästhetischen Filter des literarischen Textes, der ein gebrochenes Verhältnis zur propagierten Fortschrittsideologie der Militärregierung hat.

2. Der Akt des Wieder-holens von Literatur, wie er durch das Aufgreifen eines literarisch bearbeiteten Stoffes geschieht, und der Transformation des Textes in ein anderes Medium ist immer auch ein Versuch, sich mit der eigenen nationalen Kultur zu identifizieren und sich gegenüber anderen kulturellen Einflüssen abzugrenzen.

3. Durch die Verfilmung von literarischen Werken, die in der Folge des brasilianischen Modernismus entstanden sind, schreiben die Regisseure die Literaturgeschichte neu.

4. Der Film könnte zeigen, daß die Bilder, wenn sie mit der Kamera gezeigt werden, für sich sprechen und keiner Erklärung bedürfen. Die Regisseure streichen den selbstreflexiven Diskurs der Literatur, der vom schreibenden Ich geführt wird. Das schreibende Ich wirft das Problem der schriftstellerischen Arbeit auf, fragt nach der Verantwortung des Schriftstellers, dem Grund seines Schreibens und danach, warum er nichts anderes macht, usw.

5. Analog zu den literarischen Werken aus der Literatur seit dem Modernismus wird im Film ein pessimistisches Brasilienbild entworfen, das die Unterentwicklung als gegebenes Faktum ansieht, gegen das der Künstler nichts machen kann.

6. Es gibt ein Streben nach einer eigenen nationalen Kinematographie, das durch die Literaturverfilmungen artikuliert wird. Jeder Regisseur führt mit einer Literaturverfilmung einen metasprachlichen Diskurs, der zeigt, daß er sich der Situation, nur einen Film der "Peripherie" zu drehen, bewußt ist. Im Laufe der 70er Jahre werden neue kinematographische Kriterien entwickelt, wie z.B. Publikumswirksamkeit, die zu narrativeren Formen der Darstellung führen [9].

Aus diesen Hypothesen wird die zentrale Fragestellung dieser Arbeit abgeleitet: welche Rolle nehmen die Literaturverfilmungen unter *Embrafilme* ein, und welche Aussage machen sie zur Zeitgeschichte?

Die Schließung der *Embrafilme* und zahlreicher anderer kulturfördernder staatlicher Institutionen nach dem Amtsantritt von Präsident Collor de Mello zeugt von Desinteresse an dieser Form von nationaler Kultur. Eine Aufarbeitung der Geschichte staatlich subventionierter Filmproduktion ist deshalb notwendig, um neben der allgemeinen Wirtschaftskrise die Institution *Embrafilme* bewerten zu können.

Als Kriterien für die Materialauswahl wurden nationale und internationale Popularität der Filme angesetzt, gemessen an ihren Auszeichnungen und Festivalpreisen. Sie sollten darüber hinaus nach literarischen Klassikern der modernen Literatur Brasiliens entstanden sein.

Bislang gibt es nur zwei monografische Studien zu *Vidas Secas* [10] und *Macunaíma* [11], die hier trotz ihrer Bedeutung nicht vollständig thematisiert werden.

Wenn die Regisseure bei der Materialauswahl auf brasilianische literarische Klassiker zurückgreifen, zeugt dies von einem für sie besonderen Aussagewert der brasilianischen Literatur. Die eigene Literaturgeschichte im Film zu reproduzieren, kommt ihrem Interesse entgegen, ein national unabhängiges Kino zu machen. Zugleich dienen die Titel der Werke von bekannten Autoren dem Publikum als Anreiz für den Kinobesuch. Es wird untersucht, inwiefern Perspektiven für die Entwicklung Brasiliens aus der Literatur in den Film transformiert werden und welche Perspektiven der Film schließlich aufzeigt.

Zuerst sollen die medienspezifischen Unterschiede von Literatur, Drehbuch und Film definiert werden, um das Phänomen "Literaturverfilmung" transparenter zu machen. Ein historischer Abriß wird die Stellung von Literaturverfilmungen in der brasilianischen Filmgeschichte aufarbeiten und einen Einblick in die Bedingungen der brasilianischen Filmproduktion geben. Diese Skizzierung der Filmgeschichte wird, wenn not- wendig, mit Daten zur politischen Situation zu bestimmten Zeiten unterfüttert. Zusätzlich werden Informationen zum politischen Kontext angeführt, dessen repressive Bedingungen für Künstler und Filmregisseure den Umgang mit Zensur erforderlich machten. In diesem Rahmen ist die Darstellung der Zielsetzungen des *Cinema Novo* und der Arbeiten seiner repräsentativen Regisseure aufschlußreich. Das innovative Kino revolutionierte den brasilianischen Film und wird in seinen Zielsetzungen dargestellt.

Im Analyseteil werden vier Filme ausgewählt und im Verhältnis zur literarischen Vorlage in ihrem Kontext untersucht. Sie stammen alle aus der Epoche von *Embrafilme* und haben von staatlichen Zuschüssen zur Produktion oder zur Distribution profitiert. Dazu gehören *São Bernardo,* ein Film von Leon Hirszman, nach dem gleichnamigen Roman von Graciliano Ramos. Dieser Film behandelt das Problem der oligarchischen Strukturen auf dem Land im Nordosten Brasiliens und nimmt eine spezielle Stellung zwischen dem *Cinema Novo* und der staatlich geförderten Filmdistribution ein.

Der Film *Memórias do Cárcere* wurde von Nelson Pereira dos Santos gedreht nach den Erinnerungen des Schriftstellers Graciliano Ramos an seine Haft im *Estado Novo*.

O Casamento, ein Film von Arnaldo Jabor nach dem Roman von Nelson Rodrigues, zeigt eine Vision des städtischen Lebens, die Neurosen und Stereotypen des urbanen Lebens der brasilianischen Mittelschicht aufarbeitet. Arnaldo Jabor ist ein Regisseur der zweiten Generation des *Cinema Novo*.

A Hora da Estrela, ein Film von Suzana Amaral entstand nach dem sozialkritischen Kurzroman von Clarice Lispector und behandelt die Probleme von Migranten aus dem Nordosten, die in die Metropolen abwandern, deren Verhaltenscodes sie nicht kennen.

Untersucht wird, ob die Filme den selbstreflexiven Diskurs des schreibenden Ichs aus dem literarischen Text aufnehmen, bzw. welche Bedeutung dieser Diskurs für den Film hat. Im Schlußteil werden die Ergebnisse zusammengefaßt und im Hinblick auf die heutige Situation des brasilianischen Films und der Kulturpolitik bewertet.

1. Medienspezifische Unterschiede von Literatur, Drehbuch und Film

Für die Untersuchung sollen zunächst die Begriffe Literatur, Drehbuch und Film auf ihre medienspezifischen Eigenheiten hin analysiert werden.

1.1. Literatur

In der Literatur werden mit Worten Bilder geschaffen, die in einem individuellen Rezeptionsprozeß wahrgenommen werden. Dies geschieht dadurch, daß der Schriftsteller über eine Metasprache verfügt, die verschiedene Diskurstypen und Formen der Sprache einer Gesellschaft enthält. Er ordnet seine Botschaft in ein klar umrissenes Formschema ein und wählt die passende Sprache. Indem er bestimmte Konventionen verletzt, wird die Einzigartigkeit seiner Aussage für den Leser deutlich. Der Leser kennt die gültigen Konventionen und wird durch den literarischen Text immer wieder aufgefordert, ein neues Wahrnehmungsschema zu entwickeln, um das Besondere aus diesem Text zu filtern.

Lotman definiert den Text als einmaliges Zeichen, das aus bekannten Elementen zusammengesetzt ist und nach festgesetzten Regeln rezipiert wird:

> "Auch wenn er nur ein Zeichen bildet, bleibt der Text doch gleichzeitig ein Text (d.h. eine Zeichenfolge) in irgendeiner natürlichen Sprache und bewahrt schon deshalb die Aufgliederung in Wörter, d.h. Zeichen des allgemeinsprachlichen Systems. So kommt es zu dem für die Kunst charakteristischen Phänomen, daß ein und derselbe Text bei Anwendung verschiedener Kodes auf jeweils verschiedene Weise in Zeichen zerlegt wird" [12].

Lotman weist nach, daß in dem Moment der Umwandlung eines allgemeinsprachlichen Zeichens in ein künstlerisches sämtliche konstitutiven Elemente eine besondere Bedeutung erhalten:

> "Phoneme und Morpheme geraten in Reihen gewisser geordneter Wiederholungen, werden dadurch systematisiert und treten nun ihrerseits als Zeichen auf. Somit kann

ein und derselbe Text gelesen werden einmal als eine nach den Regeln der natürlichen Sprache gebildete Zeichenkette; zum zweiten als eine Abfolge von Zeichen größeren Umfangs, als sie sich bei einer Segmentierung in Wörter ergeben, bis hin zur Verwandlung des ganzen Textes in ein einziges Zeichen; und drittens als eine in besonderer Weise organisierte Kette von Zeichen, die kleiner sind als Wörter bis hinab zu den Phonemen." (LOTMAN, 1972, 41)

Das Zeichen des literarischen Textes hat die Aufgabe, durch die Verbindung von Inhalt und Ausdruck, Bilder zu schaffen, Ikonen, die der Leser verstehen kann, sofern sein Erfahrungshorizont dies erlaubt. Die literarische Sprache ist imstande, mit Techniken aus dem Film zu erzählen. Sie kann Rückblenden, Zeitraffung, Montagetechnik übernehmen. Immer muß sie mit Worten innerhalb bestehender Konventionen Bilder konstruieren, die Emotionen, Klänge, etc. assoziieren.

Hier liegt ein entscheidender Unterschied zur Sprache des Films, die mit Bildern einen visuellen Text konstruiert. Insofern hat die filmische Sprache gegenüber der natürlichen mit ihren auf Konventionen beruhenden Verhältnissen zwischen Bezeichnendem und Bezeichnetem andere Möglichkeiten; erstens fallen Bezeichnendes und Bezeichnetes im Film zusammen und zweitens kann der Film auf der Ebene des Bildes völlig neue Bedeutungen schaffen, die auf der Ebene der Sprache wegfallen.

Roland Barthes definiert das Werk eines Schriftstellers in einem besonderen Verhältnis zu seiner Biographie:

"Jedermann spürt deutlich, daß das Werk dem Zugriff entflieht, daß es bereits etwas anderes ist, als seine eigene Geschichte, als die Summe seiner Quellen, der Einflüsse oder seiner Vorbilder. Es bildet einen harten irreduziblen Kern in der unentschiedenen Masse der Ereignisse, der Bedingungen, der kollektiven Mentalitäten"[13].

Das Werk ist der

"Ort der Denkgewohnheiten, der impliziten Tabus, der 'natürlichen Werte', der materiellen Interessen einer Gruppe von Menschen." (BARTHES,1981,14)

Da für Roland Barthes das literarische Werk ein historisches Produkt ist, das seine bloße Historizität übersteigt, schreibt er zur Besonderheit der Literatur:

"Es gibt ein besonderes Statut der literarischen Schöpfung, nicht nur kann man die Literatur wie irgendein anderes historisches Produkt behandeln (was niemand vernünftigerweise annimmt), die Besonderheit des Werkes widerspricht außerdem im gewissen Maße der Geschichte; das Werk ist wesentlich paradoxer Natur, es ist Zeichen für Geschichte und zugleich Widerstand gegen sie." (BARTHES, 1981,13)

Barthes ordnet die Literatur streng in ihren zeitlichen Kontext ein und weist ihr die Aufgabe zu, mit bestehenden Konventionen, wie auch Lotman sie beschreibt, zu brechen. Zum historischen Inhalt eines literarischen Werkes äußert sich auch Northrop Frye, wenn er die Bedeutung des Geschichtlichen in der Literatur für den Leser in der Gegenwart nutzbar macht:

"Die Kultur der Vergangenheit ist nicht nur die Erinnerung der Menschheit, sondern unser eigenes begrabenes Leben, und ihr Studium führt zu einer Wiedererkennensszene, einer Entdeckung, die uns nicht Einblick in unsere vergangenen Leben, sondern in die gesamte kulturelle Form unseres gegenwärtigen Lebens gewährt. Nicht nur der Dichter, sondern auch sein Leser ist dazu verpflichtet, es neu zu machen" [14].

Für Frye ist entscheidend , daß beide, der Kritiker und der Autor, sich die Notwendigkeit einer Wieder-holung eines Themenkomplexes bewußt machen, wenn es um die Kreation oder die Rezeption eines Werkes geht.

1.2. Drehbuch

Der erste Schritt auf dem Weg zum Film ist das Drehbuch. Hier bezieht der Regisseur zum ersten Mal Stellung zum literarischen Werk, indem er die Textvorlage strafft, ausweitet oder entsprechend seiner Interpretation neue Prioritäten setzt. In erster Linie ist das Drehbuch eine produktionstechnische Notwendigkeit, weil es vorläufig die endgültige Zahl der Schauspieler, die Drehorte, Licht, Dialoge usw. festlegt.

Im Rahmen der Filmindustrie nimmt es nur eine Zulieferfunktion ein, die Raymond Chandler formuliert:

" Was aber das Verfassen des Drehbuchs angeht, so ist der Produzent der Boß. Entweder findet sich der Schriftsteller mit ihm und mit seinen Ideen ab (falls er welche hat), oder er findet sich draußen. Das bedeutet sowohl persönliche als auch künstlerische Unterordnung und kein Schriftsteller von Qualität wird sich lange mit dem einen oder anderen abfinden, ohne das aufzugeben, was ihn zu einem Schriftsteller von Qualität macht, ohne die feine Schneide seines Geistes abzustumpfen, ohne Schritt für Schritt zu einem stummen Komplizen zu werden, statt ein schöpferischer Künstler zu sein, zu einem willfährigen und fügsamen Handlanger statt einem Könner mit eigenen Gedanken"[15].

Chandler bringt einen entscheidenden Aspekt in die Debatte, indem er betont, daß das Drehbuch nach kommerziellen Interessen konzipiert werden muß, die künstlerische Intention des Drehbuchautors aber nicht unbedingt gefordert wird.

Nach Pasolini[16] ist das Drehbuch der konkrete Bezugspunkt zwischen Film und Literatur. Er weist nach, daß das Drehbuch eine autonome Technik hat. Er definiert es als: *"Struktur, die eine andere Struktur sein will"* (PASOLINI, 1982, 205-216) Das

Drehbuch ist immer eine Entscheidung des Autors für eine erzählerische Technik. Es enthält den ständigen Verweis auf ein herzustellendes Filmwerk. Pasolini meint, die Sprache des Drehbuchs unterliege traditionellen Formen literarischen Schreibens. Seine Aufgabe bestehe darin, mit Worten Bilder zu konstruieren. Demgegenüber betont Jochen Brunow, daß das Drehbuch mit dem Ziel geschrieben wird, verfilmt zu werden. Auf seine Sprache müsse daher besondere Sorgfalt verwendet werden, da sie initiierende Funktion habe, um den Produzenten und Regisseur zu motivieren. Ebenso müsse es eine eigenständige Struktur haben, denn Brunow geht davon aus, daß das Drehbuch im Prozeß der Verfilmung "verbrennt". Das im Drehbuch enthaltene "brennbare" Material motiviert den Verfilmenden. Insofern muß ein Drehbuch mit der Sprache besonders sorgfältig umgehen. (BRUNOW, 1988, 27)

Zentrales Charakteristikum des Drehbuchs ist es, nicht Endprodukt, sondern ein Werk im Übergang und in der Entwicklung zu sein. Es hat in der Regel vorläufigen Charakter, es ist ein Weg, um zu einem Ziel zu gelangen. Regieanweisungen und Kamerapositionen werden in begrenztem Maße vorgegeben, um nicht die Flexibilität der Dreharbeiten und der Produktion aufzuheben. Das Drehbuch ist dabei nicht weniger wert, als ein literarischer Text oder ein Film, es hat nur eine andere Funktion. Regisseure sehen das Drehbuch im allgemeinen als eine Stütze zur Absicherung der Produktion und der Reihenfolge der Drehereignisse. Es wird häufig noch während der Filmarbeiten geändert, Szenen werden gestrichen oder an anderer Stelle eingesetzt. Durch den Arbeitsprozeß am Film sowohl bei Dreharbeiten als auch beim Schnitt, ergeben sich zwangsläufig Änderungen.

Das Drehbuch muß so konzipiert sein, daß es den Produzenten motiviert, seine Gelder für das Filmprojekt zur Verfügung zu stellen. Deshalb sind schriftstellerische Genauigkeit und Professionalität notwendig.

In Brasilien hatte das Drehbuch seit dem *Cinema Novo* und noch unter *Embrafilme* eine unbedeutende Funktion. Es wurde gemäß dem Autorenfilmkonzept als Arbeitsentwurf nicht sehr ernst genommen, weil selbst die Regisseure ihm nur einen vorläufigen Charakter beimaßen und es nicht so weit ausarbeiteten, daß es als Stütze der Produktion diente. Die spezielle Situation der brasilianischen Kinematographie und ihr Mangel an professionellen Drehbuchautoren scheint die Produzenten veranlaßt zu haben, oft den Namen eines berühmten brasilianischen Schriftstellers oder die Konzeption des Drehbuchs nach einem literarischen Werk als Garant für ein besseres Filmprojekt anzusehen

1.3. Film

Der Film erzählt eine Geschichte mit Bildern und verwendet dazu seine eigene Sprache. Dem Film ist eine Vorwärtsbewegung immanent, der der Zuschauer unterliegt, die er miterleben muß, wogegen er bei der Lektüre eines Buches die Möglichkeit hat einzuhalten, einige Seiten zurückzublättern, ihm zentral erscheinende Passagen neu zu lesen. Der Film nach einer Literaturvorlage ist immer eine Form der Rezeption von Literatur, es ist eine Form, den Text zu begreifen, ihn visuell darzustellen und umzusetzen.

Der Film ist eine "Pan-Kunst", denn er schließt Musik, Sprache, Tanz, Theater, Architektur in seine Sprache ein. Er setzt sich zusammen aus einzelnen Bildern, die in einer bestimmten Weise durch Montage aneinandergefügt werden. Somit kann er verschiedene Formen des Tempos wählen: Ein langsames Tempo, bei dem der Zuschauer die Aktionen der Darsteller verfolgen kann, oder ein schnelles Tempo, wo die Andeutungen von Handlungen in raschen aufeinanderfolgenden Aufnahmen die Assoziationsfähigkeit des Zuschauers stark beanspruchen. So kann der Regisseur ein kontemplatives oder ein aktionsbetontes Werk schaffen.

Krakauer hat dem Film Fähigkeiten nachgewiesen, die der Literatur bzw. dem Roman entsprechen. Der Film habe aber auch Fähigkeiten, mit denen er die Literatur übertrifft. Demnach ist der Film in der Lage, die Zeit elastisch darzustellen. Wenn ein Akrobat im Film eine gekonnt akrobatische Handbewegung ausführt, macht er deutlich, daß er sie regelmäßig und nicht nur einmal praktiziert. Die Chronologie der Ereignisse kann unterbrochen werden. Rückblenden können im Film zwar die Vergangenheit bedeuten, sind aber in die Gegenwart integrierbar. Der Film kann eine Figur in der Gegenwart von Personen zeigen, an die sie sich erinnert, und hat Möglichkeiten der Diskursgestaltung, die die Literatur auch besitzt. Der Blickwinkel im Film kann nur nicht so introspektiv, intimistisch sein, wie der der "interiorité" der betreffenden Figur im Roman. Krakauer weist nach, daß die Kamera einen hohen Grad an mimetischer Darstellung erreichen kann, denn sie kann als geheimer Zeuge funktionieren. Seine Ausführungen zur Verfilmung von Romanen zeigen deren Grenzen und Möglichkeiten auf. So meint Krakauer, daß oft der Charakter des literarischen Werkes entscheidenden Einfluß auf seine Verfilmbarkeit hat.

> "Die Verfilmbarkeit eines Romans hängt in Wirklichkeit weniger davon ab, ob er sich ausschließlich mit der materiellen Welt befaßt, als davon, ob es ihm um Inhalte geht, die noch in den Bereich psychisch-physischer Korrespondenzen fallen" [17].

Die Ausführungen Krakauers sind sehr vage und von der Filmwissenschaft in jüngster Zeit präzisiert worden. Hier geht es nur darum, festzuhalten, daß der Film dem Medium Literatur nicht völlig entsprechen kann. Dennoch hat er die Möglichkeiten, alle Künste in sich aufzunehmen, wie Malerei, Bildhauerei, Musik, Architektur und Literatur. Er kann neue Bedeutungen schaffen. Insofern hat der Film zahlreiche Spielarten, die die Literatur nicht hat, und in jedem Fall erübrigt sich die Diskussion, ob der Film minderwertiger sei als das "hochwertige" Medium Literatur.

Entscheidet sich ein Regisseur zu einer Verfilmung eines literarischen Textes, ist seine Aufgabe der des Kritikers im Sinne Fryes vergleichbar: Er rezipiert das Werk, und dabei gibt er ihm eine neue Aussage. Er entwirft mit Bildern eine dramatische Handlung, seine konstruktiven Elemente sind Montage, Indices, Ikonen, Synekdochen, Metonymien und Tropen. Ein Film nach der Literatur nimmt auf zweifache Weise Bezug: Auf den sprachlichen Diskurs zum einen, den er im Rahmen seiner Zeit rezipiert, und auf die gültigen Konventionen des filmischen Diskurses zum anderen. Insofern ist die Verfilmung von Literatur ein Akt der bewußten Würdigung und Auseinandersetzung, den André Bazin gegenüber den Verfechtern des reinen Films, dem "cinema pur" aufwertet:

> "Adapter, enfin, est au contraire une preuve de maturité. Adapter, enfin, n'est plus trahir, mais respecter" [18].

2. Suche nach nationaler Filmkultur

Zu Beginn des 20. Jahrhunderts entsteht die brasilianische Filmtradition und unterliegt seitdem Einflüssen aus dem Ausland. Als in Europa und Amerika "die Bilder laufen lernten", interessierte sich die innovationshungrige Elite Brasiliens noch nicht für den Umgang mit dem Medium Film und seiner Technik[19]. Es galt als unfein, sich mit Technik direkt auseinanderzusetzen. Bis die Brasilianer Interesse an der Filmproduktion anmeldeten, waren die Amerikaner und die Europäer längst marktführend [20].

Trotz der Marktdominanz der US-amerikanischen Filme, versuchten die Brasilianer in den 30er Jahren, eine eigene Filmproduktion aufzubauen. Die Inhalte der Filme waren einfach und orientierten sich an Hollywoodproduktionen. Für die brasilianische Kultur und ihre Vermittlung im Film interessierten sich die Regisseure kaum [21]. Sie stellten Brasilien mimetisch als tropischen Traum oder pittoreskes Land dar[22].

Welche Strategien Brasilien entwickelt hat, um der Marktkonzentration des amerikanischen Films entgegenzuwirken, und welche Rolle der brasilianische Staat dabei gespielt hat, soll im folgenden aufgezeigt werden. Dabei gilt das Interesse der Bedeutung von Literaturverfilmungen.

2.1. Brasiliens Filmsektor im Verhältnis zur US-amerikanischen und europäischen Filmindustrie

Seit Beginn des II. Weltkrieges hat die US-amerikanische Filmindustrie sich endgültig den ersten Platz auf dem Weltmarkt gesichert. Ihre Stärke liegt, neben dem finanziellen Marktpotenzial, vor allem in der guten Organisation des vertikalen Sektors, der die Bereicht Produktion, Distribution und Vorführbereich umfaßt. In den USA sind diese so gut aufeinander abgestimmt, so daß der Spielfilm den Endverbraucher erreicht. Alle Ebenen des vertikalen Sektors sind nach marktwirtschaftlichen Gesichtspunkten strukturiert. Die nordamerikanische Filmindustrie arbeitet nach kapitalistischen Gesetzen; die finanzielle Rendite bestimmt die Produktions- und die Vermarktungsstrukturen. Die amerikanischen Filme spielen im allgemeinen ihre Produktions- und

Distributionskosten bereits auf dem nationalen Markt ein, bevor sie im Ausland, in Europa und Lateinamerika oder andernorts gezeigt werden. Sie werden dann zu Dumpingpreisen weltweit angeboten. Da die Verleihfirmen mit hohen Werbeetats arbeiten, sind die Kinobetreiber überall daran interessiert, amerikanische Filme in ihr Programm aufzunehmen.

Die Filme der europäischen oder lateinamerikanischen Länder unterliegen denselben Marktzwängen. Ihre Filme sollten, um eine kontinuierliche Produktion zu gewährleisten, ihre Produktions- und Distributionskosten einspielen. Da sich in Europa und Lateinamerika viele Kinobetreiber aus kommerziellen Gründen für die Aufnahme der amerikanischen Produkte in ihr Programm entscheiden, haben es die nationalen Filme schwerer, in ihrem Ursprungsland das Publikum zu gewinnen.

Nach dem II. Weltkrieg ist es den europäischen Ländern gelungen, die eigene Filmproduktion durch Filmförderung (Drehbuchautorenförderung, Ausbildung von Produzentennachwuchs) und staatliche Subventionspolitiken zu stabilisieren. Die Filmförderung variiert von Land zu Land, denn jedes europäische Land fördert seine Spielfilmproduktion nach nationalen Maßgaben. Dies geschieht auch durch die obligate Beteiligung der Fernsehanstalten an den Produktionskosten.

Das MEDIA - Programm der Kommission der Europäischen Gemeinschaften sieht heutzutage die Förderung des europäischen Films auf verschiedenen Ebenen vor. Dazu gehört u.a. der Versuch, die Ausstrahlung der Filme in mehreren Sprachen zu fördern[23], so daß sie in verschiedenen Ländern der EG laufen können.

Diese Filmförderung auf mehreren Ebenen dient explizit dazu, den Einfluß des nordamerikanischen Kinos zurückzudrängen und den nationalen Filmindustrien mehr Raum zu geben. Diese Bestrebungen gründen sich auf eine Verantwortung, der sich die europäischen Staaten gegenüber sehen: Sie wollen neben kommerziellen Interessen am Weltmarkt Film zur Erhaltung des nationalen kulturellen Erbes im Medium Film und zur Förderung von Nachwuchstalenten beitragen.

Das MEDIA - Programm von heute ist ein Beispiel dafür wie nationale Filmproduktion gefördert werden kann, um der Übermacht des US-amerikanischen Films auf dem europäischen Markt entgegenzuwirken.

Sogar die wohlhabenden europäischen Länder müssen mit diesem großen finanziellen Aufwand der Kommission der Europäischen Gemeinschaften und einzelstaatlicher Filmförderung gegen die massive Präsenz und Konkurrenz des nordamerikanischen Films auf dem europäischen Markt ankämpfen. Wie groß müssen erst die Probleme der Länder der Dritten Welt sein, deren Finanzvolumen für die Filmproduktion und Filmförderung wesentlich geringer sind?

Die lateinamerikanischen Filmindustrien sind für kurze Zeit durch privat investiertes Kapital in der Lage gewesen, den vertikalen Sektor der Filmindustrie zu organisieren.

Für eine kontinuierliche Produktion haben die Filmindustrien immer staatliche Unterstützung benötigt.

"In Latin America, there have been some brief periods of vertical integration of film activities under the control of local capital, and more prolonged experiences under the hegemony of the state" [24].

Eine Tradition in der Filmwirtschaft haben daher nur die Länder Brasilien, Mexiko und Argentinien, weil dort zeitweise staatliche Mittel in die Filmproduktion flossen. Die Regierungen verhalfen dem nationalen Spielfilm damit zu Erfolgsperioden. Doch gegenüber der dominanten Marktpräsenz des US-Films konnten die Filmindustrien, sofern überhaupt von Filmindustrie gesprochen werden kann, sich nie behaupten. Immer fehlten die finanziellen Mittel, die Organisationskonzepte und Vermarktungsstrategien, wodurch keine effektive Verzahnung der Marktbereiche Filmproduktion, Filmverleih und Filmvorführung zustande kam.

"Unable to depend even on home markets for a return on investments, unprotected Latin America film industries have lacked the capital necessary to sustain continuous production on a large scale. Inevitably the result has been the underdevelopment of most national film industries" [25].

Der fehlende Investitionsrückfluß hat drei Gründe:
Erstens: Das Publikum zieht die Filme aus dem Ausland vor, wobei die nordamerikanischen Filme hier eine Sonderstellung einnehmen[26].
Zweitens: Die späte Erkenntnis der lateinamerikanischen Länder, daß der Film eine Ware ist und spezielle Vermarktungsstrategien erfordert, hat den Aufbau einer Filmindustrie verzögert.
Drittens: Die fehlende Beteiligung des Fernsehens an den Kosten für Filmproduktion und Filmvorführung verhindert einen Anstieg der Produktionskapazität.
In den letzten Jahren haben die Filme der einheimischen Industrien mit Schwierigkeiten zu kämpfen, um überhaupt in die Kinos zu gelangen. Die lateinamerikanischen Staaten verfügen über keine ausreichende Filmförderung, die dem lokalen Film durch Subventionen den Weg in die Kinos erleichtern könnte.
Die Kinobetreiber lehnen es ab, lokale Filme in ihr Programm aufzunehmen, weil das Publikum die technisch perfekten Produktionen Hollywoods vorzieht[27].
Die großen nordamerikanischen Verleihfirmen konkurrieren verschärft mit dem inländischen Verleih lateinamerikanischer Länder. Ihre Politik besteht darin, auf eine unbeschränkte Einfuhrmöglichkeit der nordamerikanischen Filmprodukte in lateinamerikanische Länder zu drängen[28].
Alle lateinamerikanischen Staaten haben im Laufe der Entwicklung ihrer Filmindustrien nach dem Vorbild der perfekt aufgebauten amerikanischen Filmindustrie ver-

sucht, hollywoodähnliche Produktionsformen zu etablieren. Meistens scheiterten sie aus Kostengründen oder weil sie nicht vorrangig darauf achteten, die Bereiche des vertikalen Sektors aufeinander abzustimmen. Trotz einiger Erfolgsfilme wurde keine Filmindustrie mit kontinuierlicher Produktion aufgebaut.

> "In each Latin American country, local filmproduction developes not only according to its domestic and international market but also in accordance with the importance and limits that the ruling groups assigned to it as part of the ideological state apparatus." (SCHNITMAN, 1984, 110)

Die Filmproduktion in Lateinamerika hat mit zwei weiteren Problemen zu kämpfen: Sie ist zum einen abhängig von der Entwicklung der Filmindustrie im In- und Ausland. Zum anderen unterliegt sie den national herrschenden Gruppen, die auch Zensur ausüben können.

Industriebourgeoisie und Regierungen werten die Medienindustrie als wichtigen Bestandteil des Modernisierungsprozesses. Er steht im Rahmen der nationalen Selbstfindung und Unabhängigkeit. Die Medien haben die Aufgabe, das kulturelle nationale Erbe zu wahren. Aber was unter Kultur verstanden wird, hängt von der Einschätzung und der Kontrolle der regierenden Gruppen ab.

Die lateinamerikanischen Filmindustrien haben versucht, mit vier Produktionsschemata den Produktions- und Vermarktungsstrategien des nordamerikanischen Films entgegenzutreten: Erstens werden Filme für den Marktbereich produziert, der nicht durch die ausländischen Filme abgedeckt ist. Sie stützen sich auf Aspekte der lateinamerikanischen Gesellschaften, ihrer Folklore und ihrer Wortspiele. Mit dieser Strategie wird nur ein kleines Publikum erreicht, vor allem gibt es keinen Absatzmarkt im Ausland.

Zweitens wird versucht, mit der Vermittlung von ähnlichen Inhalten (Internationalisierung von Form und Inhalt) in Konkurrenz zu den ausländischen Produkten zu treten, die das Publikum der Mittel- und Oberschichten ansprechen. Diese Lösung ist in erster Linie ein risikoreiches Unternehmen oder funktioniert nur dann, wenn der Staat fördernd eingreift. Drittens werden Filme gedreht, die mit internationalisierten formalen Mitteln direkt die Probleme der lokalen Mittelschichten ansprechen. Viertens entstehen Filme außerhalb der normalen kommerziellen Vertriebskanäle.
(SCHNITMAN, 1984, 9)

Der Staat hat die Möglichkeit, mit verschiedenen Formen der Filmförderungspolitik den Bedürfnissen der Filmindustrie entgegenzukommen.

2.2. Filmförderungspolitiken in lateinamerikanischen Staaten

In Lateinamerika lassen sich generell drei Typen der staatlichen Filmförderungspolitik unterscheiden: die restriktive protektionistische Politik, die unterstützende protektionistische Politik und die umfassende protektionistische Politik.

1. Eine restriktive protektionistische Politik trifft Maßnahmen, die den Einfluß ausländischer Filmprodukte durch Bildschirmquoten, Importbeschränkungen, hohe Einfuhrzölle u.a. beschränken.

2. Die unterstützende protektionistische Politik konzentriert sich auf direkte Maßnahmen, um die einheimische Filmindustrie durch Darlehen, Produktionsbeihilfen, den Aufbau eines international arbeitenden Verleihsystems, Stipendien und Lehrgänge für Filmtechniker zu fördern.

3. Die umfassende oder gemischte protektionistische Politik beschränkt das Maß der ausländischen Konkurrenz auf dem nationalen Filmmarkt und fördert die nationale Filmindustrie. (SCHNITMAN, 1984, 47)

In Brasilien hat sich die Regierung lange Zeit für eine restriktive protektionistische Filmpolitik entschieden, bevor erste Maßnahmen unterstützender bzw. umfassender protektionistischer Art getroffen wurden.

Um die Bedeutung von Literaturverfilmungen zu verstehen, ist ein Überblick über die Produktionsgeschichte des brasilianischen Films sinnvoll. Vor allem, weil die Entwicklung der Filmindustrie zunehmend enger mit der staatlichen Förderungspolitik verflochten wird.

2.3. Staat und Filmindustrie

Das Engagement des Staates setzt erst in den 30er Jahren ein, um in den 60er Jahren zu einem finanziellen Engagement ausgebaut zu werden. Bis dahin hat der Staat sich aus der Filmproduktion zurückgehalten und in erster Linie durch Gesetze die Bildschirmquote erhöht, die die Anzahl der Tage im Jahr festlegt, an denen nationale Filme in den Kinos gezeigt werden. Importbeschränkungen für ausländische Film wurden nicht erlassen. Diese restriktive Politik wurde in den 70er Jahren zu einer gemischten protektionistischen Politik ausgeweitet.

2.3.1. Filmpolitik unter Getúlio Vargas (1930-1945)

Als Getúlio Vargas mit der Revolution von 1930 an die Macht kam, richtete der Staat in den darauf folgenden Jahren seine Aufmerksamkeit zum ersten Mal auch auf die Filmindustrie.

Mit seiner Politik der "importsubstituierenden Industrialisierung" versucht Vargas, den politischen Interessen der Kaffee- und der Industriebourgeoisie zu entsprechen [29]. In den Jahren 1935 bis 1937 verändert er seine Politik[30], da er sich von zwei politischen Oppositionsbewegungen bedroht sieht. Es sind die Nationale Befreiungsallianz *Aliança Nacional Libertadora* unter dem Kommunisten Luis Carlos Prestes und die Integralisten unter Plínio Salgado, die mit der Parole "Gott, Vaterland, Familie" den europäischen Faschismus imitieren [31].

Mit dem Staatsstreich vom 10. November 1937 reagiert Vargas auf den politischen Druck und setzt den *Estado Novo* ein[32]. Bis 1945 regiert er mit diktatorischen Vollmachten .

Schon vor diesem Staatstreich hat der Staat sein Engagement in der Industrie verstärkt und soziale Reformen eingeführt.

Vargas gründete bereits 1930 das Ministerium für Arbeit, Industrie und Handel und erließ eine Sozialgesetzgebung, die die Arbeiter schützte und zugleich politisch neutralisierte, indem sie in staatliche Gewerkschaften integriert wurden. Vargas gründete den Nationalen Kaffeerat (1931) das Ministerium für Erziehung und Gesundheit (1932), das Institut für Zucker und Alkohol (1933), den Bundesrat für Auswärtigen Handel (1934), das Institut für Geographie und Statistik (1938) und die Nationale Stahlgesellschaft (1941). Mit diesen Organisationen setzte Vargas zu notwendigen Reformen in diesen Bereichen an. Mit der Einrichtung von zahl- reichen kulturellen Instituten verfolgte er das Ziel, den kulturellen Sektor unter die Kontrolle des Staates zu bringen.

Vargas regierte im *Estado Novo* von 1937 bis 1945, als er von Enrico Gaspar Dutra abgelöst wird, um 1950 wieder die Macht zu übernehmen.

Die Filmwirtschaft wird während dieser Zeit zunehmend in die programmatischen Überlegungen zur Industrie einbezogen, obwohl das Interesse des Staates in diesem Bereich nur langsam wächst.

Auf der Ebene der Legislative setzt sich der Staat sukzessive für eine Filmgesetzgebung ein. Mit einem finanziellen Engagement in diesen Industriezweig hält er sich vorerst zurück. Unabhängig davon entstehen in den Jahren 1930 - 1950 zahlreiche Filmstudios. Zu den bedeutenden Studios gehören die *Cinédia* Filmstudios (1930)[33], die *Atlântida* Filmstudios (1941) und die *Vera Cruz* Studios (1949).

2.3.1.1. Cinédia Filmstudios

Die *Cinédia* Filmstudios sind der erste Versuch, mit privatem Kapital eine kontinuierliche Filmproduktion in Brasilien aufzubauen. Ademar Gonzaga gründet sie 1931[34]. Mit vier Tonfilmstudios, einer riesigen Studiohalle und zwei Filmlabors stattet er die *Cinédia* Studios aus. Er beabsichtigte, mit der Produktion portugiesischsprachiger Filme ein Gegengewicht zum englischsprachigen Film zu schaffen. Doch für Experimente mit den in Brasilien weitgehend ungenutzten Tonfilmmaterialien zur Verbesserung der Qualität des einheimischen Films fehlte das Geld. Die Filme der *Cinédia* stellten keine Konkurrenz für den US-amerikanischen Tonfilm dar. Zwischen 1930 und 1945 produzierte *Cinédia*[35]mit sinkender Tendenz . Die Produktionskosten lagen mit 18.000 US-Dollar pro Film relativ hoch. Gonzaga erhielt keine staatlichen Zuschüsse und finanzierte die Studios aus seinem Privatvermögen.

Der Rückstand der brasilianischen Filmindustrie trat deutlich zutage: Das Publikum gewöhnte sich schnell an den Tonfilm aus dem Ausland und zog ihn den einheimischen Produkten vor. Die brasilianischen Studiobetreiber mußten die Ausrüstung für den Tonfilm mit teuren Devisen im Ausland kaufen. Die Bemühungen der privaten Filmproduzenten scheiterten immer wieder an der Marktbeherrschung durch die ausländischen Filme, für die die Regierung keine Einfuhrstopps verfügte. Aus der Notlage der Studios erwuchsen Forderungen nach Unterstützung der nationalen Filmproduktion durch den Staat. Diese wurden auf Filmkongressen gestellt, wo Filmproduzenten, Regisseure, Vertreter des Vorführbereichs und Journalisten den Staat aufforderten, endlich seine Verantwortung in diesem Marktbereich wahrzunehmen.

2.3.1.2. Filmkongresse

Der I. Nationale Filmkongreß (Januar 1932) findet in Rio de Janeiro statt. Produzenten und Regisseure fordern eine unterstützende staatliche protektionistische Filmpolitik. Der Staat soll die Vorführung brasilianischer Filme per Gesetz garantieren und die Einfuhrzölle für den Import von Ausrüstungs- und Rohfilmmaterial reduzieren. Die Mitstreiter des Kongresses stoßen mit ihren Forderungen nur auf Interesselosigkeit bei führenden industriellen Gruppen.

Vargas unterzeichnet in der Folge dieses Kongresses eine gesetzliche Verordnung (4. April 1932, Nr. 21. 240) und erkennt die Filmindustrie damit an. Sie sieht die Gründung einer Zensurkommission vor, die dem Ministerium für Erziehung und Gesundheit unterstellt ist. Die politische Brisanz dieses Mediums wird nicht in Frage gestellt. Die Kommission übernimmt sämtliche Aktivitäten in Verbindung mit Zensurmaßnahmen.

Mit diesem Dekret vom 4. April 1932 wird eine Filmsteuer zur Förderung der Erziehung der Öffentlichkeit festgesetzt, die für alle Filme in Brasilien gilt. Artikel 12 dieses Dekrets schreibt vor, daß vor jedem importierten ausländischen Film ein brasilianischer Kurzfilm gezeigt werden soll. Auch wird der erste Schritt zu einer Bildschirmquote[36] zugunsten lokaler Produzenten gemacht, denn pro 1000 Filmmeter ausländischen Films sollen 100 Filmmeter einheimischer Produktion gezeigt werden.

Daraufhin entstanden zahlreiche kleine Produktionsgesellschaften, die Kurzfilme und Nachrichtenspots drehten, die u.a. auch Persönlichkeiten der Regierung und des öffentlichen Lebens porträtierten und politische Ereignisse dokumentierten. Die Kurzfilme liefen als Vorspann in den Kinos und dienten vor allem der politischen Propaganda für die Regierung Vargas. Darüber hinaus zeigte der Staat kein Interesse am Aufbau einer funktionierenden Filmindustrie.

Es dauerte noch eine Weile, bis auch die brasilianischen Regisseure die politische Tragweite einer funktionierenden Filmindustrie erkannten. Deshalb protestierten sie 1935 nicht nachdrücklich gegen den Handelsvertrag zwischen Brasilien und den USA, der keine Einfuhrbeschränkung für US-amerikanische Filme nach Brasilien vorsah.

Einflußreiche Repräsentanten der brasilianischen Filmwirtschaft motivierten Getúlio Vargas, noch 1934 weitere staatliche Maßnahmen zur Förderung des brasilianischen Films zu verabschieden.

Anläßlich der Gründung der *Associação de Produtores Brasileiros* (Vereinigung der brasilianischen Produzenten) am 30. Juni 1934 erklärte Vargas sich bereit, Fördermittel für Filme zu gewähren, sofern sie einen bildungspolitischen Anspruch erfüllten. Damit erhob Vargas den Film in erster Linie zum pädagogischen Instrument. Die geistige, moralische und psychische Entwicklung der Brasilianer sollte gefördert werden. Für Vargas war der Film als Medium leichter konsumierbar als ein Buch oder der Schulunterricht und konnte in einem großen Land wie Brasilien das Verständnis der Bürger der unterschiedlichen Regionen untereinander fördern. Die wichtigste Aufgabe des Films lag für Vargas in der Stärkung des Nationalbewußtseins:

> "The cinema will be the book of luminous images in which our coastal and rural populations will learn to love Brazil, increasing confidence in the Fatherland. For the mass of illiterates it will be the most perfect, the easiest, and the most impressive pedagogical tool."(JOHNSON, 1987, 32)

Vargas dehnt die restriktiven filmpolitischen Maßnahmen aus, als er die Kinos landesweit am 30. Dezember 1934 dazu verpflichtet, mindestens einmal im Jahr einen nationalen, d.h. in Brasilien produzierten Film vorzuführen[37]. Diese Regelung stößt auf den Widerstand bei einheimischen Produzenten[38]. Sie kritisieren die restriktive Filmförderungspolitik des Staates und meinen, daß er seiner Verantwortung gegenüber der nationalen Filmindustrie nicht gerecht wird, da er weder die Importe für ausländische Filme einschränkt noch deren Einfuhrzölle erhöht.

2.3.1.3. Die ACPB

Das Dekret 21.241 löste die Gründung der *Associação Cinematográfica de Produtores Brasileiros* (ACPB) aus, die mit klaren Forderungen die staatliche protektionistische Politik vorantrieb. Der Verband scheut sich nicht, wider die Interessen der lokalen Vorführer, auf die Einhaltung der Artikel des Dekrets zu achten. Die ACPB opponierte gegen die Filmvorführgewerkschaft *Sindicato Cinematográfico de Exibidores* und gegen den Verband der importierenden Verleiher *Associação Brasileira Cinematográfica*.

Bis zur Gründung des Nationalen Filminstituts *Instituto Nacional do Cinema* im Jahr 1966 war die ACPB die einzige Instanz, die dafür kämpfte, daß die gesetzlichen Vorschriften zum Schutz des nationalen Films eingehalten wurden. Sie forderte, daß Verstöße von Verleihern und Vorführern, für die die Filmgesetze nur auf dem Papier zu existieren schienen, mit Geldstrafen geahndet wurden. Die ACBP drängte auch auf staatliche Unterstützung bei der Finanzierung von Spielfilmen, regte die Gründung einer Filmkreditbank an und gründete die erste Kooperative der brasilianischen Filmverleiher, die *Distribuidores de Filmes Brasileiros* - DFB. Damit wollte sie eine kontinuierliche Filmproduktion in Brasilien sichern.

Die zaghaften Schritte von Getúlio Vargas zur Förderung der nationalen Filmindustrie dienten allein seinem politischen Interesse, den kulturellen Sektor unter die Kontrolle des Staates zu bringen. Seine Politik zahlte sich für die Filmindustrie aus, denn 1937 wurde das *Instituto Nacional do Cinema Educativo* (Nationales Filminstitut für den Erzieherischen Film) gegründet. Der Direktor Humberto Mauro produzierte 230 Dokumentarfilme, darunter gab es auch einige Literaturverfilmungen: Er selbst verfilmte *Um Apólogo* (1939) nach Machado de Assis (PARANAGUA, 1981, 124).

Im selben Jahr gründete Vargas das *Instituto Nacional do Livro* (Nationales Buchinstitut) und den *Serviço Nacional do Teatro* (Nationaler Theaterdienst). Das *Departamento de Imprensa e Propaganda* - DIP (Abteilung für Presse- und Regierungspropaganda) entstand 1939 und sollte regierungsfreundliche Kurzfilme produzieren, wie auch importierte und nationale Filme zensieren. Mit dem Dekret 4.064 vom 29. Januar 1942 gründet Vargas den *Conselho Nacional de Cinematografia* (Nationaler Filmrat) innerhalb des DIP, der Normen für die Produktion, Werbung und den Vertrieb brasilianischer Filme in Brasilien erarbeiten sollte. Ab 1942 konnte das DIP die Vorführquoten anheben. Hier zeigt sich, daß die Massenmedien zu Propagandazwecken für die Politik instrumentalisiert wurden.

Noch in der Regierungszeit Vargas' entstanden in Rio de Janeiro weitere Filmstudios, die eine Organisation des vertikalen Sektors der Filmindustrie anstreben und auch erzielen:

2.3.1.4. Die Atlântida Filmstudios

1941 gründeten Moacyr Fenelon, José Carlos Burle und Alinor Azevedo in Rio de Janeiro die *Atlântida Cinematográfica S.A.* Filmstudios. Die *Atlântida* Studios produzierten zunächst ernste und sozialkritische Filme. Der erste Film *É Prohibido Sonhar* entstand 1943, es folgte *Moleque Tião*. Der ausbleibende Publikumserfolg bewegte die Produzenten zum Umdenken und zur Neudefinition der Produktionsziele: 1944 entschied sich die Studioleitung, humoristische Filme zu drehen. Als ironische Betrachtung der Studiovergangenheit entstand im selben Jahr die Filmkomödie mit dem ironischen Titel *Tristezas Não Pagam Dívidas* (Traurigkeit bezahlt keine Schulden).

Die *Atlântida* Studios Aktiengesellschaft arbeiteten mit Luiz Severiano Ribeiro, dem Besitzer der größten Kinokette Rio de Janeiros namens *União Cinematográfica Brasileira,* zusammen. Sie stellten als erste brasilianische Filmproduktionsgesellschaft die vertikale Achse von der Produktion zum Vorführbereich her. Luiz Severiano Ribeiro wurde 1947 zum größten Aktionär der Studios; das war für Moacyr Fenelon Veranlassung, sich von dem Studio zu trennen, um als unabhängiger Produzent weiterzuarbeiten. Von 1943-1971 entstanden 85 Filme, die wichtigste Phase der *Atlântida* Studios waren die Jahre von 1945 - 1960. Den Ruhm erwarben sich die Filmstudios durch die Produktion von "*chanchadas*", die Paulo Emílio Salles Gomes als "comédia popularesca, vulgar e frequentemente musical"[39] beschreibt. Die Jahresproduktion stieg von acht Filmen im Jahr 1943 auf 21 Filme im Jahr 1949. Der Erfolg der *Atlântida* lag sowohl an der guten vertikalen Organisation der Filmproduktion wie auch an der Orientierung der Studioleitung an dem Geschmack des Kinopublikums[40].

2.3.2. Filmpolitik unter Enrico Gaspar Dutra (1946-1950)

General Enrico Gaspar Dutra will als Präsident formal mit dem diktatorischen *Estado Novo* brechen. Deshalb wandelt er das DIP in das *Departamento Nacional de Informações* - DNI um. Er fördert die Filmindustrie, indem er die Vorführquote für den nationalen Film auf drei Filme pro Jahr erhöht. Die Kinokarten werden zu Festpreisen verkauft und die Einnahmen aus dem Verleih werden beschränkt.
(JOHNSON, 1984, 60)

Die "Filmsteuer zur Bildung der Öffentlichkeit" galt für alle Kopien der importierten ausländischen Filme; für nationale Filme mußte die Steuer nur für eine Filmkopie entrichtet werden. Von der Steuer ausgenommen waren nur Filme aus dem Ausland, die in brasilianischen Labors entwickelt wurden. Von 1945-1947 gab es keine Importbeschränkungen für ausländische Filme nach Brasilien. Insofern löste Dutra die Hoffnungen der Filmproduzenten nicht ein.

Die Überbewertung des Cruzeiro machte ausländische Währung leicht verfügbar, und die Regierung unternahm Schritte, um Geldreserven im Land zu behalten. Sie entwickelte ein "Fünfkategoriensystem", das die Importe nach den Bedarfsprioritäten der nationalen Industrie lizensierte. Dabei rangierten Konsumgüter, wie Filme, auf den unteren Plätzen. Die neue Importquote für Filme errechnete sich aus dem Durchschnitt der Jahre 1946-1949. Daraufhin sahen die amerikanischen Verleihgesellschaften ihre Profitrate in Brasilien sinken. Die *Motion Picture Association* beispielsweise lief deshalb Sturm gegen diese Maßnahmen. Verhandlungen mit der brasilianischen Regierung brachten der MPA schließlich eine Erhöhung der Gewinnspanne um 6 Millionen US-Dollar für 1947.

Noch in der Amtszeit General Enrico Gaspar Dutras wird die Nationale Filmindustrie-Gewerkschaft (*Sindicato Nacional da Indústria Cinematográfica*) 1949 gegründet. Sie setzt sich für die Streichung der Verbraucherzölle und Einfuhrsteuern auf Importe für Ausrüstungsmaterial für einen Zeitraum von fünf Jahren ein. Kameras, Aufnahmegeräte, Projektoren, Filmmaterial u.a. können zum ersten Mal zollfrei importiert werden.

Dies ist die erste den Bedürfnissen der brasilianischen Filmindustrie angepaßte gesetzliche Regelung. Doch die grundsätzliche Situation des brasilianischen Films ändert sich nicht, denn die Regierung hält sich weiterhin vor einem Engagement in der Filmindustrie zurück und legt den ausländischen Filmen immer noch keine Importbeschränkungen auf.

Entscheidend für eine Neuorientierung des brasilianischen Films auch im Bereich der Literaturverfilmungen sind die 50er Jahre und damit Gründung und Konkurs der *Vera Cruz* Studios.

2.3.2.1. Die Vera Cruz Studios

Nach dem II. Weltkrieg verzeichnete die Stadt São Paulo ein überdurchschnittliches ökonomisches und urbanes Wachstum. Die wirtschaftliche und gesellschaftliche Elite strengte sich an, den provinziellen Ruf der Stadt abzubauen. Die Gründung der *Vera Cruz* im November 1949 sollte, so hoffte die geldgebende Matarazzo Gruppe, unter der Führung von Francisco Matarazzo Sobrinho die Geburt des großen brasilianischen Films einleiten [41]. Der Aufbau einer Filmindustrie sollte das kulturelle Ansehen der Stadt steigern. Ein Vorbild für die Studioleitung waren die großen Metro-Goldwyn-Mayer-Studios in Hollywood. Deshalbkaufte sie in São Bernardo, einer Industrievorstadt São Paulos, ein 30 000 m^2 großes Gelände.

Francisco Matarazzo Sobrinho und auch Franco Zampari setzten Meilensteine für die Entwicklung der Stadt São Paulo zu einer kosmopolitischen Metropole: Sie gründeten das *Teatro Brasileiro de Comédia*, das *Museu de Arte Moderna* und die *Vera Cruz*. Die simultane, aber getrennteGründung des *Teatro Brasileiro de Comédia* (TBC) (Brasilianisches Komödientheater) und der *Vera Cruz* war ungewöhnlich, zumal die Theatergruppe für die Filmproduktion hätte arbeiten können. Das TBC arbeitete erfolgreich und präsentierte ein breites Spektrum klassischer und zeitgenössischer Stücke, häufig unter der Leitung europäischer Theaterregisseure.

Mit dem *Vera Cruz* Projekt sollten die Erfolge des TBC auf der Ebene des Films wiederholt werden. Die Filme sollten ein hohes technisches Niveau besitzen, und man wollte für den internationalen Markt produzieren. Das ideologische Projekt der *Vera Cruz* war durchsichtig: Die Produkte des Elitekinos sollten mit europäischen und nordamerikanischen Filmklassikern ersten Ranges konkurrieren können [42]. Die *"chanchadas"* der *Atlântida* genossen bei der Studioleitung keine Sympathien. Sie wurden auch von der gesellschaftlichen Elite und anderen Gruppen aus der Filmbranche abgelehnt.

Bei der Firmengründung hatten die *Vera Cruz* Studios finanziell von dem im August 1949 verabschiedeten Gesetz 790 profitiert und technische Geräte für die Studios importieren können. Die Betreiber des Projektes waren ehrgeizig: Vier Filme sollten gleichzeitig produziert werden, ein Ziel, das erst im letzten Betriebsjahr erreicht wurde. Renommierte brasilianische Schriftsteller (u.a. Carlos Drummond de Andrade) sollten die Drehbücher in Auftragsarbeit schreiben, das Produktionsspektrum sollte aus Dokumentarfilmen, Literaturverfilmungen, Musikfilmen bestehen, und in einer Werkstatt sollten brasilianische Filmtechniker ausgebildet werden. (CALIL, 1987, 15)

Francisco Matarazzo und Franco Zampari, die Finanziers des Projektes, wollten den Verleih der *Vera Cruz* Filme auf dem internationalen Filmmarkt gesichert wissen und überantworteten ihn zunächst der *Universal International* und später den *Columbia Pictures*. Sie berücksichtigten dabei nicht, daß diese Distributionsgesellschaften kein vitales Interesse am Vertrieb brasilianischer Filme auf dem internationalen Markt hatten. Die Finanzgeber der *Vera Cruz* holten sich den Nordbrasilianer Alberto Cavalcanti als Produzenten, weil er Kontakte zu Regisseuren der französischen *Nouvelle Vague* und Dokumentarfilmregisseuren in Großbritannien unterhielt.

Cavalcanti holt sich seine Techniker nur aus Europa. Seine Filmprojekte sind sehr aufwendig. Die Dreharbeiten mit einer europäischen Crew zum Beispiel für den Spielfilm *Caiçara* dauern ungewöhnlich lange. Im Gegensatz zum Kinopublikum können sich die Filmkritiker trotz der technisch hervorragenden Qualität nicht für den Film begeistern, weil er in ihren Augen lediglich ein banales Drama auf die Leinwand bringt[43]. Cavalcanti wird durch diesen Film als Produzent diskreditiert. Man wirft ihm vor, Gelder zu verschwenden und technisch inkompetent zu sein. Als es zum Streit mit Carlo Zampari kommt, verläßt Cavalcanti die *Vera Cruz* Studios und übernimmt die Leitung des *Instituto Nacional do Cinema*, die ihm von der Regierung Vargas angeboten wird.

2.3.2.1.1. Literaturverfilmungen der Vera Cruz

Die Literaturverfilmungen der *Vera Cruz* zeichnen sich dadurch aus, daß der Inhalt der ausgewählten Werke meist sozialkritischer Natur ist, während die Verfilmungen zumeist seicht und harmonisierend, bestenfalls moralisierend sind. Die Drehbuchautoren und Regisseure scheinen in der Überzahl schlechte Leser zu sein, da sie den kritischen Gehalt der Werke nicht übernehmen[44]. Doch die Politik der *Vera Cruz* erforderte seichte, leichte Dramen, um mit Hollywood konkurrieren zu können.

Aber auch erfolgreiche Literaturverfilmungen trugen nicht dazu bei, die Studiokassen zu füllen. Die Filmproduktion in einem unterentwickelten Land steht vor besonderen Problemen. Der Regisseur Lima Barreto verfilmte 1953 seinen Roman *O Cangaceiro*[45]. Der Film kostete 10 Millionen Cruzeiros, das Zehnfache des normalerweise bei *Vera Cruz* angesetzten Filmbudgets. Er wurde zum Kassenschlager, in Brasilien sahen

800 000 Personen den Film, der im gleichen Jahr den Preis für den besten Abenteuerfilm in Cannes erhielt. Der Film spielte 30 Millionen Cruzeiros ein. Diese Summe entsprach 1,5 Millionen US-Dollar. Die Vorführkinos bekamen 50 Prozent, also 15 Millionen Cruzeiros, obwohl sie kein Geld in die Produktion gesteckt hatten. 15 Prozent der Summe, also 5 Millionen Cruzeiros, gingen an die *Columbia Pictures* für den Verleih. 10 Millionen Cruzeiros, also 35 Prozent, erhielt der Produzent *Vera Cruz*. Somit wurden gerade die Herstellungskosten des Films gedeckt. Dieses Beispiel ist repräsentativ für die Schwierigkeiten der unterentwickelten Filmindustrie Brasiliens.

Zampari schlägt daraufhin vor, den Preis der Kinokarten zu erhöhen, denn dieser variierte zwischen fünf und zehn Cruzeiros, das waren 25 Cents bzw. ein halber Dollar nach dem offiziellen Wechselkurs. Die Summe entsprach auf dem Schwarzmarkt, den die Brasilianer nutzen mußten, wenn sie Dollars kaufen wollten, zwischen fünf bis zehn Cents. Die Amerikaner konnten ihre Devisen nach dem offiziellen Wechselkurs ausführen. Die Eintrittskarte für den nationalen Film kostete nur ein Fünftel der Eintrittskarte des ausländischen Films.

Für den brasilianischen Film waren die Erfahrungen mit der *Vera Cruz* dennoch bedeutend: Sieht man davon ab, daß durch Erfahrungen mit der *Vera Cruz* einige gute Regisseure und Filmtechniker in Brasilien dem Filmmarkt zur Verfügung standen, so hatte sich in erster Linie gezeigt, daß eine Filmindustrie nach Hollywood-Muster in Brasilien nicht überlebensfähig war. Besonders der Ehrgeiz, auf internationalem Markt bekannt zu werden, hat den Betreibern der Studios geschadet, da sie den einheimischen Markt vergessen haben. (CALIL, 1987, 20) Die *Vera Cruz* Studios waren in Brasilien der Versuch, hollywoodähnliche Produktionsformen einzuführen, die jedoch kein Gegengewicht zur Marktdominanz des US-amerikanischen Films schufen.

Trotz ihrer Publikumserfolge *O Cangaceiro, Sinha Moça, Tico Tico* u.a., waren die *Vera Cruz* Studios 1953/54 wirtschaftlich am Ende. Sie produzierten insgesamt 18 Spielfilme und zwei Kurzfilme. (SCHNITMAN, 1984, 60) Im Oktober 1954 tritt der Vorstand der *Vera Cruz* geschlossen zurück[46].

Vera Cruz scheiterte aus organisatorischen Gründen und aus dem Mangel an staatlichen Maßnahmen zur Förderung der Filmindustrie. So schlug jeder Versuch fehl, gegen die bereits etablierte US-amerikanische Konkurrenz auf dem Vertriebs- und Verleihsektor anzutreten.

Die Zeitschrift *Fundamentos* bezeichnete *Vera Cruz* als Werkzeug der US-amerikanischen Verleihfirmen *Universal* und *Columbia*, denn die Journalisten sahen in den Filmen Kopien amerikanischer Vorbilder, die zur Entwicklung eines brasilianischen Kinos keinen Beitrag leisteten. Sie warfen der *Vera Cruz* vor, ein falsches Bild der brasilianischen Realität wiederzugeben (JOHNSON, 1987, 68), obwohl Maria Rita Galvão den Filmen der *Vera Cruz* bescheinigt:

"In retrospect, even the most "foreign" of *Vera Cruz's* films were more Brazilian than many critics thought at the time. But too often the "Brazilian-ness" consciously sought by the filmmakers was limi- ted to exoticism and folclore, while the real problems of the country were ignored" [47].

Später wurde das Modell einer Filmfabrik nicht einmal von politisch links stehenden Regisseuren angefochten, lediglich der Inhalt der Filme wurde als reaktionär verpönt.

Der Niedergang der *Vera Cruz* Studios bewirkte, daß die Filme macher konsequenter für eine unterstützende protektionistische Politik des Staates kämpften. Der Versuch, mit den Studios der *Vera Cruz* eine Filmindustrie in Brasilien aufzubauen, führte schließlich zum Bankrott. Bereits zu diesem Zeitpunkt zeigten sich die Schwierigkeiten Brasiliens beim Aufbau einer Filmindustrie. Diese Erfahrungen veranlaßten unabhängige Regisseure, ein alternatives Modell zur *Vera Cruz* zu entwickeln; aus der Unterentwicklung des Landes wurde ein Themenbereich innerhalb des neuen brasilianischen Films, dem *Cinema Novo*[48].

2.3.3. Der Kampf um eine staatlich geförderte Filmindustrie, Pläne für ein unabhängiges brasilianisches Kino in der zweiten Amtszeit von Getúlio Vargas (1951-1954)

In seiner zweiten Amtszeit (1951-1954) fordert Vargas den Produzenten und Regisseur Alberto Cavalcanti auf, die *Comissão Nacional do Cinema* zu leiten und Vorschläge für ein staatliches Filminstitut zu entwickeln. In dieser Zeit zielten Vargas politische Aktivitäten darauf ab, dem öffentlichen Sektor eine größere Bedeutung im Wirtschaftsgeschehen im Rahmen seiner nationalistischen Rhetorik und Praxis beizumessen. Doch Vargas stieß im Kongreß und in den USA mit seiner Politik der Verstaatlichung auf Widerstand. Der brasilianische Kongreß widersetzte sich dem Vorschlag, ein staatliches Filminstitut zu gründen. Die Filmindustrie wurde mit einer Erhöhung der Bildschirmquote in den Kinos bedacht (Gesetzesdekret 30.179 vom 19. November 1951). Nach acht vorgeführten ausländischen Filmen sollte nun ein brasilianischer Film gezeigt werden. Mit diesem Dekret wurde die brasilianische Produktionskapazität von 22 Spielfilmen pro Jahr überfordert. Wäre das Dekret 30.179 umgesetzt worden, so hätten etwa 60 brasilianische Filme pro Jahr produziert werden müssen. Es wurde modifiziert durch das Dekret 30.700 vom 4.Februar 1952 (8 x 1 Gesetz), das sich nun auf Filmprogramme bezog. Die meisten Kinobetreiber zeigten zwei ausländische Spielfilme pro Abend. Das neue Gesetz legte fest, daß ein Kinobetreiber nach 16 ausländischen Filmen einen brasilianischen Film zeigen mußte.

Diese Regelung stieß auf die Kritik der Verleiher und Kinobetreiber. Luiz Severiano Ribeiro[49] wandte sich vehement gegen einen Eingriff des Staates in einen ökonomischen Bereich, der nach den Gesetzen des freien Unternehmertums und des freien Marktes arbeitete.

2.3.3.1. Filmkongresse

Die Überlegungen von Filmkritikern und Regisseuren auf den drei Filmkongressen in den Jahren 1952-1953 sind wegweisend für die Entwicklung eines eigenständigen brasilianischen Kinos.

Der *I.Congresso Paulista de Cinema Brasileiro* (Erster Filmkongreß São Paulos 15.-17. April 1952) erhob die Forderung nach einer aktiven Beteiligung des Staates an der Finanzierung von Filmen. Es wurden Vorschläge für eine Filmfinanzierungsbank gemacht; zu wirtschaftlichen, technischen und politisch-ideologischen Voraussetzungen des brasilianischen Films wurden 33 Thesenpapiere diskutiert.

Um die Entwicklung voranzutreiben, hatte man eine Definition für den Terminus "Brasilianischer Film" gefunden. Man einigte sich auf die folgende, in späteren Jahren immer wieder abgewandelte Definition. Der Film muß mit 100 Prozent nationalem Kapital produziert, in brasilianischen Studios gedreht und in brasilianischen Laboren entwickelt werden. Die Story und das Skript müssen brasilianisch sein, die Dialoge auf portugiesisch gesprochen werden und die Crew zu zwei Dritteln aus Brasilianern bestehen. Regie muß ein Brasilianer oder ein dauerhaft in Brasilien lebender Ausländer führen.

Nicht nur diese Definition zeigt die nationalistische Stimmung der Nachkriegszeit, auch die Vorschläge von Nelson Pereira dos Santos in seinem Arbeitspapier *O Problema do Conteúdo no Cinema Brasileiro* sind nationalistisch gefärbt. In seinem Diskussionspapier verweist Pereira dos Santos auf die ökonomischen Schwierigkeiten, die sich in Zukunft für den brasilianischen Film ergeben und gelöst werden müssen. Er sieht es als Ziel der brasilianischen Filmindustrie, auf einen ausländischen Film acht brasilianische Filme zeigen zu können.

Deshalb schlägt Pereira dos Santos vor, dem Inhalt des brasilianischen Films den Vorrang vor der Form zu geben. Er meint, daß die Zuschauer den technischen Aspekt erst an zweiter Stelle würdigten. Wichtig seien deshalb brasilianische Geschichten, die erzählen, was das brasilianische Publikum gern hören möchte. Themen können aus Literatur, Geschichte und der Folklore Brasiliens entnommen werden. Eine Rückbesinnung auf die nationale Kultur würde, so Pereira dos Santos, den Brasilianern ein stärkeres Heimatgefühl vermitteln.

> "2. Os produtores e escritores de cinema devem procurar transpôr para o cinema obras como as de Machado de Assis, Aluízio de Azevedo, Lima Barreto, José Lins do Rego, Jorge Amado; episódios históricos como os de Canudos, da Abolição da Escravatura, da Inconfidência Mineira, dos Bandeirantes; histórias baseadas em lendas e fatos da tradição popular; etc." [50] .

Im Film möchte das Publikum zudem eigene Erfahrungen wiedererleben. Aufgrund der hohen Analphabetenquote in Brasilien, sollte Portugiesisch die Filmsprache sein, da ein großer Teil des Publikums bei anderssprachigen Filmen die portugiesischen Untertitel nicht lesen könnte. Pereira dos Santos vertritt die These, daß nur ein Film, der nationales Kulturgut vermittelt und in seinem Entstehungsland Erfolg hat, das internationale Publikum interessieren kann.

Mit seinen Ausführungen wendet er sich auch gegen die ehrgeizigen Produktionen der *Vera Cruz*, die kein authentisches Brasilienbild vermitteln. Pereira dos Santos gibt nicht nur das Programm für seine eigene Arbeit vor, sondern die Richtlinien, an denen sich in den 70er Jahren die staatliche Filmpolitik orientierte.

Auf dem *I. Congresso Nacional de Cinema Brasileiro* (Erster Bundesfilmkongreß vom 22.-28. September 1952) in Rio de Janeiro trafen sich Filmleute aus ganz Brasilien. Hier wurden die Ergebnisse des vorangegangenen Kongresses von São Paulo diskutiert. Man übernahm die Definition des brasilianischen Films, regte die Herstellung von 35mm Filmmaterial in Brasilien an und forderte eine staatliche Filmfinanzierung. Die politische Bedeutung der Filmindustrie war nun erkannt. Deshalb forderten die Filmschaffenden die Regierung auf, den Brasilianisch-Amerikanischen Vertrag von 1935 zu kündigen, damit der Filmimport gestoppt würde. Eine Minderung des US-amerikanischen Filmanteils auf dem Inlandsmarkt sollte ermöglichen, Filme aus anderen Ländern vorzuführen. Gefordert wurde, das für die US-amerikanischen Filme übliche Blockbuchungssystem abzuschaffen, bei dem ganze Filmpakete vertrieben wurden, um den Markt nicht mit "minderwertigen" Produkten zu verderben. Dieser Kongreß wurde durch die Anwesenheit des Vizepräsidenten João Café Filho staatlich gewürdigt.

Der *II. Congresso Nacional de Cinema Brasileiro* (Zweiter Bundesfilmkongreß vom 12.-20. Dezember in São Paulo) ergänzte die Vorschläge des ersten Kongresses durch Anmerkungen zum Ausbau von Filmför- derungsmaßnahmen. Dazu gehörte die Einrichtung von Filmstudiengängen an den Universitäten, die zollfreie Einfuhr von Filmmaterialien und die Verbesserung der Organisation eines Verleihs brasilianischer Filme im Ausland. (JOHNSON, 1987, 77)

Obwohl dieser Kongreß von dem Zusammenbruch der *Vera Cruz* Studios überschattet wurde, ist er der erste entscheidende Schritt für die Forderung nach einer staatlichen umfassenden protektionistischen Filmpolitik.

2.3.3.2. Universalisten und Nationalisten

Die Filmkongresse hatten gezeigt, daß nur eine starke nationale Filmindustrie mit amerikanischen Produkten konkurrieren kann. Das ist die einhellige Auffassung aller Filmschaffenden. Trotzdem sind diese in zwei Blöcke gespalten: Die Gruppe der Universalisten kommt aus den *Vera Cruz* Studios und befürwortet große Studios. Zu ihr gehören Flávio Tambellini und Rubem Biáfora. In der zweiten Gruppe sind Filmkritiker, die u.a. bei *Fundamentos* schreiben, die Nationalisten. Sie befürworten die atomisierte Produktion, kleine Filmcrews, niedrige Budgets, Filmarbeiten an frei gewählten Drehorten; sie lehnen große Studios ab. Diese Gruppe junger Filmjournalisten und Filmemacher lehnte die *Vera-Cruz* Studios per se nicht ab. Die Studios waren in ihren Augen ein Gewinn für die brasilianische Filmproduktion, nur waren die Produktionsmaßstäbe im Verhältnis zu den Gegebenheiten des Landes überzogen und überteuert. Die Filme waren in den Augen der Nationalisten nur eine Kopie des Bildmaterials US-amerikanischer Provenienz. Sie fordern Filme, die die spezifischen Eigenheiten brasilianischer Lebenssituationen wiedergeben. (JOHNSON, 1987, 78)

Doch Universalisten und Nationalisten sind sich einig, wenn es um die Forderung nach staatlichen Subventionen im Filmbereich geht. Auf ihren Druck hin reagiert die Regierung und gründet die Technische Filmkommission *Comissão Técnica do Cinema* im Jahr 1954, die dem Ministerium für Erziehung und Kultur unterstellt ist. Sie soll herausfinden, welche Grundlagen für eine nationale Filmindustrie vorhanden sind. Die Kommission kommt zu dem Ergebnis, daß der Aufbau einer Filmindustrie nur dann sinnvoll sei, wenn diese auch ökonomisch über Wettbewerbsfähigkeit mit dem internationalen Film verfüge. Diese Kommission bleibt in der Bestandsaufnahme stecken (JOHNSON, 1987, 79) .

1955 unternimmt eine andere Filmkommission in São Paulo die ersten Schritte zur effizienten Organisation der Filmindustrie. Eine Studie über den Bankrott der *Vera Cruz* Studios schlägt vor, die Kosten bei der Filmproduktion zu senken und die Eintrittspreise zu erhöhen. Deheinzelein weist nach, daß die Eintrittspreise im Jahr 1955 inflationsbedingt um 5,5 Prozent unter dem Niveau von 1939 lagen. Er kommt zu dem Ergebnis, daß nur eine ununterbrochene Produktionsfähigkeit der brasilianischen Filmemacher die Filmindustrie stärken könne[51] . Daraufhin entwickelt die *Banco do Estado* in São Paulo ein Filmproduktionsprogramm, das Kredite mit niedrigem Zinssatz vergibt. Vier Filme der 1956 gegründeten *Brasil Filmes*, der Nachfolgegesellschaft der *Vera Cruz*, wurden damit finanziert.

2.3.4. Filmpolitik unter Präsident Juscelino Kubitschek (1955-1960)

Juscelino Kubitscheks Politik lag ein ehrgeiziger Wirtschaftswachstumsplan und der Plan für eine industrielle Entwicklung zugrunde. Dabei vertrat der Präsident eine widersprüchliche Entwicklungsideologie: Er rechnete mit nationalistischen Gefühlen, plante aber, sein Wirtschaftsprogramm mit Investitionen ausländischer Firmen durchzuführen.

Sein Engagement für die Filmindustrie zeigte er dadurch, daß er am 12. Dezember 1956 die *Comissão Federal de Cinema* - CFC gründete. Darin waren Repräsentanten aus allen Bereichen der Filmindustrie vertreten. (JOHNSON, 1987, 82) Die CFC ergriff die Initiative für das Tarifgesetz 3.244 vom 14. August 1957, das die Besteuerung ausländischer Filme vorsah. Die CFC hatte kein Exekutivrecht, trotzdem war sie für die Entwicklung der Filmindustrie maßgebend. Sie regte an, die Cinemateca in São Paulo und ein nationales Filminstitut zu gründen. Die Gründung (Dekret 44.853 vom 13.11.1958) der GEIC - *Grupo de Estudos da Indústria Cinematográfica* (Studiengruppe der Filmindustrie) ist ihm zu verdanken. Wie die CFC hatte die GEIC keine exekutive Macht, sondern nur beratende Funktionen. Sie setzte sich aus Repräsentanten der Universalisten zusammen.

Auf Anraten der GEIC unterzeichnet Kubitschek am 22. Dezember 1959 das Dekret 47.466. Es modifizierte das bisherige Vorführgesetz. Alle Kinos sollten ab sofort an 42 Tagen im Jahr brasilianische Filme ausstrahlen. In einem Zeitraum von vier Monaten sollten die Vorführungen jeweils an zwei Samstagen und zwei Sonntagen stattfinden. Die grundsätzlichen Probleme der brasilianischen Filmindustrie ändern sich dadurch nicht: Die Regisseure fordern den Staat weiterhin auf, Maßnahmen zur Filmfinanzierung und zur besseren Organisation des Verleihs im In- und Ausland zu ergreifen.

Im Einklang mit seinen Vorschlägen auf dem *I. Congresso Paulista do Cinema Brasileiro* (April 1952), nämlich Filme über nationale Themen zu drehen, hatte Nelson Pereira dos Santos, als Vertreter der Nationalisten, den Film *Rio 40 Graus* (1955) als Antwort auf die Krise der Filmindustrie in São Paulo gedreht. Er zeigte damit, daß Filmproduktionen auch außerhalb großer Studios möglich waren. Der Film wird von der brasilianischen Zensurbehörde verboten, weil der Regisseur mit der kommunistischen Partei sympathisierte. Es folgten Proteste gegen das Filmverbot[52], bis der Film 1956 freigegeben wurde. Er hatte großen Erfolg beim Publikum.

Vom italienischen Neorealismus der Regisseure Cesare Zavattini und Luciano Emmer beeinflußt, übernahm Nelson Pereira dos Santos für diesen Film auch ein "neorealistisches" Produktionsschema[53], das Quotensystem, um den Film überhaupt produzieren zu können. Damit versuchte er, einen anderen Weg der Filmfinanzierung zu gehen. Er stellte langfristig keine Lösung dar. Danach dreht er *Rio, Zona Norte* (1957), in dem er einen von vielen Seiten ausgebeuteten Komponisten aus der Nordzone Rio de Janeiros porträtiert. Dieser Film scheint Einflüsse Luchino Viscontis oder Vittório De Sicas zu enthalten. Glauber Rocha rechnet beide Filme der Kategorie des "neo-realismo-brasileiro" zu. (ROCHA, 1971, 91)

2.3.5. Filmpolitik unter Jânio Quadros (1961)

Präsident Jânio Quadros unterzeichnet das Dekret 50.278 (17. Februar 1961) und gründet die *Geicine - Grupo Executivo da Indústria do Cinema* und damit die erste

Instanz im brasilianischen Filmbereich mit exekutiven Vollmachten. *Geicine* untersteht dem Präsidenten und dem Ministerium für Handel und Industrie.

Geicine ist die erste ernstzunehmende Organisation in Brasilien, die in ihrem Aufbau die Grundzüge für Strukturen einer staatlichen Filmförderungsinstitution vorzeichnet, die in den Folgejahren ausgebaut werden. *Geicine* hatte einen Exekutivrat und einen beratenden Ausschuß. Im Exekutivrat waren Personen aus dem Justizministerium, dem Ministerium für Auswärtige Angelegenheiten, aus der Abteilung der *Banco do Brasil* für Landwirtschafts- und Industriekredite (CREAI), den Abteilungen für Auswärtige Handelsbeziehungen und staatliche Geldpolitik sowie der Rat der Zollpolizei und der Bundesrechnungshof vertreten.

Im beratenden Ausschuß erarbeiteten die Universalisten, unter ihnen Flávio Tambellini, Rubem Biáfora und Antônio Moniz Viana Vorschläge, die dem Exekutivrat vorgelegt wurden. Der Exekutivrat konnte diese Vorschläge als Gesetzesentwürfe für die Filmindustrie im Kongreß einbringen. Durch *Geicine* wurde die Kluft zwischen den Universalisten und Nationalisten größer: Während die Universalisten noch ihre exekutiven Vollmachten in der *Geicine* wahrnahmen, hatten die Nationalisten bereits alternative Filmresultate vorzuweisen.

Dennoch förderte *Geicine* die Filmprojekte der Nationalisten nicht. Flávio Tambellini, der Schwager von Roberto Campos, dem Direktor der *Banco Nacional de Desenvolvimento Econômico* (Staatliche Bank für wirtschaftliche Entwicklung) hing der Idee von einer Filmindustrie in großen Studios nach.

Dagegen hatten Produzenten und Regisseure in der Diskussion um ästhetische Fragestellungen und um die Entwicklung der Filmindustrie nach dem Konkurs der *Vera Cruz* Studios eine neue Perspektive für den Film entwickelt. Sie meinten, der brasilianische Markt erfülle die Voraussetzungen nicht, die Kosten für überteuerte Studioproduktionen einzuspielen, und entschieden sich für die Arbeit in kleinen Crews, an frei gewählten Drehorten mit Amateurschauspielern. Glauber Rocha, neben Nelson Pereira dos Santos der wichtigste Exponent der *Cinema Novo* Gruppe, kritisiert *Geicine.* Sie konzentriere ihre Aufmerksamkeit auf Monopolunternehmen, obwohl sich zeige, daß die unabhängigen Produzenten die besten Filme herstellen. Rocha betont, daß die nordamerikanischen Verleihfirmen sich nur in Brasilien so vehement durchsetzen könnten (ROCHA, 1971, 169). Er begründet dies damit, daß andere lateinamerikanische Filmindustrien wie Mexiko und Argentinien aufgrund der gemeinsamen Sprache und der Möglichkeit des gegenseitigen Filmaustauschs den Einfluß des nordamerikanischen Films in ihren Kinos verhindern könnten. Rochas Kritik ist überspitzt formuliert, weil auch Mexiko und Argentinien sich nicht gegen die Vorherrschaft des US-amerikanischen Films auf den Leinwänden durchsetzen.
(GREGOR/PATALAS, 1986, 457)

Geicine hält an ihrem Projekt fest, eine hollywoodähnliche Filmindustrie aufzubauen. Obwohl das Modell *Vera Cruz* gezeigt hatte, daß hollywoodähnliche Produktionsbedingungen für den brasilianischen Markt untragbar waren, wird die Strategie beibehalten, ein ebensolches Modell neu zu entwickeln, um dem Bildschirmmonopol im Kino des nordamerikanischen Films entgegenzutreten. Zu den unabhängigen Produzenten, die Rocha zufolge seit 1962 gute Filme finanzierten, gehören Jarbas Barbosa, Braga Neto, Palma Netto und Elísio Freitas.

> "El Geicine no entiende que hoy el cine brasileño es la juventud de sus directores y la mentalidad de sus produtores."
> (ROCHA, 1971, 171)

Um allen Produzenten für ihre Projekte eine Chance zu geben, schlägt Rocha die Gründung einer Filmförderungsbank vor.

> "Necesitamos una carta de crédito cinematográfico en el Banco del Brasil. Por eso, en el programa de trinta millones viene batiendose, con demagogia, el Geicine. El "cine-nuevo" independente del Brasil fue, en parte, y está siendo aún, financiado por el Banco Luiz Magalhães: ahi están coproducciones como O Assalto ao Trem Pagador y Vidas Secas para derribar las teses del Geicine."
> (ROCHA, 1971, 172)

Rocha lehnt die Filmindustrie Nordamerikas ab, denn er favorisiert das Konzept des Autorenfilms der "*nouvelle vague*". Im Autorenfilm sieht er die Revolution, denn nur dieser sei in der Lage, eine gesellschaftspolitische wegweisende Aussage zu vermitteln.

2.3.6. Filmpolitik unter João Goulart (1960-1964)

Auch in den folgenden Jahren verhinderte die Spaltung der Filmschaffenden in Universalisten und Nationalisten[54] nicht, daß beide Gruppen sich aus pragmatischen Gründen einigten, wenn es um die Forderung nach staatlicher Unterstützung für die Filmindustrie ging.

Instabile politische Zeiten unter der Regierung Goulart setzten ein, die durch Studentenunruhen, Landreformbewegungen im Nordosten geprägt waren. Die Chinareise des Präsidenten im Jahr 1961 wurde in Regierungskreisen argwöhnisch betrachtet und war dar Anlaß, die Vorbereitungen für den Staatsstreich einzuleiten, den das brasilianische Militär am 1. April 1964 durchführte.

2.3.7. Filmpolitik nach dem Staatsstreich 1964

Das *Cinema Novo* genießt bereits internationale Anerkennung. Im Prozeß der kulturellen Umwandlung zeigt das *Cinema Novo* eine Vielzahl politischer und sozialer Widersprüche in der brasilianischen Gesellschaft auf. Seine Exponenten arbeiteten mit dem *Instituto Superior de Estudos Brasileiros* (ISEB) zusammen, an dem u.a. Hélio Jaguaribe, Cândido Mendes, Roland Corbisier, Alvaro Vieira Pinto, Nelson Werneck Sodré und andere führende Intellektuelle mitarbeiteten, die sich für die Aufhebung der neo-kolonialen Situation des Landes und die wirtschaftliche Unabhängigkeit durch eine selbständige brasilianische Industrie aussprachen. Die Regisseure des *Cinema Novo* unterstützen diese Zielsetzungen.

Repräsentanten der *Geicine* und des *Instituto Nacional do Cinema* (Nationales Filminstitut) forderten in den folgenden Jahren, daß die Regierung die Entwicklung der Filmindustrie mit allen Mitteln[55] unterstützen sollte.

Geicine ist verantwortlich für die Definition des brasilianischen Films (JOHNSON, 1987,95)[56] und für das Filmfinanzierungsgesetz für nationale Filme. Dieses sieht eine staatliche Beteiligung von 50 Prozent an Filmprojekten vor. Die Kredite wurden über CREAI (Abteilung für landwirtschaftliche und industrielle Kredite) vergeben. Zwischen 1962 und 1966 kamen über dieses Filmfinanzierungsgesetz sieben Filme zustande (JOHNSON, 1987, 95). *Geicine* hat erreicht, daß nach dem Hauptstadtwechsel von Rio de Janeiro nach Brasília die dezentral arbeitende Zensurbehörde wieder zentralisiert wurde, da Zensur als Aufgabe des Bundes anerkannt wurde.

Carlos Lacerda gründet als Gouverneur von Rio de Janeiro unter den Einflüssen der *Geicine* die Kommission zur Unterstützung der Filmindustrie *Comissão de Auxílio à Indústria Cinematográfica* - CAIC, die zwei Programme zur Filmfinanzierung anbot: Filmpreise und Subventionen, die auf den Einnahmen für die Vorführung basieren und zweitens eine normative Filmproduktionsfinanzierung, d.h. Skriptinhalte werden bewertet. Der Gouverneur Rio de Janeiros Carlos Lacerda unterstützt die Regisseure und Produzenten aus Rio de Janeiro, obwohl er mit seiner Kommission inhaltliche Vorgaben zu Skriptinhalten macht. Insofern ist seine Art der Filmförderung ein Versuch, ideologische Kontrolle auszuüben:

> "The decree founding CAIC stated, that the benefits of the law would be denied to any script or film that advocated, among other things, the use of violence to subvert the political and social order, racial or class prejudice, or propaganda against the democratic system."(JOHNSON, 1987, 100) [57].

Über CAIC wurden zahlreiche Projekte der *Cinema Novo* Regisseure wie *O Padre e a Moça* von Joaquim Pedro de Andrade 1965, *Menino de Engenho* von Walter Lima Jr. 1965, *A Hora e a Vez de Augusto Matraga* von Roberto Santos 1965 und *Opinião Pública* von Arnaldo Jabor 1967 finanziert. Hier beginnt die Verflechtung zwischen den *Cinema Novo* Regisseuren und dem Staatsapparat. Wenn auch innerhalb der *Geicine* die Universalisten bevorzugt wurden, so hatten die Nationalisten immer ihre eigenen Finanzierungsquellen, sowohl innerhalb des CAIC und bei privaten Geldgebern.

Doch das grundsätzliche Problem der brasilianischen Filmindustrie wird nicht gelöst: Glauber Rocha fordert deshalb eine Importbeschränkung für ausländische Filme und einen Marktanteil von 51 Prozent auf dem brasilianischen Vorführsektor für den nationalen Film. Damit einher geht seine Forderung nach staatlicher Unterstützung für den Verleih brasilianischer Filme im Ausland. Im Rahmen der *Geicine* hat Rocha mit seinen Forderungen keinen Erfolg.

Ende der 60er und Anfang der 70er Jahre engagiert sich die brasilianische Militärdiktatur für eine Förderung des Filmsektors. Bezweckt wird, die Kontrolle über alle kulturproduzierenden Bereiche zu erhalten. Wichtige Bereiche der Kulturproduktion werden institutionalisiert: Es entstehen der *Conselho Federal de Cultura* (1966), das *Instituto Nacional do Cinema* INC (1966), die *Empresa Brasileira de Filmes - Embrafilme* (1969), die *Fundação Nacional de Arte - Funarte*(1975) und der *Conselho Nacional de Cinema - Concine* (1975). Im Filmbereich sind die Institutionen INC, *Embrafilme* und *Concine* bedeutend. Die Interessen des Staates sind auf eine umfassende Filmförderungspolitik ausgerichtet, obwohl das vorrangige Ziel eindeutig darin besteht, inhaltliche Kontrolle über die Filmproduktion zu gewinnen. Ausländischen Produkten wird keine Importsperre auferlegt, denn die nationale Filmindustrie finanziert sich zu einem großen Teil von den Steuern für diese Filme.

Der Staat zeigte seinen Willen zum Aufbau einer umfassenden staatlichen Filmförderungspolitik nicht nur damit, daß er die Bildschirmquote erhöht, sondern auch durch seine partielle Beteiligung an der Filmfinanzierung, an der Schaffung von Koproduktionsmöglichkeiten und Langzeitkreditvergaben. Es ging um die Förderung der Filmindustrie im Rahmen der allgemeinen Wirtschaftspolitik. Aber auch hier zählte man auf die Unterstützung durch ausländisches Kapital. Seit der Gründung von *Geicine,* werden die Institutionen innerhalb des Filmbereichs zunehmend mit exekutiven Kompetenzen ausgestattet.

Als Castello Branco das *Instituto Nacional do Cinema* INC (1966) gründet, werden die Aktivitäten von *Geicine* und des INCE zusammengefaßt. Die Position des Staates in der Kulturproduktion ändert sich: Anstatt stummer Diener zu sein, wird er zum Akteur und Planer der Kulturproduktion. Im Rahmen der Kulturpolitik geht es darum, das kulturelle Erbe zu erhalten und zu wahren und darum, dem kulturproduzierenden Sektor Entwicklungsmöglichkeiten einzuräumen. Für die Zensur war das Justizministerium, nicht das INC zuständig, es war insofern neutral.

2.3.7.1. Das Nationale Filminstitut

Das *INC* wird 1966 als halb autonome Institution auf Bundesebene gegründet. Es ist dem Ministerium für Bildung und Kultur untergeordnet. Das INC reguliert in Zusammenarbeit mit der *Banco do Brasil* den Import ausländischer Filme für die Vorführung im Kino und im Fernsehen. Zu seinen Aufgaben gehört es ferner, Produktion, Verleih und Vorführung brasilianischer Filme zu regeln, Preise für den Verleih festzusetzen, einschließlich der dafür notwendigen Zahlungsmodalitäten und Fristen. Es reguliert die Zahlungsmodalitäten der ausländischen Filme, plant die Aktivitäten des *INCE* und übernimmt die normativen Aufgaben der *Geicine.*

Innerhalb der Filmindustrie wird das *INC* unterschiedlich bewertet. Die Universalisten befürworten es, weil sie zuvor in der *Geicine* vertreten waren und nun in das *INC* integriert werden.

Die Nationalisten, darunter Nelson Pereira dos Santos und Glauber Rocha, haben Vorbehalte. Sie fürchten, daß die Kunst standardisiert und das *Cinema Novo* endgültig durch den totalitären Staatsapparat ausgemerzt werden soll. Die Ausdrucksfreiheit des Künstlers scheint ihnen gefährdet zu sein. Sie befürchten, daß nur noch die Filme der Universalisten subventioniert würden. Obwohl Nelson Pereira dos Santos das INC zunächst als "*autarquia fascistoíde*" bezeichnete, war seine Position nicht repräsentativ für alle Nationalisten. In São Paulo beispielsweise befürwortete Moniz Viana, Ely Azeredo und Rubem Biáfora das *INC.* Glauber Rocha und Luiz Carlos Barreto allerdings sahen einen Mangel der möglichen Beteiligung der Filmschaffenden bei der Ausarbeitung der Projekte und meinten, daß der Staat zu bestimmend in die kulturelle Produktion eingreifen könnte. Sie fürchteten die Freigabe der Filmproduktion für ausländische Kapitalgeber. Damit erkannten sie frühzeitig, worauf die eingeleitete Kulturpolitik hinauslief.

Die zunächst ablehnenden Stimmen aus den Reihen der *Cinema Novo* Gruppe verstummen bald; man geht pragmatisch vor, um Unterstützung für die eigenen Projekte zu erhalten (JOHNSON, 1987, 111). Bereits auf der Ersten Bundesfilmkonferenz *I. Conferência Nacional do Cinema* wird das *INC* als unverzichtbares Instrument für die Neuformulierung der Filmpolitik und als Stimulans für Sektoren bewertet, die am Aufbau der brasilianischen Filmindustrie beteiligt sind.

Repräsentanten des Verleih- und Vorführsektors kritisieren das INC als ein "*orgão típico da cortina de ferro*" und eine "*autarquia da esquerda festiva*". Die Politik des *INC* wird als Angriff auf das freie Unternehmertum gewertet. Von der Kritik wird das *INC* pessimistisch eingeschätzt. Ana Cristina César kommentiert *INC* und *Embrafilme*

> "O Cinema Novo se desenvolverá na sua autonomia gritada em relação ao Estado, mas chega a hora da convergência, e o INC, embrião da Embrafilme, organizará a produção cinematográfica brasileira e poderá controlar esse possível "quisto rebelde

da produção simbólica nacional", essa "ponta de lança da cultura brasileira dos idos de 60" que fora o Cinema Novo."(CÉSAR, 1980, 26)

Sie argumentiert, das *INC* sei ein Embryo der *Embrafilme* und bräche der Gesellschaftskritik und der Kreativität des *Cinema Novo* die Spitze. Sie kommentiert die Kulturpolitik Ernesto Geisels, der ihrer Meinung nach zum ersten Mal die Position die Regierung im Kulturbereich klar umreißt: Die Kulturproduktion soll kontrolliert und für die Interessen des Staates im Sinne der Politik von Sicherheit und Entwicklung nutzbar gemacht werden.

2.3.7.1.1. Aufbau und Finanzierung

Das *INC* weitet die organisatorische Struktur der *Geicine* aus. Es hat einen Präsidenten, der vom Minister für Bildung und Kultur ernannt wird. Sechs Präsidenten wechselten sich in diesem Amt ab, bevor *Embrafilme* und *Concine* die Aufgaben des *INC* übernehmen: Flávio Tambellini übernahm das Präsidentenamt in der Übergangsperiode von *Geicine* zum *INC*. Mit der Ernennung von Durval Gomes Garcia (1967-1970) wird Tambellini abgelöst. Auf Gomes Garcia folgt Ricardo Cravo Albin (1970-1971)[58], nach dessen Rücktritt Armando Troia (1971-1972) präsidierte, gefolgt von Carlos Guimarães de Matos Jr. (1972-1974) und Alcino Teixeira de Melo (1974-1975).

Im Beratungsausschuß sitzen Mitglieder aus verschiedenen Ministerien, z.B. aus dem Ministerium für Bildung und Kultur, dem Ministerium für Justiz, dem Ministerium für Handel und Industrie, dem Ministerium für Auswärtige Angelegenheiten, aus der Zentralbank.

Der Beratungsausschuß des *INC* besteht wie bei *Geicine* aus Filmproduzenten, Verleihern, Vorführern, Kritikern und Regisseuren, die vom Minister für Bildung und Kultur nach Listen ausgewählt werden. Der beratende Ausschuß tagt einmal im Monat und erarbeitet Empfehlungen, die er in Resolutionen mit exekutiver Vollmacht umsetzen kann. Das *INC* verabschiedete in der Zeit von 1966 bis 1975 insgesamt 112 Resolutionen.

Die Haushaltsgelder des *INC* fließen aus verschiedenen Einnahmequellen zusammen: Erstens aus der Beteiligungssteuer zur Entwicklung der Filmindustrie, die sich aus den Filmmetern errechnet, die in Kino und Fernsehen gezeigt werden. Sie wird gleichermaßen von in- und ausländischen Produzenten und Verleihern entrichtet; zweitens aus dem Verkauf standardisierter Tickets und und Verkaufslisten an die Vorführer; drittens aus vierzig Prozent der Einkommenssteuer, die von ausländischen Verleihfirmen für jeden Film auf ein Konto bei der *Banco do Brasil* entrichtet wird und viertens aus Bußgeldern für Verstöße gegen Gesetze und Vorschriften der Filmindustrie und zuletzt aus geringen Zuwendungen des Ministeriums für Bildung und Kultur.

Das *INC* war als "*autarquia federal*", also als halbstaatliche Organisation auf Bundesebene keine gewinnorientiert arbeitende Institution und nicht zu unternehmerischem Handeln verpflichtet. Es war dem Ministerium für Bildung und Kultur unterstellt und diesem gegenüber rechenschaftspflichtig. Diese "*autarquias*" wurden bei zahlreichen Ministerien eingesetzt. Sie gewährleisteten eine größere finanzielle und verwaltungstechnische Autonomie als im Apparat der Ministerialbürokratie möglich gewesen wäre. Ihr Haushalt wurde zu einem minimalen Teil aus dem Regierungshaushalt finanziert, wurde dort aber nicht explizit aufgeführt. Sie trugen also indirekt zum Staatshaushaltsdefizit bei.

2.3.7.1.2. Politische Richtlinien

Das *INC* war als "*autarquia*" inhaltlich mit den Prämissen der Militärregierung verbunden, daraus entwickelten sich regierungskonforme Prioritäten in der Unternehmenspolitik. Die vom *INC* verabschiedeten Resolutionen zur Unterstützung der Filmindustrie und des Filmproduktionsbereiches bezichen sich auf vier Bereiche:

1. Finanzierung von importiertem Filmausrüstungsmaterial
2. Preise und finanzielle Unterstützung von Filmen
3. Produktionsfinanzierung
4. Vorführungsbestimmungen für nationale Filme

Am 21. September 1967 verabschiedete das *INC* die 14. Resolution. Sie sah eine Kreditvergabe von bis zu 60 Prozent der Kosten für die Einfuhr von Ausrüstungsmaterial vor, das die Summe von 50.000 Cruzeiros nicht übersteigen sollte (JOHNSON, 1987, 113). Die Zinssatz lag mit 12 Prozent unter der jährlichen Inflationsrate von über 20 Prozent. Später wurde festgelegt (Resolution 83 vom 17. April 1973), daß Ausrüstungsgegenstände bis zu einer Summe von 140.000 Cruzeiros importiert werden konnten und von dieser Summe 70 Prozent als Kredit vergeben wurde. Der Produzent konnte ein Jahr nach Unterzeichnung des Vertrags mit der Rückzahlung des Kredits beginnen, um ihn dann in den folgenden 36 Monaten vollständig zu tilgen.

Das *INC* führte den Preis *Coruja de Ouro* (Goldene Eule) ein, um die nationale Filmproduktion anzuspornen. Er war mit dem Oscar der nordamerikanischen Filmindustrie vergleichbar. Schauspieler und Filmtechniker wurden ausgezeichnet. Die Filme der Universalisten und Nationalisten sind gleichermaßen mit Preisen bedacht worden[59]. Die Regisseure der *Cinema Novo* Gruppe nahmen die Preise an. Dies geschah nicht, weil sie mit dem Institut oder der Militärregierung politisch konform, sondern weil sie pragmatisch waren, um sich selbst die Möglichkeit offenzuhalten, weitere Filme zu produzieren.

Zusätzlich zu diesen Preisen konnte das *INC* auch Produktionsbeihilfen vergeben, die sich nach dem Kassenerfolg der Filme richteten.

Das bedeutendste Programm des *INC* war das Koproduktionsprogramm. Es sah Produktionsfinanzierungen auch in Zusammenarbeit mit ausländischen Verleihfirmen vor. In der Zeit von 1966 bis 1969 entstanden insgesamt 38 Filme. Nach Gründung der *Embrafilme* wurde dieses Koproduktionsprogramm abgeschafft.

1973 wurde eine Produktionsbeihilfe eingeführt, die die Produktion von Kinderfilmen, historischen Filmen und Literaturverfilmungen anregen sollte. Letztere waren immer schon ein wesentlicher Bestandteil innerhalb der brasilianischen Filmproduktion. Ihre Zahl stieg deshalb in der Folgezeit nicht an. Mit diesen Produktionsbeihilfen wollte der Staat die Kontrolle über die Filmproduktion ausbauen.

Das *INC* versucht, durch restriktive und unterstützende Maßnahmen eine effiziente Filmindustrie aufzubauen, obwohl offenkundig ist, daß das Medium für die politischen Interessen instrumentalisiert werden soll. In den Jahren (1966-1969) erhöht das *INC* sukzessiv die Vorführquote für den brasilianischen Film und bekommt immer größere Probleme mit den Vorführketten. In diesem Zeitraum steigt die Vorführquote von 56 auf 112 Tage im Jahr. Dem permanenten Anstieg der Bildschirmquote bis 1970 folgen zwei Resolutionen, in denen das *INC* die Zahl der Vorführtage zurückschrauben muß. Repräsentanten des Verleih- und Vorführsektors befürchteten, die Filmproduktion könne aufgrund der erhöhten Bildschirmquote besonders schnell anwachsen. 1971 war die Vorführquote auf 112 Tage im Jahr angehoben worden. Der Präsident des *INC* Ricardo Cravo Albin unterzeichnete im Gegenzug nacheinander zwei Resolutionen, mit denen er die Vorführquote senkte. Danach trat er zurück.

Sein Nachfolger, Brigadier Armando Troia senkte mit einer Resolution die Vorführquote auf 84 Tage im Jahr. Erst 1975 wurde die Vorführquote wieder auf 112 Tage im Jahr angehoben. Das *INC* sollte Kapital ansammeln, mit Subventions- und Preisvergaben arbeiten, aber dennoch versuchen, ausländisches Kapital für die Produktion zu gewinnen. Innerhalb dieser Parameter sollte die Filmproduktion konsolidiert werden. Diese Aufgabe war nur schwer zu bewältigen.

Trotz vorgegebener Produktionsparameter konnte die Filmindustrie ansatzweise konsolidiert und die Verzahnung ihrer Produktionsbereiche vorangetrieben werden. Der Vorführsektor blieb davon ausgeschlossen, denn die Kinobesitzer wehrten sich gegen eine staatlich determinierte Vorführpolitik.

Der nordamerikanische Film schien den Besitzern der Vorführketten erfolgversprechender zu sein als der nationale Film. Die Kosten für den nordamerikanischen Film waren durch die Resolutionen des *INC* in Brasilien erhöht worden, doch machte die amerikanische Filmindustrie große Gewinne auf dem brasilianischen Filmmarkt (JOHNSON, 1987, 135).

2.3.8. Filmpolitik unter General Emílio Garrastazu Médici (1969-1974)

2.3.8.1. Gründung der Embrafilme

Mit der Gründung der *Empresa Brasileira de Filmes - Embrafilme* im Jahr 1969 in einem repressiven politischen Kontext nimmt der Staat eine andere Rolle innerhalb der Filmindustrie ein.

Die Militärjunta hatte verschiedene Institutionelle Akte erlassen; mit dem Institutionellen Akt Nr. 5 (AI-5) am 13.12.1968 putscht sie quasi gegen sich selbst, denn nun setzt sich die "*Linha Dura*", der extrem rechts gerichtete Flügel des Militärs, gegenüber Präsident Artur da Costa e Silva mit ihrem Exponenten General Emílio Garrastazu Médici durch, der 1969 das Amt des Präsidenten übernimmt.

Der AI-5 leitet die Phase der schärfsten Repression in Brasilien ein. Der Kongreß wird entmachtet. Die von den Militärs selbst verordnete Verfassung wird außer Kraft gesetzt. Die Situation wird besonders für oppositionelle Intellektuelle sehr problematisch, als das Nationale Sicherheitsgesetz am 29.9.1969 verabschiedet wird, das besagt: "toda pessoa natural ou jurídica é responsável pela segurança nacional", also jeden Bürger zum Spitzel macht.

Das Klima der Repression veranlaßt viele Künstler und Intellektuelle wie Glauber Rocha, Chico Buarque de Hollanda, Caetano Veloso, Gilberto Gil u.a. zur Emigration.

Die geplante Untersuchung wird Literaturverfilmungen behandeln, die in engem Zusammenhang mit *Embrafilme* stehen. *Embrafilme* ist in der brasilianischen Filmgeschichte ein bedeutendes Unternehmen; es wurde per Gesetzesdekret 862 vom 12. September 1969 von Durval Gomes Garcia, dem Präsidenten des *INC* im Alleingang gegründet. Zuvor hatte er keine Absprache mit dem *Sindicato Nacional da Indústria Cinematográfica* getroffen. Die Öffentlichkeit reagierte zunächst kritisch auf *Embrafilme*: beispielsweise fragte die Tageszeitung *Jornal do Brasil*, wieso eine Agentur der Regierung den brasilianischen Film im Ausland vertreiben müsse, der noch nicht einmal in Brasilien selbst seinen Markt erobert habe. (JOHNSON, 1987, 137)

2.3.8.1.1. Aufbau und Finanzierung

Embrafilme soll zunächst den Vertrieb brasilianischer Filme im In- und Ausland, Filmvorführungen und die Teilnahme brasilianischer Filme an Filmfesten organisieren. Der brasilianische Film soll auf diese Weise mit seinen kulturellen und künstlerischen Eigenheiten gefördert werden. *Embrafilme* soll mit dem *INC* bei diesen kommerziellen oder industriellen Aktivitäten zusammenarbeiten.

Wie das *INC* war auch die *Embrafilme* dem Ministerium für Erziehung und Kultur untergeordnet. *Embrafilme* war eine Aktiengesellschaft. 70 Prozent des Grundkapitals gehörten der Bundesregierung, 29,4 Prozent dem *INC*, das selbst eine "*autarquia*" war, und nur 0,6 Prozent privaten Aktionären.

Das Koproduktionsprogramm zwischen dem *INC* und ausländischen Verleihfirmen, das letzteren gestattet hatte, sich mit ihrem Einkommenssteueranteil von 40 Prozent an der Koproduktion brasilianischer Filme zu beteiligen, wurde mit Gründung der *Embrafilme* abgeschafft. Doch ihr Einkommenssteueranteil wurde weiterhin von den ausländischen Verleihfirmen auf das Konto der *Banco do Brasil* eingezahlt und machte einen Teil des Unternehmensbudgets von *Embrafilme* aus. Es setzte sich ferner aus Darlehen, Zinseinnahmen, Gewinnen aus dem Filmverleih, Kreditgeschäften und Geldzuweisungen der Regierung durch das *Ministério de Educação e Cultura* zusammen.

2.3.8.1.2. Filmpolitik unter Embrafilme

Unter *Embrafilme* setzte eine prononcierte staatliche unterstützende Filmförderungspolitik ein. Das Unternehmen funktionierte als Kreditbank zur Filmfinanzierung. Die Kredite hatten einen Zinssatz von zehn Prozent. Bis Mitte 1974 wurden drei Kategorien von Filmproduzenten gefördert: 60 Prozent des Kreditvolumens gingen an Produzenten, die 2-3 Filme pro Jahr drehten, 20 Prozent gingen an Produzenten, die bis zu zwei Filme produzierten und weitere 20 Prozent wurden an Anfänger im Produzentengeschäft vergeben.

Die Filmproduktionsförderung wurde nach rein technisch-kommerziellen Gesichtspunkten durchgeführt. Skriptanalysen fanden nicht statt. Der Präsident der *Embrafilme* seit 1971, José Oswaldo Pena, legte keinen Wert auf kulturelle Filme, wie sie die Tageszeitung *O Estado de São Paulo* forderte. Es entstanden zahlreiche "pornochanchadas". Darunter sind billige musikalische Komödien mit vulgär erotischen Ausschweifungen zu verstehen, die ihre Produktionskosten einspielten und die Produzenten ökonomisch stärkten: Zu ihnen zählten Pedro Rovai, Geraldo Miranda, Claudio Mc Dowell, Roberto Mauro, Tony Vieira u.a. Die Filme stießen auf den breiten Protest der Militärs, der Mittel- und Oberschicht und der Regisseure des *Cinema Novo*.

Wegweisend für eine Änderung innerhalb der staatlichen Filmförderungspolitik der *Embrafilme* und eine Neuorientierung des gesamten Unternehmens war der *I. Congresso da Indústria Cinematográfica* vom 23.-27.Oktober 1972, auf dem fünf Produzenten sich zusammentaten und das "*Projeto Brasileiro do Cinema*" ins Leben riefen. Damit leiteten sie eine Wende ein, die die Verbindung von Nationalisten und Staat betraf.

> "O mais marcante, no entanto, é a forte coloração nacionalista imprimida nas colocações, caracterizando um nacionalismo que se nutre tanto das novas diretrizes estatais para o campo da cultura, como da preocupação com a "segurança nacional"[60].

Von dem konservativen Walter Hugo Khoury einmal abgesehen, machten sich Roberto Farias, Oswaldo Massaini, Luis Carlos Barreto stark für die Allianz mit dem Staat. Auf dem Kongreß wurde staatliche Unterstützung sowohl für die Filmproduktion als auch für die technische Ausstattung, die Labore und die berufliche Absicherung von Schauspielern und Technikern gefordert. Die staatliche Filmförderungspolitik unterstützte bislang nur den Produktionsbereich, andere lebenswichtige Sektoren der Filmindustrie wurden nicht bedacht.

Dieser Kongreß führte dann zu einer entscheidenden Wende in der Politik von *Embrafilme*, denn im staatlichen Filmapparat herrschte zunehmend eine Hegemonie der *Cinema Novo* Gruppe. Im Gegensatz zu den Filmen der Universalisten hatten die Filme des *Cinema Novo* internationale Anerkennung und Preise erhalten. Die Koalition von Staat und Regisseuren vereinte gegensätzliche Interessen: Der Staat rühmte sich mit einer ideologisch oppositionellen Künstlergruppe, deren Filme im Ausland das Land Brasilien populär machten. Die Regisseure des *Cinema Novo* gingen diese Koalition ein, weil sie kein alternatives Produktions- und Vertriebssystem aufbauen konnten.

Der Exponent dieser Hegemonie war Roberto Farias, den Präsident Geisel 1974 zum Präsidenten der *Embrafilme* ernennt. Die Regierung Geisel maß als erste Regierung in Brasilien der Entwicklung der Filmindustrie eine bedeutende Stellung bei.

Als die *Embrafilme* durch eine Neustrukturierung 1973 die Aufgaben des *INC* übernimmt und 1976 die *Concine* gegründet wird, wird ihr durch eine verwaltungstechnische Reform ein größerer Entscheidungsfreiraum und ein Kapitalzuwachs beschert. Geisel hat deshalb Farias zum Präsidenten des Unternehmens ernannt, weil dieser aus dem Filmbereich stammt. Damit will er die Kontinuität in der "*pornochanchada*" Produktion eindämmen, die dem Ansehen der Regierung schadete.

Geisel unterstützte die Filmindustrie mit der Absicht, eine ideologisch kulturelle Hegemonie über dieses Massenmedium zu erhalten. Der Film sollte für die brasilianische Mittelschicht interessant werden. Roberto Farias führt *Embrafilme* (1974-1978) im Rahmen der Politik der langsamen und schrittweisen Entspannung zu wirtschaftlichem Erfolg.

Die Funktionalisierung der Filmindustrie für staatliche Interessen kommentiert Jarbas Passarinho, der Minister für Bildung und Kultur unter Geisel:

> " It is our view, that the strengthening of the domestic market is the indispensable prerequisite for a correct policy of expansion for our cinema. Through well conceived state planning, Brazilian cinemas's progress in the internal market could be so great that it could lead, as a consequence to the placing of national films in the international market." (JOHNSON, 1987, 139)

Die Regierung wollte auf dem internationalen Filmmarkt bekannt werden. Die Produktion von "*pornochanchadas*" wird zurückgeschraubt, und mit der Unterstützung der Regisseure des *Cinema Novo* will man den guten Ruf brasilianischer Filme im Ausland fördern. Der krasse Widerspruch zwischen der Ideologie der Militärdiktatur und dem sozialkritischen Anspruch der Regisseure bleibt bestehen. Die *Cinema Novo* Gruppe zeichnet sich durch pragmatisches Vorgehen aus, sie will Filme produzieren und nutzt alle Möglichkeiten.

2.3.8.1.3. Neustrukturierung und Aufgaben der Embrafilme

Bei ihrer Neustrukturierung am 30.6.1975 übernahm *Embrafilme* die exekutiven Funktionen des *INC*. Obwohl der Filmkongreß vorgeschlagen hatte, *Embrafilme* zu verstaatlichen, blieb sie weiterhin eine Aktiengesellschaft. Das Unternehmenskapital war von sechs Millionen Cruzeiros auf 80 Millionen Cruzeiros angewachsen. Als Nachfolge des *INC* wurde der Conselho Nacional do Cinema - *Concine* (Staatlicher Filmrat) gegründet, der die Einhaltung der Vorschriften für die Filmindustrie beaufsichtigen sollte.

Die kommerziellen Aktivitäten von *Embrafilme* unterlagen folgenden Prämissen:

1. Regulierung des Ex- und Imports von Filmen
2. Finanzierung der Filmindustrie
3. Verleih, Vorführung und Vermarktung von Filmen in Brasilien und international
4. Betreiben von nationalen Filmfestspielen und Organisation der Teilnahme brasi lianischer Filme an internationalen Filmfestspielen
5. Subventionsvergabe
6. Preisverleih und die Fortführung des Subventionsprogramms, das unter dem *INC* bestanden hatte (JOHNSON, 1987, 151).

Neben diesen kommerziellen Aktivitäten, die die Monopolstellung das Unternehmens im Rahmen der Filmindustrie erkennen lassen, nahm *Embrafilme* folgende nichtkommerzielle Aufgaben wahr: Sie unterhielt die Kinematheken in Rio de Janeiro und in São Paulo, veranlaßte die Restaurierung von Filmen, die Publikation des Filmmagazins *Filme Cultura* und anderer Schriften zum Film, die Organisation von Filmretrospektiven. Für diese nichtkommerziellen Aktivitäten standen 15 Prozent des gesamten Unternehmensbudgets zur Verfügung. *Embrafilme* eröffnete kleine Büros in Paris, den USA und in verschiedenen lateinamerikanischen Ländern.

Mit *Concine* (Dekret 77, 299) entsteht eine Körperschaft, die Richtlinien für die Filmpolitik entwickelt. Sie setzt die Normen für die Regulierung von Ex- und Import der Filme für Kinos und Fernsehen, legt die Vermarktungsstrategien, Preise und Zahlungsmodalitäten fest. Der Präsident ernennt den Direktor der *Concine*. Im Vorstand der *Concine* sitzen Mitglieder aus dem präsidialen Planungssekretariat und den Ministerien (Justiz, Bildung und Kultur, Auswärtige Beziehungen u.a.). *Concine* hat beratende Funktion bei der Festlegung von Eintrittspreisen, der Dienstleistungen von Tonstudios und Filmlaboren, der Regulierung von Programmen zur Finanzierung der Filmindustrie und der Festlegung der Bildschirmquote sowie der Förderung von Koproduktionsprogrammen mit dem Ausland, um nur einige der Aufgaben zu nennen (JOHNSON, 1987, 153).

2.3.9. Filmpolitik unter General Ernesto Geisel (1974-1979)

2.3.9.1. Embrafilme und Concine

Die Gründung dieser beiden Organe steht im Zeichen der Neuformulierung einer staatlichen Kulturpolitik, wie sie im Dokument *Política Nacional de Cultura* artikuliert wird. Hier geht es darum,

> "...that the state role includes support of the spontaneous cultural production of the Brazilian people and in no way implies that the state has the right to direct such production or to in any way impede freedom of cultural or artistic creation. The state's responsability in other words is ostensibly to support and stimulate cultural production, not control it." (JOHNSON, 1987, 154)

Die Kulturpolitik der Miltärjunta zielt darauf ab, in den Medien ein harmonisches nationales Identitätsgefühl zu vermitteln. Die regionale und kulturelle Vielfalt Brasiliens soll gerühmt und das kulturelle und historische Erbe gewahrt werden. Ideologisch gesehen sollen damit Klassengegensätze übertüncht werden. Die Militärregierung erweiterte ihre Kontrolle über den Kulturbereich, indem sie kulturelle Institutionen in den zentralistischen Staatsapparat einbezog. Zudem hatte diese Zentralisierung die Funktion, das Image, welches die Militärdiktatur außen- und innenpolitisch vermitteln wollte, nämlich die "*Brasil - Grande - Ideologie*", über die verschiedensten Kanäle zu transportieren.

Die politische Phase der Entspannung unter Präsident Geisel hatte die gesellschaftliche Funktion, Mittel- und Oberklassen in das Herrschaftssystem einzubinden und an die Zeit vor 1964 anzuknüpfen. Damit sollte die Widersprüchlichkeit, die die politische Haltung dieser Klassen charakterisierte, ausgeglichen werden, damit keine Bedrohung für die Militärregierung entstand.

> "Die brasilianischen Mittel- und Oberklassen, obwohl ihnen wenig mehr zugestanden wird als die symbolische Partizipation an Machtentstehung und Machtkontrolle, nehmen das Militärregime hin, weil es der Träger - wenn nicht der Initiator - eines

international konkurrenzfähigen Politikmodells ist und weil realistische Politikalternativen nicht in Sicht sind." (LÜHR, 1982, 40)

Die Einbeziehung und Förderung von Kulturschaffenden aus dem Lager der Opposition in die staatliche Filmwirtschaft ist ein geschickter Schachzug von Präsident Geisel, der im Ausland die Glaubwürdigkeit seiner Politik der eingeleiteten langsamen und schrittweisen Entspannung vermitteln möchte.

Ab 1973 übernimmt *Embrafilme* den Filmverleih für die von ihr geförderten Filme und wird innerhalb kürzester Zeit zum zweitgrößten Verleihunternehmen in Brasilien. Der erste Film im Verleih war *São Bernardo* von Leon Hirszman, der nach einem Roman von Graciliano Ramos entstanden ist. Der Film ist 1971-1972 gedreht und solange von der Zensurbehörde beschlagnahmt worden, bis die Produktionsgesellschaft des Regisseurs Konkurs anmelden mußte. Einen Film erst zu behindern und ihn später zu unterstützen, kam in der Filmwirtschaft häufig vor. *Sargento Getúlio* von Hermano Penna ist ein weiteres Beispiel dafür. Er wurde 1978 von *Embrafilme* in den Verleih aufgenommen, aber erst 1983 gezeigt.

Als Präsident der *Embrafilme* führte Walter Graciosa (1969-1974) im Jahr 1973 ein Koproduktionsprogramm ein. Es sah eine 30-prozentige Beteiligung an den Filmproduktionskosten vor, für die dann eine 30-prozentige Gewinnbeteiligung garantiert werden mußte. Zusätzlich konnte *Embrafilme* noch einen Vorschuß von weiteren 30 Prozent für den Verleih vergeben, womit die Produktionskosten bis zu 60 Prozent vorfinanziert werden konnten. In den Jahren 1973 und 1974 unterzeichnete Graciosa acht Verträge für Spielfilme nach diesem Modell, darunter auch *Amuleto de Ogum* von Nelson Pereira dos Santos. Das Koproduktionsprogramm führt Roberto Farias (1974-1979) weiter, der nach seiner Amtsübernahme als Präsident der *Embrafilme* weitere 108 Koproduktionsabkommen unterzeichnet. *Embrafilme* übernahm in einigen Fällen auch die Vollfinanzierung von Projekten namhafter Regisseure. Dazu gehören Glauber Rochas *Idade da Terra* (1980) und *Eles não usam black-tie* (1981) von Leon Hirszman. Die Entscheidung darüber, ob *Embrafilme* sich an einer Filmproduktion beteiligen wollte, wurde von den drei Direktoren getroffen: Es gab den Generaldirektor, den Verwaltungsdirektor und den Direktor für nicht-kommerzielle Maßnahmen. Im allgemeinen wurden die Projekte der *Cinema Novo* Gruppe bevorzugt, weil sie die meisten Preise auf nationalen und internationalen Filmfestspielen erhalten hatte. Nelson Pereira dos Santos liegt mit seiner Produktionsgesellschaft an der Spitze der von *Embrafilme* kofinanzierten oder finanzierten Filme.

Celso Amorim (1979 - 1982) wurde von Präsident Figueiredo nach dessen Amtsübernahme zum Chef der *Embrafilme* ernannt. Er versichert, daß *Embrafilme* niemals Inhalte eines Projektes bewertet, sondern nur die Glaubwürdigkeit des Produzenten oder Regisseurs. Damit spricht er der Institution jede Ausübung von Zensur ab.

Dennoch verhielt sich *Embrafilme* widersprüchlich. Der Film *Iracema* (1975) von Jorge Bodansky konnte bis 1980 nicht in Brasilien gezeigt werden, weil er in der Bundesrepublik Deutschland entwickelt worden war und somit nicht die Kriterien für einen brasilianischen Films erfüllte. Der Film *Amor Bandido* von Bruno Barreto war in Europa vertont worden, hatte aber keine Probleme mit dem Verleih durch *Embrafilme* in Brasilien.

In den Zeiten der Militärdiktatur waren Filme über Folter oder politische Gefangene undenkbar. Kein Produzent hätte sich finanziell dafür engagiert. Es gab Ausnahmen: Hector Babenco führte bei der Militärpolizei Vorgespräche über seine Planungen zum Film *Lúcio Flávio* (1977), der die Aktivitäten von Todesschwadronen und die Foltermethoden von Kleinkriminellen zeigt. Die Polizei garantierte die Vorführerlaubnis, sofern der Regisseur niemals uniformierte Polizisten im Zusammenhang mit Szenen zeigen würde, in denen Todesschwadrone aktiv werden (JOHNSON, 1987, 162).

Die Zunahme staatlicher Förderung im kulturellen Sektors ist im Rahmen der Wirtschaftseuphorie zu verstehen, die sich im Zweiten Nationalen Entwicklungsplan *Plano Nacional de Desenvolvimento* (1974-1979) manifestiert. Schnitman allerdings argumentiert, daß allein die Filmindustrie das Bild eines weniger massiven staatlichen Autoritarismus vermitteln konnte, weil nur die *Cinema Novo* Regisseure ein kulturelles Bild für den internationalen Markt präsentieren konnten, nicht aber die Produzenten der "*pornochanchadas*". (JOHNSON, 1987, 162)

In diesem Sinne kommentierte João Paulo dos Reis Velloso, Planungsminister unter Präsident Geisel, daß die Regierung gern einen Stab von 15 Regisseuren gehabt hätte, die kontinuierlich Filme mit finanzieller Unterstützung der Regierung drehen sollten. Brasilien sollte kulturell wertvolle Filme haben, die auch die Zuschauer ansprachen.

Ende der 70er Jahre wirkt sich die unterstützende Filmförderungspolitik des Staates positiv auf die Filmindustrie aus: In den Jahren 1974-1978 steigt die Bildschirmquote von 84 auf 133 Tage im Jahr, und die Zuschauerzahlen verdoppeln sich von 30 auf 60 Millionen.

Es werden Filme produziert, die über Brasilien hinaus populär werden wie *Xica da Silva* (1976) und *Chuvas de Verão* (1978), beide von Carlos Diegues, und *Tudo Bem* (1978) von Arnaldo Jabor, *Gaijin* (1980) von Tizuka Yamasaki, *Pixote* (1980) von Hector Babenco und *Eles não usam Black-Tie* (1981) von Leon Hirszman. Die Auseinandersetzungen um die Ausrichtung der Filmpolitik von *Embrafilme* gingen weiter: Einige Regisseure setzten sich für eine Förderung von kulturellen und experimentellen Projekten ein, weil sie sich davon wegweisende Impulse für die Filmindustrie der Zukunft versprachen. Andere verbinden in ihren Filmen kommerzielle mit kulturellen Aspekten wie Arnaldo Jabor, Joaquim Pedro de Andrade, Carlos Diegues und Nelson Pereira dos Santos. Sie haben Erfolg und wollen weiter in ihrer Arbeit unterstützt werden.

Produzenten, wie Pedro Rovai und Jece Valadão fordern *Embrafilme* auf, nicht nur individuelle Filmprojekte zu fördern, sondern verstärkt in Produktionsgesellschaften zu investieren.

Der Konflikt zwischen den unabhängigen und den kommerziell ausgerichteten Produzenten zieht sich durch die Geschichte der Förderungspolitik. Schließlich fordern einige Produzenten, die bereits über die technische Ausrüstung zur Filmherstellung verfügen, daß *Embrafilme* ihre Aktivitäten marktorientierter ausrichte.

Obwohl die von *Embrafilme* finanzierten Filme unter den Direktoren Roberto Farias und Celso Amorim erfolgreich sind und internationales Ansehen erhalten, gerät die brasilianische Filmindustrie in eine Krise, die durch die wirtschaftliche Krise des Landes zu Anfang der 80er Jahre bedingt ist. Die Zahl der 3.276 Kinos im Jahr 1975 sinkt auf 1.553 im Jahr 1984. Die Zahl der produzierten Filme sinkt von 102 Filmen 1980, auf 86 Filme im Jahr 1982 und schließlich auf 84 Filme im Jahr 1983.

Die hohe Inflationsrate, die ständige Entwertung des Cruzeiro und strengere Einfuhrbeschränkungen steigern die Produktionskosten der Filme. In den Jahren 1978 bis 1981 erhöhen sich die Einfuhrkosten für den importierten 35mm Eastmancolornegativfilm um mehr als 1000 Prozent. Auch die Labore erhöhen ihre Preise für die Entwicklung um ungefähr das Achtfache des Preises der Jahre 1977-1981 (JOHNSON, 1987, 178). Hinzu kommt, daß die Preise für die Eintrittskarten von 1977 bis 1980 um 329 Prozent steigen, wobei die Preisniveaus in den Bundesländern variieren. Die Eintrittspreise in sind São Paulo am höchsten. Im Verhältnis zum Mindestlohn eines Arbeiters, der 1981 unter 100 US-Dollar lag, ist eine Eintrittskarte im Wert von 2 US-Dollar in São Paulo oder 1 US-Dollar in anderen Bundesländern für diese Bevölkerungsgruppe relativ teuer.

Die Konkurrenz des Fernsehens wird für das Kino immer bedrohlicher: Der Kinobesuch wird im Rahmen der wirtschaftlichen Entwicklung für die ärmeren sozialen Schichten und sogar für die Mittelklasse zu kostspielig. Wegen der steigenden Kriminalität ist außerdem die Sicherheit in den Straßen und in den Kinosälen nicht mehr gewährleistet, so daß viele Leute lieber zuhause bleiben und abends nicht ins Kino gehen.

Das Fernsehen hat überdies eine hervorragende Qualität: Im Rahmen der Doktrin für Sicherheit und Entwicklung des Landes, hatte die brasilianische Militärregierung ab 1964 systematisch mit dem Aufbau eines landesweiten Fernsehnetzes begonnen, das mit Hilfe von Institutionen wie *Embratel - Empresa Brasileira de Telecomunicações* (1965), *Dentel - Departamento Nacional de Telecomunicação* (1965) und dem Ministerium für Kommunikation (1967) ausgebaut wurde. Bis in die 80er Jahre war ein Netz entstanden, an das ca.18 Millionen Haushalte angeschlossen waren. Das Fernsehen erreicht allabendlich mehr Zuschauer als das Kino im Verlauf eines ganzen

Jahres. Entgegen massiven Forderungen von seiten der Filmindustrie gibt es im Fernsehen keine festgelegte Bildschirmquote für nationale Filme.

In den 80er Jahren gestaltet sich die Unternehmensführung der *Embrafilme* aufgrund der ökonomischen Krise und der einsetzenden politischen Öffnung schwierig. Roberto Parreira übernimmt 1983 die Leitung des Unternehmens, nachdem sein Vorgänger Celso Amorim wegen des Films *Pra Frente Brasil* von Roberto Farias zurückgetreten war. Parreira versuchte, zum einen den Haushalt der *Embrafilme* zu erhöhen, zum anderen wollte er die Förderung für Kurzfilme ausbauen. Er hatte Probleme, alle Ebenen des vertikalen Sektors effizient aufeinander abzustimmen. *Embrafilme* benötigte ein größeres Finanzvolumen. Das Unternehmen erhielt neben den üblichen Einnahmen zusätzlich Gelder aus dem Staatlichen Fonds zur Förderung der Bildung (*Fundo Nacional de Desenvolvimento da Educação*). Unter Parreira wurden Koproduktionsabkommen mit Frankreich und Spanien geschlossen. In seiner Amtszeit ist die Unternehmensgeschichte von den Bemühungen um eine Fortführung des Demokratisierungsprozesses und vom wirtschaftlichen Überlebenskampf geprägt.

2.3.10. Filmpolitik unter Präsident José Sarney (1985-1990)

Carlos Augusto Calil übernimmt 1985 die Unternehmensleitung von *Embrafilme.* Zu diesem Zeitpunkt war das Unternehmen mit 33 Millionen Cruzeiros verschuldet. Durch den Tod von Präsident Tancredo Neves und die nur sehr zögerliche Regierungsumbildung unter Präsident Sarney blieben die staatlichen Finanzbeihilfen aus, die *Embrafilme* aus dem finanziellen Engpass gebracht hätten. Proteste von Cineasten und Produzenten waren die Folge, denn *Embrafilme* hatte sich noch vor den Wahlen zu Finanzbeihilfen im Rahmen des Kooperationsprogramms verpflichtet. Als Präsident Sarney schließlich Celso Furtado zum Minister für Kulturelle Angelegenheiten ernennt, soll das Unternehmen umstrukturiert werden.

Die Sarney-Pimenta Kommission wurde vom zweiten Minister für Kulturelle Angelegenheiten Aluísio Pimenta unter Präsident Sarney am 31. Juli 1985 gegründet. Sie untersuchte die aktuelle Situation des brasilianischen Films und legte im März 1986 einen Bericht mit dem Titel *Propostas para uma Política Nacional do Cinema* vor[61]. Der Direktor der *Embrafilme*, Carlos Augusto Calil, hatte diese Kommission geleitet. Das Programm zur Neustrukturierung des Unternehmens sah vor, den Ausbau der Filmindustrie stärker voranzutreiben; *Embrafilme* und *Concine* sollten flexibler arbeiten können. Die Kosten für Personal und Betrieb der *Embrafilme* sollte das Ministerium für Kulturelle Angelegenheiten übernehmen, damit *Embrafilme* die Gelder aus der Filmindustrie in diese reinvestieren konnte. Kommerzielle und kulturelle Aktivitäten sollten strikt voneinander getrennt werden. Das bedeutete: Für die kommerziellen Aktivitäten sollte eine Aktiengesellschaft *Embrafilme Distribuidora* geschaffen werden; die kulturellen Aktivitäten sollte eine öffentliche Institution übernehmen, die dem Ministerium für Kulturelle Angelegenheiten rechenschaftspflichtig war. Die 15 Prozent des Haushaltes von *Embrafilme*, die bislang für nicht-kommerzielle Aktivitäten eingesetzt wurden, konnten auf diese Weise dem kommerziell arbeitenden Unternehmen zufließen. Diese Neuorganisation würde Kredit- abkommen mit der *Banco do Brasil* oder der Staatlichen Entwicklungsbank *Banco Nacional de Desenvolvimento* und die Zusammenarbeit mit privaten Investoren ermöglichen.

Eine Maßnahme aus dem Bericht war eine Begrenzung der Ausstrahlung des pornographischen Films auf einige Vorführstätten. Das Fernsehen sollte sich mit einer steuerlichen Abgabe an der Filmindustrie beteiligen. Der Bericht zielte darauf ab, den staatlichen Filmproduktionsapparat stärker den Bedürfnissen der Filmindustrie anzupassen und diese zugleich unabhängiger vom Staat zu machen. Er enthält einen Fünfjahresplan mit Vorschlägen zur Verbesserung aller Sektoren der Filmindustrie.

Im November 1986 tritt eine Arbeitsgruppe von *Embrafilme* und der *Banco Nacional de Desenvolvimento BNDES* zusammen. Ihr Bericht sieht vor, daß mit staatlicher Beteiligung an der Filmindustrie private Investoren unterstützt oder deren Projekte finanziell ergänzt werden sollen. Der Staat würde in diesem Fall alle nicht-kommerziellen Aktivitäten übernehmen, d.h. Unterstützung für kulturelle Filme, Initiativen für den Ausbau des Verleihs in Zusammenarbeit mit privaten Unternehmen. Die *BNDES* und die *Banco do Brasil* würden Kredite zur Filmfinanzierung oder zur Verbesserung der Infrastruktur des Films bereitstellen.

Celso Furtado, der Minister für Kulturelle Angelegenheiten, befaßte sich offensichtlich nicht mit dem Programm und entschied im Alleingang, das Unternehmen in eine *Fundação do Cinema Brasileiro* (Stiftung des Brasilianischen Films) und in eine Verleihfirma für kommerzielle Filme *Embrafilme S.A.* zu spalten. Die Spaltung des Unternehmens durch Furtado war eine Bankrotterklärung sowohl an die Kommissionen als auch an die bereits durchgeführten Maßnahmen Calils[62] zur Förderung der Filmindustrie.

Der Staat hingegen wollte sich die Abhängigkeit der Filmindustrie erhalten. Die Kommissionen haben mit ihren Berichten die Vorschläge erarbeitet, um den ideologischen Schritt von der repressiven Politik der Regierung Geisel zur demokratischen Politik der *Nova República* für die Filmindustrie vorzuzeichnen. Sie haben in den Berichten die materiellen Voraussetzungen aufgezeigt. Die ablehnende Haltung der Verantwortlichen gegenüber diesen Vorschlägen bedeutet, daß sie der Filmindustrie nicht zugestehen, ein kommerziell trag- fähiger Industriezweig zu werden[63]. Da der Minister für Kulturelle An- gelegenheiten Celso Furtado diese Vorschläge überhaupt nicht berücksichtigt, scheiden Carlos Augusto Calil[64] und Eduardo Escorel Ende 1986 aus dem Unternehmen aus.

Die Unternehmensspaltung führte zu erhöhtem administrativen Aufwand: Die *Fundação do Cinema Brasileiro* übernahm die nicht-kommerziellen Aktivitäten der bisherigen *Embrafilme* wie Forschungsarbeiten, Veröffentlichungen, Kurzfilmfinanzierung, betreute eine Bibliothek und ein Filmarchiv, in dem 2.430 Kurzfilme, 610 Spielfilme und 3.086 Spielfilme der *Embrafilme* gelagert waren. 1989 beteiligte sich die *Fundação do Cinema Brasileiro* an der Finanzierung von 54 Filmen und betreute 24 Filme in ihrem Tonstudio. *Embrafilme S.A.* widmete sich kommerziellen Filmprojekten.

Die Regisseure waren verunsichert, weil sie nicht wußten, bei welcher Institution sie die Finanzierung ihrer Projekte beantragen sollten. Die Kriterien für einen kommerziellen und für einen avantgardistischen Film waren nicht deutlich festgelegt.

Die Unternehmensleitung unter Fernando Eugênio Ghignone (1987-1988) förderte nur wenige Projekte, so daß das Unternehmensbudget aus den Einnahmen der Steuern für die ausländischen Filme stark anstieg. Erst 1988/1989 wurde wieder stärker in die Produktion investiert.

Präsident Sarney verabschiedete das *Lei Sarney* und garantierte damit den Unternehmern, die sich für die Filmindustrie oder andere kulturelle Projekte engagieren wollten, daß sie diese Gelder von der Steuer absetzen konnten. Die Unternehmen konnten nur in bestimmte, im Ministerium für Kulturelle Angelegenheiten registrierte, Produktionsgesellschaften investieren. Mit dem *Lei Sarney* wollte die Regierung sukzessive aus den Produktionsverpflichtungen der Filmindustrie aussteigen und diese auf die Produzenten selbst übertragen. *Embrafilme S.A.* sollte in erster Linie als Verleihunternehmen arbeiten. Damit zeigte die Regierung Sarney, daß sie die Filmindustrie dem privaten Sektor zuordnen wollte und eigenes Engagement im Grunde ablehnte. Insofern bedeutete ihre Filmpolitik einen Rückschritt um mehr als 15 Jahre.

2.3.11. Politik unter Präsident Collor de Mello (1990 - 1992)

Die durch das Wirtschaftspaket vom März 1990 eingeleiteten Maßnahmen unter Präsident Fernando Collor de Mello haben einer Kontinuität in der staatlichen Filmförderungspolitik nachhaltig geschadet. Auch im Rahmen der Archivierung von Filmmaterial und Schriften zum Film hat sich seither die ohnehin prekäre Situation verschlechtert. Zahlreiche Filmregisseure, Filmkritiker und Mitarbeiter der Kinematheken sahen in seinen Maßnahmen einen Akt zur Auslöschung des brasilianischen Films.

Das Wirtschaftspaket verfügt die Schließung zahlreicher Institutionen im Kulturbereich. Dazu zählen die *Fundação Nacional de Arte* (Funarte) und die *Fundação Nacional de Artes Cênicas* (Fundacen)[65] und die *Fundação Nacional do Cinema Brasileiro*. Die Aktivitäten dieser drei Kulturinstitute wurde ansatzweise von dem neugegründeten *Instituto Brasileiro de Atividades Culturais* (IBAC) in Rio de Janeiro übernommen, das bis März 1991 noch kein klares Statut bekommen hatte. Sicher ist, daß esaus den Haushaltsüberschüssen der geschlossenen Organe finanziert werden und sämtliche Archive und Bibliotheken übernehmen soll. Nur ein Drittel des gesamten Personals aus den drei geschlossenen Instituten wurde weiterbeschäftigt.

Für die Filmproduktion und Filmarchivierung hatten diese Maßnahmen gravierende Konsequenzen. Die Schließung der *Embrafilme Distribuidora S.A.*, die seit 1987 für die Produktionsförderung kommerzieller Filme und den Vertrieb in Brasilien verantwortlich war, bedeutet, daß selbst unlängst produzierte Filme innerhalb Brasiliens keinen Vertrieb mehr hatten. Das führte dazu, daß die *Cinemateca Brasileira* in São Paulo im März 1991 eine Woche des brasilianischen Films veranstaltete, in der Produktionen gezeigt wurden, die z.T. von *Embrafilme* finanziert wurden, aber keinen Vertrieb mehr haben. Dazu gehören Filme wie *O Beijo* von Walter Rogério, *Natal de Portella* von Paulo Saraceni, *Minas Texas* von Carlos Alberto Prates Corrêa und *Césio 137* von Roberto Pires.

> "O trabalho da Cinemateca vai ficar cada vez mais importante porque se sabe que as Cinematecas ficam importantes nos momentos em que a produção não é importante. E óbvio. A Cinemateca cresceu de importância com o fim da Embrafilme e com o fim da Fundação do Cinema Brasileiro" [66].

In der Folge dieser neuen Kulturpolitik setzte eine Diskussion um die staatliche Filmförderung in Brasilien ein. Der Staatssekretär für Kulturelle Angelegenheiten Ipojuca Pontes, der bis März 1991 amtierte, und sein Assistent Miguel Borges vertraten die Auffassung, daß staatliche Filmfinanzierung überflüssig sei und schlugen vor, sämtliche Errungenschaften des nationalen Films zu streichen: Dazu zählten die Bildschirmquote von 144 Tagen im Jahr, der obligate Anteil von 25% brasilianischer Filme in den Videotheken sowie die Bestimmung, daß vor jedem importierten Spielfilm ein brasilianischer Kurzfilm zu zeigen sei. Die Filmkopie, die von den importierten Filmen in Brasilien hergestellt werden mußte, sollte wegfallen. Diese Regelung wäre langfristig der Bankrott der Labore *Líder* und *Curt Alex* gewesen, die auf dem internationalen Markt nicht konkurrenzfähig wären[67]. Das Verschwinden dieser Labore vom brasilianischen Markt hätte bedeutet, daß brasilianische Filme im Ausland entwickelt werden müßten und dies wäre kostenintensiver gewesen.

2.3.11.1. Aktuelle Situation

Bis heute stagniert die brasilianische Filmproduktion. Eine endgültige Entscheidung, wie dieser wichtige Kulturträger von staatlicher Seite aus behandelt werden soll, wurde bislang nicht getroffen.

Die Präsidenten Sarney und Collor de Mello versuchten beide zu Beginn ihrer Amtsperioden, das Engagement des Staates in die Filmindustrie zu reduzieren. Präsident Collor de Mello hat jedoch alle Erwartungen übertroffen.

Sollten in Brasilien sämtliche protektionistischen Maßnahmen des Staates zur Filmfinanzierung wegfallen, so könnte Brasilien dem nordamerikanischen Film nichts mehr entgegensetzen. Diesen brasilianischen Politikern fehlte es an Weitsicht, denn sämtliche Errungenschaften der Filmindustrie zu streichen, bedeutet, den weltweit hart geführten Konkurrenzkampf zu unterschätzen. Offensichtlich lehnen die Politiker Filmproduktionen ab, die sich nachsagen lassen müssen, nicht mit dem technischen und finanziellen Niveau nordamerikanischer oder europäischer Produktionen mitzuhalten. Die Europäer bemühen sich mit dem MEDIA-Programm, ihre Position auf dem Filmmarkt zu konsolidieren. Der Verzicht auch auf eine kleine Rolle bedeutet den Verzicht auf den wirkungsvollsten Kulturträger zugunsten der inhaltlich seichten Telenovelas.

Die brasilianischen Regisseure und Produzenten reagieren empört auf die von Präsident Collor de Mello beschlossenen Maßnahmen. Der Präsident hatte damit die staatliche Filmpolitik aus der öffentlichen Diskussion gestrichen. Für die Filmindustrie bedeutet dies einen Rückschritt um mehrere Jahrzehnte. Es erübrigt sich, vom brasilianischen Film zu sprechen; es bleiben Einzelpersonen übrig, die an der Produktion von Filmen interessiert sind.

Eine Filmfinanzierung über die *Banco do Brasil* ist eine der diskutierten Lösungen, die *Embrafilme* zu ersetzen[68]. Erste Versuche wurden bei Filmen wie *A Grande Arte* von Walter Salles Jr. gemacht. Vom Erfolg dieses Films hängt das Interesse der Bank ab. Auch heute stagniert die brasilianische Filmproduktion, wenngleich Regisseure wie Nelson Pereira dos Santos auch im Rahmen von internationalen Koproduktionsprogrammen voraussichtlich Anfang 1993 mit seinen Dreharbeiten zu *A Terceira Margem do Rio* beginnen wird.

Die *Embrafilme* hat viele bedeutende Filmprojekte ermöglicht; doch ihre Politik hat der brasilianischen Filmindustrie dazu verholfen, sich zu einem sich selbst tragenden Wirtschaftszweig zu entwickeln. Die Koproduktionsprogramme des Unternehmens haben die unabhängigen Filmemacher in die Abhängigkeit von der staatlichen Finanzierung gebracht.

Der brasilianische Film hat niemals auf dem inländischen Markt mit den ausländischen Filmen konkurrieren müssen; durch die Bildschirmquote gab es lediglich einen Kampf der Filme auf dem Reservemarkt und einen Konkurrenzkampf der Filmregisseure um die Finanzierung der Projekte durch *Embrafilme*. Die meisten Filme trugen sich finanziell nicht, die mangelnde Zusammenarbeit mit dem Vorführbereich und die Schließung der Kinos in den letzten Jahren trugen zur Krise des Films und des Unternehmens bei.

Nach der historischen Aufarbeitung der wirtschaftlichen und politischen Rahmenbedingungen des Films soll eine eingehende Betrachtung des *Cinema Novo* anschließen. Diese Filmbewegung gab dem brasilianischen Film neue Impuls; ein Überblick über die Themen, Phasen, Regisseure, Ziele und Inhalte sowie die Bedeutung der Verfilmung von Literatur in diesem Rahmen folgt.

3. Innovation durch das Cinema Novo

3.1. Einordnung in die Filmgeschichte Brasiliens

Die Auslöser für die Wende in der brasilianischen Kinematographie sind zum einen die durch den Zerfall der *Vera Cruz* ausgelöste Diskussion über die Möglichkeiten der Filmproduktion in Brasilien und das Thesenpapier *O Problema do Conteúdo do Cinema Brasileiro* von Nelson Pereira dos Santos zum anderen. Darin formulierte der Regisseur als er es 1952 auf dem Ersten Brasilianischen Filmkongreß in São Paulo vorlegte, zukunftsweisende Richtlinien für das brasilianische Kino, das sich an der Darstellung gesellschaftlicher Realitäten in Brasilien orientieren sollte[69].

3.2. Modelle und Intentionen

Einige Jahre später entstehen die ersten Filme des *Cinema Novo*. Innerhalb der brasilianischen Filmgeschichte nehmen sie eine Sonderstellung ein: Die Regisseure passen sich den Gegebenheiten der brasilianischen Realität an. Die Filme werden mit geringem technischen und finanziellem Aufwand gedreht. Der intellektuelle Mentor des *Cinema Novo*, Glauber Rocha, betont, daß das *Cinema Novo* am Nullpunkt der Filmkultur ansetzt:

> (...) nossa cultura, produto da incapacidade artesanal, da preguiça do analfabetismo, da impotência política, do imobilismo social é uma "cultura ano zero"(...)[70]

In seinem Manifest "*Ästhetik des Hungers*" formuliert Glauber Rocha die Prämissen des *Cinema Novo*, die in Analogie zu europäischen Vorbildern entstanden sind. Aus Europa werden die Ideen des italienischen Neorealismus und der französischen "*Nouvelle Vague*" übernommen. Die brasilianischen Regisseure sehen den Kulturimperialismus als Konsequenz des ökonomischen Imperialismus und versuchen, ihren Widerstand im Film zu artikulieren. Der amerikanische Kinoimperialismus wird radikal abgelehnt[71].

Rocha assimiliert diese europäischen Konzepte, um die lateinamerikanische Realität darzustellen. Die Regisseure des *Cinema Novo* spüren den "Hunger", d.h. die

Unterentwicklung, in allen Bereichen der Gesellschaft auf. In diesem Sinne ist das *Cinema Novo* im Verhältnis zum Weltkino mit einer tragischen Originalität versehen. Es zeigt die Gewalt des Hungers mit der ihr adäquaten Ästhetik der Gewalt. Es ist die radikale Absage an mimetische Filme über die Schönheiten und tropischen Besonderheiten Brasiliens. Statt dessen vermitteln die Filme ein Bild von den harten sozialen Verhältnissen der breiten Bevölkerungsgruppen. Die Regisseure vertreten einen nationalistischen Populismus und wollen das Publikum motivieren, sich für eine gesellschaftliche Veränderung einzusetzen, indem sie den Prozeß der kontinuierlichen Ausbeutung bewußt machen und eine pessimistische Vision des zukünftigen Brasiliens entwickeln. Deshalb werden Kargheit und Armut zu Themen ihrer Filme, mit denen sie ein Bewußtsein für den Grad der Unterentwicklung schaffen.

3.3. Regisseure

Die Väter des *Cinema Novo* sind zweifelsohne Glauber Rocha und Nelson Pereira dos Santos. Auch Ruy Guerra, Carlos Diegues, Joaquim Pedro de Andrade, Leon Hirszman, Paulo Cesar Saraceni, Arnaldo Jabor und Gustavo Dahl waren eingangs an der Entwicklung der Konzeptionen beteiligt. Dokumentarfilmer sind Geraldo Sarno, Sérgio Muniz, João Batista de Andrade. Die jüngeren vom *Cinema Novo* beinflußten RegisseurInnen sind, Ana Carolina Teixeira Soares, Carlos Alberto Prates Correa, Antônio Calmon, Héctor Babenco, Bruno Barreto und Eduardo Escorel. Bis auf Hector Babenco sind alle bei den Gründern des *Cinema Novo* in die Schule gegangen.

Im Rahmen des Cinema Novo spielen die genannten Regisseure eine wichtige Rolle, denn sie haben dem brasilianischen Kino der 60er Jahre zu seinem internationalen Ansehen verholfen.

3.4. Stilmittel

Kennzeichnend für die Filmsprache des *Cinema Novo* sind u.a. die Verwendung der entfesselten Kamera[72], die nicht auf einem Stativ angebracht wurde, sondern frei in der Hand geführt wurde. Man setzte die Kargheit der natürlichen Schauplätze und das harte Sonnenlicht Brasiliens als Stilmittel ein und verzichtete auf komplizierte Kamerafahrten und Ausleuchtungen in Studios, weil ohne technische Raffinements an natürlichen Schauplätzen gearbeitet wurde. Die Fotografie von Nelson Pereira dos Santos beispielsweise hatte die Textur einer Radierung: In *Vidas Secas* (1963) war es die Dürre, die den Hintergrund für das Leben der Figuren gab. Man arbeitete weitgehend ohne Filter und mit einem Minimum an Beleuchtung. Das Eigenlicht des Gesichtes im Bildausschnitt ist bestimmend. Alles, was dahinter auftauchte, drohte in knallweißem Licht zu explodieren.

3.5. Finanzierung

Der Niedergang der *Vera Cruz* Studios hatte die Regisseure gelehrt, mit kleinen Crews, an freien Drehorten und mit Amateurschauspielern zu arbeiten. Sie konnten teure Studios entbehren, verwendeten aus dem italienischen Neorealismus das Quotensystem: Alle Mitarbeiter wirkten an der Filmfinanzierung mit. Der Anteil ihrer Arbeit wurde vor den Dreharbeiten in Quoten festgelegt und sie bekamen ihr Arbeitsentgelt erst dann gemäß den festgesetzten Quoten ausgezahlt, wenn der Film in den Kinos lief und Gewinne einspielte. Der Zeitraum der Dreharbeiten war finanziell ebenso wenig abgesichert wie der Erfolg des Films. Dieses System erwies sich nach kurzer Zeit als untragbar, weil den meisten Mitarbeitern das finanzielle Polster fehlte, um diese "Investitionen" langfristig zu tätigen.

In Anlehnung an die Theoretiker des *Instituto Superior de Estudos Brasileiros* (ISEB), die die bürgerliche Revolution mit progressiven Elementen der nationalen Bourgeoisie durchführen wollten, gingen die Regisseure des *Cinema Novo* später eine Allianz mit progressiven Sektoren der Bourgeoisie ein. Zahlreiche Filme wurden von der *Banco Nacional de Minas Gerais* durch João Luiz Magalhães Pinto finanziert, obwohl er als Zivilperson später den Militärputsch 1964 unterstützte. Durch ihre Filmförderungsaktivitäten gewann die *Banco Nacional de Minas Gerais* kulturelles Prestige und wurde zu einer kontinuierlichen Filmfinanzierung motiviert.

3.6. Phasen und Themen

Die Filme *Rio, Quarenta Graus* und *Rio, Zona Norte* sind Vorläufer der *Cinema Novo* Bewegung. Nelson Pereira dos Santos hatte mit diesen Filmen bereits in den 50er Jahren Schwierigkeiten mit der Zensurbehörde, die ihm vorwarf, ein falsches Bild Brasiliens zu vermitteln, weil er gesellschaftliche Realitäten wiedergab, in denen er den Zustand der Unterentwicklung Brasiliens dokumentiert, wie die Dichotomie zwischen arm und reich, schwarz und weiß.

Ab 1960 lassen sich drei Phasen des *Cinema Novo* mit thematischen Schwerpunkten unterscheiden:[73] Die erste Phase beginnt 1960 und endet mit dem Sturz der Regierung Goulart durch den Militärputsch am 1. April 1964. Sie steht im Rahmen der öffentlichen Diskussion um die Landreform mit dem Leben der Landarbeiter im Nordosten Brasiliens. *Vidas Secas* (1963) von Nelson Pereira dos Santos, *Deus e Diabo na terra do Sol* (1964) von Glauber Rocha, *Os Fuzis* (1964) von Ruy Guerra und *A Hora e a Vez de*

Augusto Matraga (1966) von Roberto Santos sind bedeutende Filme dieser Phase. Sie gilt als die hoffnungsvolle Phase des *Cinema Novo*, in der die Machbarkeit von Geschichte postuliert wird[74].

Die zweite Phase des *Cinema Novo* wird auf den Zeitraum von 1965 bis 1968 datiert; sie endet mit der Einführung der Fünften Institutionellen Akte am 13.12.1968 und der Regierungsübernahme durch General Emílio Garrastazu Médici. In dieser Phase geht es den Regisseuren um andere Themen: Die Kluft zwischen den Intellektuellen und den Landarbeitern ist unüberbrückbar; die Filme des *Cinema Novo* finden keinen Zuspruch bei den Betroffenen. Die Regisseure versuchen, das Verhältnis des Intellektuellen zur industriellen Bourgeoisie und zu Politikern zu definieren. Filme wie *O Desafio* (1965) von Paulo César Saraceni, *Terra em Transe* von Glauber Rocha (1967), *Fome de Amor* (1968) von Nelson Pereira dos Santos oder Gustavo Dahls *O Bravo Guerreiro* (1968) beleuchten das Versagen der intellektuellen Linken bei den politischen Ereignissen von 1964.

Der Künstler oder der Revolutionär hat in seinem Konflikt mit der Bourgeoisie und der Politik keinen Einfluß. Das Volk lebt in Elend und Armut; er kann ihm nicht zu besseren Lebensbedingungen verhelfen.

> "A ilustração mais acabada dessa relação é a situação de Paulo Martins, o jornalista/poeta de Terra em Transe, que domina o discurso verbal, mas permanece irremediavelmente divorciado dos anseios do povo que o persegue todo o tempo com olhos suplicantes. Significativamente, o fim de Paulo se dá nas vastas e brancas dunas de areia, onde o heroi não passa de um pequeno ponto negro." (NAGIB, 1991, 139)

Die Filme dieser Phase beschreiben die Krise der Intellektuellen. Xavier kommentiert diese Zeit:

> "O conjunto O Desafio, Terra em Transe, O Bravo Guerreiro e Fome de Amor adquiriu para a crítica um contorno bem nítido ao tematizar a relação entre as forças políticas atuantes, a ilusão de proximidade e a real distância entre intelectual e classes populares, as contradições da classe média." (XAVIER, 1989, 3)

Die dritte Phase des *Cinema Novo* bezieht sich auf die Jahre 1968 bis 1972. In dieser Zeit unterdrückt die Militärregierung mit brutaler Repression jede Opposition. Die Zensurbehörde kontrolliert alle Medien, jedoch mit unterschiedlicher Schärfe[75]. In dieser Zeit werden von den *Cinema Novo* Regisseuren allegorische Filme gedreht, die eine indirekte Aussage zur Zeitgeschichte machen. Dazu gehören *Macunaíma* (1969) von Joaquim Pedro de Andrade, *Azyllo Muito Louco* (1970) von Nelson Pereira dos Santos und auch *Pindorama* (1971) von Arnaldo Jabor.

Als *Embrafilme* 1973 den Verleih brasilianischer Filme in Brasilien übernimmt, kann nicht mehr von einer einheitlichen Filmkonzeption des *Cinema Novo* gesprochen werden; die Regisseure entwickeln eigene Formen des Filmens.

3.7. Probleme der wirksamen Kulturpolitik / Rezeption

Nur wenige Filme des *Cinema Novo*, fanden die Anerkennung des Publikums. Das Problem lag vor allem in der mangelnden Organisation von Verleih und Vorführung der Filme[76]. Die Vordenker des *Cinema Novo* hatten diesen Aspekt nicht berücksichtigt.

Die Zielgruppe war klar definiert, es wurden aber keine adäquaten Distributions- und Vorführstrukturen gewählt, die dem "neuen" brasilianischen Film eine größere Publikumswirksamkeit beschert hätten. Die *Cinema Novo* Regisseure versuchten, die bestchenden Marktstrukturen für ihre Filme zu nutzen, um die restriktive Filmpolitik des Staates zu unterwandern. Der Markt forderte aber Filmprodukte, die den Sehgewohnheiten des Publikums entsprachen, das an den Hollywoodfilm gewöhnt war. Die Filme des *Cinema Novo* fanden deshalb nicht in den Kinos sondern nur in universitären Filmclubs ihr Publikum. Hier wurde über eine politische Umstrukturierung des Landes nachgedacht. Als politisch-kulturelle Filmbewegung hat das *Cinema Novo* eine Diskussion über Brasilien, Lateinamerika und die Unterentwicklung geführt, aber es war eigentlich keine wirklich politische Diskussion[77], da die Regisseure des *Cinema Novo* eine größere Kreativität für sich selbst beanspruchten und ein Kino schufen, das die Massen nicht erreichte.

3.7.1. Bedeutung der Literaturverfilmung

Die Regisseure des *Cinema Novo* setzten sich intensiv mit der brasilia- nischen Literatur auseinander. Obwohl der konzeptionelle Vordenker, Glauber Rocha, selbst niemals Literatur verfilmt hat, sagt man ihm nach, er habe mit *Deus e Diabo na Terra do Sol* den Roman von João Guimarães Rosa *Grande Sertão Veredas* verfilmen wollen. Glauber Rocha distanziert sich von der Transformation literarischer Vorlagen in das Medium Film. Er will sich nicht auf bestehende Texte beziehen, sondern seine eigene ästhetische Vision von Brasilien im Film entwickeln. Keiner der *Cinema Novo* Regisseure hat wie Rocha so kraß die Situation der Unterentwicklung Brasiliens, die Konsequenzen der bestehenden archaischen Gesellschaftsstrukturen, die Divergenz zwischen Elite, Intellektuellen und dem Gros der Bevölkerung herausgearbeitet und zu Phänomenen des brasilianischen Kulturkonglomerats dezidiert Stellung bezogen. Sein Film *Cancer*, ein Film in 16 mm, führt prototypische Situationen des Alltagslebens vor, an denen sich zeigt, daß es entgegen der vielbeschworenen Harmonie im gesellschaftlichen Miteinander einen latenten brutalen Rassismus gibt.

Andere Regisseure des *Cinema Novo* haben sich mit der brasilianischen Literatur und ihrer Verfilmung beschäftigt: Persönliche Affinitäten mit den Autoren oder die bereits ausgearbeitete Version einer Idee zu einem Thema spielen bei der Auswahl des literarischen Werkes eine Rolle. Die Regisseure setzten sich vorwiegend mit den Autoren des Modernismus von 1922, den sozialkritischen Autoren und den regionalistischen Schriftstellern der 30er Jahre auseinander. Auch Autoren wie Machado de Assis aus früheren Zeiten wurden verfilmt.

So entstanden *Vidas Secas* (1963) nach Graciliano Ramos von Nelson Pereira dos Santos, *Menino de Engenho* (1965) nach José Lins do Rego von Walter Lima Jr., *O Padre e a Moça* (1965) von Joaquim Pedro de Andrade nach einem Gedicht von Carlos Drummond de Andrade, *A Hora e A Vez de Augusto Matraga* (1966) nach J. G. Rosa von Roberto Santos, *Capitu (1968)* nach Machado de Assis von Paulo César Saraceni, *Macunaíma* (1969) nach Mario de Andrade von Joaquim Pedro de Andrade, *Azyllo Muito Louco* (1970) nach *O Alienista* von Machado de Assis von Nelson Pereira dos Santos, *São Bernardo* (1972) nach G. Ramos von Leon Hirszman.

Von den *Cinema Novo* Regisseuren hatte Joaquim Pedro de Andrade mit seinem Film *Macunaíma* den größten Publikumserfolg. Die Verfilmung der Rhapsodie von Mario de Andrade ist eine Persiflage der literarischen Vorlage und setzte sich mit der Politik der Militärregierung und den von ihr propagierten als hohl entlarvten Mythen auseinander.

Joaquim Pedro de Andrade war der Literatur Brasiliens sehr verbunden. Seine ersten Dokumentarfilme porträtieren die Schriftsteller Gilberto Freyre in *O Mestre de Apipucos* und Manuel Bandeira in *O Poeta do Castelo* (1959). Im Anschluß daran dreht Joaquim Pedro de Andrade den Kurzfilm *Couro de Gato* (1961), der später in den fünfteiligen Film *Cinco Vezes Favela* integriert wird. Mit *O Padre e a Moça* nach einem Gedicht von Carlos Drummond de Andrade dreht er seinen ersten Spielfilm, der allegorische Elemente enthält: In ein Dorf in Minas Gerais zieht ein junger Priester. Das Dorf wird von alten Menschen bewohnt. Sie suchen immer noch nach den Diamantminen, die ihre Vorfahren reich gemacht haben. Mariana lebt mit Honorato zusammen, der ihr unterstellt, eine Affäre mit dem Amtsvorgänger des jungen Priesters gehabt zu haben. Honorato will sie heiraten, doch Mariana freundet sich mit dem jungen Priester an. Sie wird von einem Dorfbewohner beobachtet, als sie nachts das Haus des Priesters verläßt. Sie überzeugt den Priester, mit ihr zu fliehen. Auf der Flucht gesteht sie, daß sie ihn als Mann begehrt. Sie schlafen miteinander. Am nächsten Morgen will der Priester wieder in das Dorf zurückkehren und Mariana folgt ihm. Doch die Dorfbewohner sind beiden feindlich gesonnen und treiben sie in die Flucht. Sie finden Schutz in einer Höhle in den Bergen, doch die Bewohner des Dorfes legen vor dem

Eingang ein Feuer, um die beiden zu töten oder zur Umkehr in das Dorf zu bewegen. Als beide sich in der Höhle umarmen, endet der Film.

Der Schlüssel zur Interpretation liegt, wie in dem Gedicht von Carlos Drummond de Andrade, im Kontrast, der entsteht, als der schwarze Mantel des Priesters auf der weißen Haut des Mädchens liegt: Schwarz ist die Farbe des Todes und symbolisiert in diesem Kontext die mörderischen Auswirkungen von Tradition und Ideologie. Sie lassen ein freies selbstbestimmtes Leben nicht zu. Die weiße Haut Marianas symbolisiert die Unschuld und den Wunsch, in Freiheit zu leben. Mariana will die gesellschaftlichen Verhaltensvorschriften nicht länger akzeptieren.

Danach setzt Joaquim Pedro de Andrade seine Arbeit mit allegorischen Filmen fort: Zunächst dreht er *Macunaíma*, das Gegenstück zu seinem ersten Spielfilm, nämlich ein formal lockerer Film ist und schließlich, dreht er unter *Embrafilme* nach 16 Kurzgeschichten Dalton Trevisans *Guerra Conjugal* (1974).

Nelson Pereira dos Santos, der "Papst" des *Cinema Novo*, hat die Gruppe mit Filmen entscheidend beeinflußt. Wie Joaquim Pedro de Andrade verfilmt er zahlreiche Werke brasilianischer Autoren. Er arbeitet themenorientiert und findet in der Literatur dazu passende Werke von Autoren, mit denen er sich identifiziert. Über das Medium Film tritt der Regisseur dann mit dem jeweiligen Autor in einen Dialog.

Da es keine Institution gab, die Filmproduktionen plante, lag es im Ermessen des Regisseurs, mit welchem Thema er sich befassen wollte. Nelson Pereira dos Santos hat sich seit seiner frühen Jugend mit den Werken Jorge Amados und Graciliano Ramos beschäftigt.

Jorge Amados Werke waren in der Amtszeit von Präsident Vargas von 1937 bis 1945 verboten. Trotzdem wurden sie heimlich rezipiert, zum einen, weil Amado sein Leserpublikum mit erotischen Liebesgeschichten faszinierte, und zum anderen, weil er - und das war der Grund des Verbots - über politische Widerstandsbewegungen schrieb, die von charismatischen Helden aus dem Volk angeführt wurden. In seinen Texten beschrieb er die Möglichkeiten, sich in Opposition zu einer Regierung zu begeben und für eigene Interessen zu kämpfen.

Z.B. enthält *Rio, Quarenta Graus* zahlreiche Elemente aus den Werken Jorge Amados und wurde deshalb von der Zensur verboten.

> "O meu primeiro filme, Rio 40 Graus é muito influenciado pela literatura do Jorge Amado: A favela, a criança abandonada. O filme foi proibido também porque o chefe da polícia naquela época disse que o filme mostrava apenas os aspectos negativos do Brasil, do Rio de Janeiro. Mas, na realidade, o filme representava o mundo que o poder sempre quis esconder, o lado do subdesenvolvimento"[78].

Der Grund lag darin, daß *Rio, Quarenta Graus* die Elendsviertel, die Schwarzen, die Armut und Krankheit, also Mangel und Unterentwicklung zeigte, womit die Regierung nicht konfrontiert werden wollte. Von Jorge Amado verfilmt der Regisseur in den 70er Jahren den Roman *Tenda dos Milagres* und in den 80er Jahren *Jubiabá*. Die Identifikation mit Graciliano Ramos ist noch größer:

> "O Graciliano fez a minha cabeça, nesse sentido de observar a realidade, de ter uma organização de pensamento apropriada a entrar na realidade e enfim desmontar aquela coisa, conhecer bem na sua profundeza, buscar as causas etc"[79].

Von Graciliano Ramos verfilmte er *Vidas Secas* (1963), der von der brasilianischen Filmkritik als der in sich geschlossenste Film im Werk des Regisseurs bezeichnet wird[80].

Später folgen *O Ladrão* (1980), einer von drei Kurzfilmen, die unter dem Titel *Insônia* zusammengefaßt werden[81]. *Memórias do Cárcere* (1983/84) ist einer seiner wichtigsten Filme. Darin setzt Pereira dos Santos sich kritisch mit dem *Estado Novo* auseinander[82].

Die Regisseure verfilmen also Werke von Schriftstellern, die in der brasilianischen Literatur der Moderne eine bedeutende Stellung einnehmen. Sie sind motiviert, durch eine Wieder-holung des literarischen Textes mit filmischen Mitteln die Zeitgeschichte kommentieren.

In Europa gilt das *Cinema Novo* als innovative cineastische Bewegung dennoch, gemessen am Filmmekka der USA und anderer Industrienationen, kann sie nur einen Platz an der Peripherie der Weltfilmproduktion einnehmen. Dieser Blickwinkel impliziert, weil er Metropole und Kolonie auseinanderreißt, einen indirekten Hegemonieanspruch führender Filmindustrien. Das bedeutet, auf die Vermarktung der Kultur- träger bezogen, diese unter dem Blickwinkel der Optik "Modell und Kopie" zu betrachten. Aufgrund der desolaten finanziellen Lage und Produktionsbedingungen wird Ländern der Dritten Welt eine medienspezifische Originalität abgesprochen. Da sie nur über instabile ökonomische Strukturen verfügen, kommt ihnen und ihren Kulturerzeugnissen nur der Platz der Kolonie zu. Die gesellschaftliche Elite Lateinamerikas unterwirft sich dem Hegemonieanspruch der wohlhabenden Länder, in der Kunst richtungsweisend zu sein, denn sie leidet an einem kulturellen Minderwertigkeitskomplex. Er rührt daher, daß sie immer die Übereinstimmung mit dem Vorbild, der Metropole, sucht. Auf die Kunst bezogen bedeutet dieses Denken, daß die Kulturproduktion in diesen Ländern minderwertiger sei als die in den ausgewiesenen Filmindustrieländern. Schlimmer noch: sie gilt als Kopie.

Doch diese Wertung scheint überholt zu sein, und es bietet sich an, das Vorurteil von der ökonomisch bedingten Kopie abzubauen, um dazu überzugehen, von einer unendlichen Sequenz von Transformationen zu sprechen, ohne Anfang und ohne Ende, ohne erstens und zweitens, schlechter oder besser. In diesem Zusammenhang kommt Roberto Schwarz bei seiner Untersuchung des kulturellen Transplantats zu dem Ergebnis, daß der Kopiebegriff unangemessen ist, von dem die Prämisse abgeleitet werde, daß es im Rahmen der Kunst und Kultur ein Original gebe, dessen Vorhandensein als Reflex die Kopie darstelle. Dieses Denken würde vor allem von den lateinamerikanischen Eliten genährt. Sie hätten Mythen geschaffen, die besagten, daß aufgrund der technischen, politischen und ökonomischen Ungleichheiten die kulturellen Produkte ihrer Länder minderwertig seien. Schwarz geht davon aus, daß mit der Idee von Kopie das Nationale dem Fremden, das Nationale dem Originalen gegenübergestellt werde, aber übersehen werde, daß das Fremde im Eigenen enthalten ist, wie die Nachahmung im Original und das Original in der Imitation. Dabei gehe es darum, so Schwarz, den kulturellen Prozeß als einen Prozeß der Wechselwirkungen zu begreifen. Das Ergebnis seiner Überlegungen ist folglich, daß die Frage nach der Kopie nicht falsch ist, sofern sie pragmatisch betrachtet und den Mythos der Schöpfung aus dem Nichts abschaffen würde[83]. Der brasilianische Film steht demnach im rezeptiven und intellektuellen Austausch mit führenden Filmnationen, muß aber in diesem Rahmen den spezifischen Voraussetzungen angemessene eigene Aussageformen suchen.

3.7.2. Rezeption des Cinema Novo in Europa

Die allgemeine Darstellung des *Cinema Novo* als cineastische Bewegung innovativen Charakters wird in Europa häufig als Bestandteil des Kampfes für bessere Lebensbedingungen in Brasilien gewertet. Die Solidarität mit der unterdrückten Bevölkerung Brasiliens[84] steht im Vordergrund. Dieses Denken ist sicherlich berechtigt, wenn daraus nicht der Anspruch abgeleitet wird, daß die Lateinamerikaner mit dem Medium Film immer zur politischen Situation Stellung beziehen oder zum Kampf für bessere Lebensbedingungen auffordern müssen. Der Film ist immer politische Kunst, er kann seine Verantwortung in der Wieder-holung eines künstlerischen Textes wahrnehmen, der nationale Fragestellungen unter bestimmten Gesichtspunkten aufwirft, die dem europäischen Betrachter zunächst fremd erscheinen. Der Film steht als Text in einem politischen Kontext und ist immer von Einflüssen geprägt, die nicht dem Wunschdenken oder der Aufgabenzuweisung entsprechen sollten, die die "Metropole" an ihn stellt.

Die Auseinandersetzung mit dem "modernismo" der 20er Jahre in dem von der Militärdiktatur beherrschten Brasilien der 60er und 70er Jahre bedeutet einen Schritt zur Identifikation mit der eigenen Kultur:

> "Como não notar que o sujeito da Antropofagia - semelhante neste ponto ao nacionalismo - é o brasileiro em geral, sem especificação de classe ?"
> (SCHWARZ, 1987, 38)

Nach den Jahren des *Cinema Novo* hat sich der brasilianische Film stark verändert. Die Regisseure haben in den 70er und 80er Jahren zahlreiche Filmprojekte innerhalb der *Embrafilme* durchführen können, wo sie seit 1974 einen wichtigen Platz einnahmen. Trotz der Anpassung an eine staatliche Organisation blieben sie weiterhin in der Opposition. Die Literaturverfilmungen waren Möglichkeiten, diese Opposition nach thematischen Schwerpunkten zu artikulieren. In ihnen deutet sich ein Kompromiß an zwischen Autorenfilm und industriellem Film, zwischen Opposition und Anpassung. Im folgenden werden vier ausgewählte Filmbeispiele verdeutlichen, welchen Weg die brasilianische Literaturverfilmung in der jüngeren Filmgeschichte gegangen ist, welche inhaltlichen und produktionstechnischen Probleme sich stellten und wie sie gelöst wurden.

4. Analyse ausgewählter Filmbeispiele

4.1. Kritik an oligarchischen Strukturen, Roman und Film São Bernardo

Die erste Phase des *Cinema Novo* beschäftigte sich mit dem Nordosten[85]. Die Regisseure forderten eine Agrarreform für das Armenhaus Brasiliens. Die Herrschaftsstrukturen wurden kritisiert und die Armut der Bevölkerung gezeigt. Zehn Jahre danach bezieht sich Leon Hirszman auf diese erste Phase und zeichnet das Porträt eines Großgrundbesitzers.

Der Roman *São Bernardo* (1934) von Graciliano Ramos und der gleichnamige Film (1972/73) von Leon Hirszman sind innovativ und wegweisend für die Sprache ihrer Medien. In der komplementären Analyse sollen die Wahl der konstitutiven Elemente in Funktion zur Werkaussage untersucht sowie Varianten und Invarianten der beiden "Texte" aufgezeigt werden.

4.1.1. Historischer Kontext des Romans

Der brasilianische Modernismus der 20er Jahre unterstützte ideologisch die mit der Industrialisierung Brasiliens notwendig gewordenen gesellschaftlichen Neustrukturierungen. Schon in den 30er Jahren änderten sich die Schwerpunkte des modernistischen Projekts in der Literatur. Bis dahin vermittelten die Schriftsteller Euphorie und glaubten, Brasilien sei ein Land der Zukunft. In den 30er Jahren beschreiben und kritisieren die Autoren die sozialen Mißstände. Die deutlichen Anzeichen der Unterentwicklung erzeugen einen kritischen Pessimismus. Nach Einschätzung der Schriftsteller werden sich die sozialen Probleme verschärfen und die Entwicklung der brasilianischen Gesellschaft hemmen.

> "Não se trata mais, nesse instante, de ajustar o quadro cultural do país a uma realidade mais moderna; trata-se de reformar ou revolucionar essa realidade, de modificá-la profundamente, para além (ou para aquém...) da posição burguêsa: Os escritores e intelectuais esquerdistas mostram a figura do proletário (Jubiabá por

exemplo) e do camponês (Vidas Secas), instando contra as estruturas que as mantém em estado de subhumanidade."[86]

Der Roman *São Bernardo* gehört in die zweite Phase des modernistischen Projekts in der brasilianischen Literatur. Er unterscheidet sich von dem romantischen Traditionalismus in den Werken von José Lins do Rego, Raquel de Queiroz und Jorge Amado. Er paßt nicht in die Reihe der Werke, die, wie es das regionalistische Manifest von Gilberto Freyre vorsieht, Zuckerrohrplantagen, Latifundien, Sklaverei, die einmalige Küche mit portugiesischen, indianischen und afrikanischen Einflüssen, die üppige Landschaft und die feudalen Traditionen rühmen.

São Bernardo ist ein Vorläufer des brasilianischen Romans der 50er Jahre. Er deckt die Schattenseiten der gesellschaftlichen Struktur im Nordosten Brasiliens auf, wo Landarbeiter unterdrückt werden, so daß sie mit ihrem Arbeitslohn weder ihre Arbeitskraft reproduzieren noch ihre Familie richtig ernähren können.

> "Graciliano descobriu, nas entrelinhas do regionalismo comandado por Gilberto Freyre, a obrigação de mostrar o reverso da medalha: valorizar o Nordeste como tema, dissecar com profundidade os relacionamentos entre os seres que integram o conjunto da cultura regional, nas palavras do manifesto regionalista." (MALARD, 1976, 44)

Durch seinen Protagonisten Paulo Honório setzt Ramos sich mit der unter Präsident Vargas eingeleiteten Politik der Modernisierung Brasiliens auseinander. Paulo Honório kümmert sich um den Kauf und den Ausbau der Fazenda *São Bernardo* im Nordosten Brasiliens. Er ist kein Oligarch im traditionellen Sinn. Er selbst erwirbt die Fazenda *São Bernardo* und bewirtschaftet sie sowohl unter Aufbringung aller eigenen Kräfte als auch durch die brutale Ausbeutung seiner Landarbeiter.

> "O Coronel ambicioso de terras e despótico no trato com seus subordinados, narra a sua própria história, como observador de si próprio e juiz de suas más qualidades derivadas da profissão" (MALARD, 1976, 44)

Ramos konzipiert ihn als Prototyp für ein Entwicklungsmodell Brasiliens, das zum Scheitern verurteilt ist:

> "Já vimos, também de passagem, que Paulo Honório parece ser o emblema contraditório do capitalismo nascente em nosso país. (...) Sem entrarmos aqui nas complexidades implicadas pelo estudo da implantação do capitalismo no Brasil (existência de relações precapitalistas, relações de compadrio, persistência ou não de restos do modo de produção feudal) o que podemos afirmar, sem sombra de dúvida, é que Paulo Honório simboliza, no interior do romance, a força modernizadora que atualiza de forma devastante o universo de S. Bernardo"[87].

4.1.2. Stellung des Romans im Werk von Graciliano Ramos

São Bernardo (1934) ist nach *Caetés* der zweite Roman von Graciliano Ramos. Der Autor läßt den Protagonisten in einer Sprache reden, die seiner ungeschliffenen Mentalität und harten Realität entspricht. Der Roman ist eine Reflexion aus der Retrospektive des schreibenden Ich. Dabei stehen Probleme des Schreibens und der Textkonstitution im Vordergrund.

São Bernardo enthält Fragestellungen und Themen, die Graciliano Ramos in späteren Werken wieder aufgreift. Dazu gehört die Reflexion über das Schreiben und das schreibende Ich, die später in *Infância* und den *Memórias do Cárcere* eine besondere Stellung einnehmen, wie auch die Darstellung des Lebens in absoluter Armut und die Sprachlosigkeit, die in *Vidas Secas* zum Thema wird.

4.1.2.1. Inhalt

Im Alter von 50 Jahren beschließt Paulo Honório, seine Lebensgeschichte zu schreiben. Zwei Jahre liegt der Selbstmord seiner Frau Madalena zurück, und seitdem hat er mit seiner Fazenda *São Bernardo* keine wirtschaftlichen Erfolge mehr erzielen können. Seither fehlt ihm der Enthusiasmus für seine Arbeit, den er hatte, als er das Landstück erwarb, es bepflanzte, die Grenzen sicherte und das Haus baute.

Paulo Honório hat keine Erfahrungen mit dem Schreiben, deshalb erwägt er, die Niederschrift seiner Erinnerungen mit Hilfe von einigen Bekannten zu verfassen. Doch die arbeitsteilige Variante funktioniert nicht. Er entschließt sich, selbst seinen Text zu schreiben und beginnt ihn mit der Darstellung seiner selbst. An seine Kindheit erinnert er sich nicht mehr. Als Adoleszent hat er mit Germana ein Verhältnis. Sie gibt ihm den Laufpaß und geht mit João Fagundes aus. Aus Eifersucht bringt Paulo Honório seinen Rivalen um und verbüßt die Strafe im Gefängnis, wo er von seinen Mitgefangenen im Rechnen und Schreiben unterrichtet wird. Nach der Entlassung setzte er sich in den Kopf, die Fazenda *São Bernardo* zu erwerben. Er zwingt den Besitzer Padilha, seine Schulden bei ihm mit der Übergabe des Landes abzuzahlen.

Mit großem Eifer, aber auch mit Skrupellosigkeit gegenüber Nachbarn und Angestellten, baut er die verkommene Fazenda wieder auf. Seine Beziehungen zu Kirche und Staat sind opportunistisch, die zu seinen Nachbarn sehr formell. Als auf der Fazenda wieder gewirtschaftet werden kann, will Paulo Honório seinen Besitz durch einen Erben gesichert wissen. Er heiratet die 27-jährige Lehrerin Madalena, die mit ihrer Tante Gloria zu ihm zieht. Madalena kümmert sich um die notleidenden Landarbeiter und versorgt deren kranke Familienangehörige. Sie bekommt einen Sohn. Das Verhältnis zwischen Paulo Honório und Madalena verschlechtert sich nach kurzer Zeit, denn Madalena läßt sich nicht wie die Angestellten herumkommandieren. Sie setzt sich für gerechtere und menschlichere Verhältnisse auf der Fazenda ein. Nach zwei Ehejahren ist Paulo Honório davon überzeugt, daß sie ihn betrügt, und sieht alle ihre Handlungen unter dem Aspekt des Ehebruchs. Er denkt sogar daran, Madalena aus Eifersucht umzubringen, weil er im Garten eine Seite eines Briefs von Madalena findet, von dem er meint, er könne nur an einen anderen Mann gerichtet sein, nicht an ihn.

Als er sie in einem Gespräch zur Rede stellen will, ist Madalena ruhig und besonnen. Sie scheint krank zu sein und verabschiedet sich bald von ihm, um schlafen zu gehen. Am folgenden Morgen ist sie tot. Paulo findet die restlichen Briefbögen auf ihrem Schreibtisch. Der Brief ist an ihn gerichtet, seine Eifersucht war grundlos. Seither kommt er nicht mehr zur Ruhe. Er erkennt, daß er Madalena geliebt hat, sich aber wegen seines mißtrauischen, brutalen Charakters, den ihm sein Beruf vermittelt hat, nicht anders verhalten konnte. Hätte er die Möglichkeit, alles zu wiederholen, würde er genauso handeln. Paulo Honório sieht sich als gescheiterten Mann.

4.1.2.2. Analyse

Graciliano Ramos beschreibt in 36 Kapiteln das Selbstbekenntnis eines Mannes, dessen Beziehungen zur Umwelt durch Distanz und Misanthropie geprägt sind. Er sieht die Menschen aus seiner Umgebung in Funktion zu seinen Interessen und versperrt sich auf diese Weise die Möglichkeiten für eine emotionale Bindung. Wenn sie ihre Ideen und Vorstellungen in ein Projekt Paulo Honórios einbringen wollen und diese nicht mit seinen Vorstellungen übereinstimmen, zieht er sich zurück und besinnt sich auf seine eigenen Ressourcen.

Die beiden ersten Kapitel bezeichnet der Protagonist als zwei verlorene Kapitel. Sie beschreiben Modalitäten der Textkonstitution, die Paulo Honório arbeitsteilig organisieren wollte.

> "dirigi-me a alguns amigos, e quase todos consentiram de boa vontade em contribuir para o desenvolvimento das letras nacionais. Padre Silvestre ficaria com a parte moral e as citações latinas; João Nogueira aceitou a pontuação, a ortografia e a síntaxe; prometi ao Arquimedes a composição literária convidei Lúcio Gomes de Azevedo Gondim, redator e diretor do Cruzeiro. Eu traçaria o plano, introduziria na história rudimentos de agricultura e pecuária, faria as despesas e poria o meu nome na capa." (RAMOS, 1986, 7)

Im zweiten Kapitel erkennt der Ich-Erzähler, daß er nur dann alles ausdrücken kann, was er denkt und empfindet, wenn er selbst schreibt:

> "Abandonei a empresa, mas um dia destes ouvi de novo o pio de coruja - e iniciei a composição de repente, valendo-me dos meus próprios recursos e sem indagar se isto me traz qualquer vantagem direta ou indireta." (RAMOS, 1986, 9)

Er beginnt sein schonungsloses Bekenntnis, indem er wichtige Ereignisse seines Lebens schildert. Die Kapitel 3 bis 8 beschreiben die Aufbauphase in seinem Leben: Dazu zählen der Erwerb sowie die Bewirtschaftung von *São Bernardo* und die Überwindung sämtlicher damit verbundener Schwierigkeiten. Paulo Honório stellt sich als Fazendeiro dar, der seine Arbeiter skrupellos ausbeutet. Auch vor Gewalt schreckt er nicht zurück, wenn es darum geht, die Grundstücksgrenzen zu sichern. Um sich Vorteile zu verschaffen, verhält er sich opportunistisch gegenüber Repräsentanten von Kirche und Staat. Das 7. Kapitel zeigt, wie groß sein Bildungsunterschied im Verhältnis zu traditionellen Großgrundbesitzerfamilien ist. Am Beispiel des gebildeten Seu Ribeiro, den Paulo Honório für die Buchhaltung auf *São Bernardo* engagiert, kommt die Kluft zwischen dem alteingesessenen Landadel und dem Fazendeiro von *São Bernardo* zutage. Weil Paulo Honório selbst gewohnt ist, seine Pläne ohne Zögern umzusetzen, beklagt er das langsame Temperament Seu Ribeiros. In den Kapiteln 9 bis 16 beschreibt er, wie er Madalena kennenlernt und um ihre Hand anhält. Paulo Honório stellt fest, daß die Frau, in die er sich verliebt hat, ganz anders ist, als er sie sich vorgestellt hat. In bezug auf die Ehe hat er sehr konservative Vorstellungen: die Frau soll sich dem Mann unterordnen. Er selbst hat Schwierigkeiten damit, eine Frau dazu zu bringen, sich so zu verhalten, wie er es für richtig hält.

"Mulher é bicho esquisito, difícil de governar."(RAMOS, 1986, 59)

Doch in Madalena hat er sich getäuscht: In den Kapiteln 17 bis 24 werden die ersten beiden Ehejahre mit den Streitigkeiten beschrieben, die sich aus der rüden Haltung Paulo Honórios gegenüber seinen Landarbeitern und Mitbewohnern im Gegensatz zu Madalenas humaner Einstellung ergeben.

Den Konflikt in der Ehe schildert er in den Kapiteln 24 bis 33: Die Eifersucht Paulo Honórios macht das Eheleben für beide zur Qual und treibt Madalena in den Selbstmord. Nach ihrem Tod verlassen ihn auch die Vertrauten Madalenas: ihre Tante Sinha Glória und Seu Ribeiro.

In den Kapiteln 33 bis 35 zeigt sich angesichts der Wirtschaftskrise, in die die Fazenda durch den Regierungswechsel und die Industrialisierungspolitik der 30er Jahre gerät, die Fragwürdigkeit seines Lebensplanes. Das 35.Kapitel nimmt hier eine Sonderstellung ein; Paulo Honório wird von allen seinen Gefolgsleuten verlassen und sieht sich vor die Aufgabe gestellt, die Fazenda völlig neu aufzubauen. Mißernten, gesperrte Kredite machen den Erwerb neuer Gerätschaften unmöglich. Paulo Honório steht vor dem Bankrott. Das letzte Kapitel ist der Höhepunkt des Romans. Paulo Honório erkennt seinen brutalen Charakter und gesteht sich ein, daß er, selbst wenn er die Chance zu einem Neubeginn hätte, auch nicht anders als in der Vergangenheit handeln würde.

4.1.2.3. *Thematische Besonderheiten*

Im Roman *São Bernardo* nimmt die Reflexion des schreibenden Ich über das Schreiben und die Sprache eine herausragende Bedeutung ein und dient zwei Zielen:

Einmal soll die Distanz des Schreibenden zu seiner Umwelt und zu seinem Leser verdeutlicht werden. Signifikant sind in dieser Hinsicht die ersten beiden Kapitel. Der Leser hat es mit einem energiegeladenen Ich-Erzähler zu tun, der gewohnt ist, die Welt nach seinen Vorstellungen zu gestalten. Ohne Vorbereitungen zu treffen, führt er den Leser *in medias res* und konfrontiert ihn mit einer Person, die eine neue ungewohnte Aufgabe in Angriff nimmt. Das Schreiben ist die einzige Möglichkeit, die ihm bleibt, über sein Verhältnis zu den Menschen und sich selbst nachzudenken, die einzige Form der Bewußtwerdung: sie geschieht instinktiv, und mit ihr kompensiert der Protagonist am Ende die Distanz zu anderen durch die Nähe, die er zu sich selbst findet.

Zweitens entwickelt Graciliano Ramos einen metasprachlichen Diskurs, der die Problematik der Aufgaben des brasilianischen Romans in den 30er Jahren erörtert. Durch Paulo Honório bricht der Autor mit einigen literarischen Traditionen.

4.1.2.3.1. *Überlegungen zum Schreiben*

Zunächst versucht Paulo Honório, seinen literarischen Beitrag arbeitsteilig zu organisieren, stößt dabei auf Schwierigkeiten mit den ausgewählten Mitarbeitern. Das erste Hindernis ist João Nogueira, der den Roman in der Sprache von Camões geschrieben wissen will. Daraufhin diktiert er Azevedo Gondim seine Gedanken, und nach der ersten Lektüre des Textes merkt er, daß das Geschriebene nicht mit seiner wörtlichen Rede übereinstimmt:

> "- Vá para o inferno Gondim. Você acanalhou o troço. Está pernóstico, está safado, está idiota. Há lá ninguém que fale dessa forma!" (RAMOS, 1986, 9)

Er will sich nicht an die Gesetze der Schriftsprache halten und riskiert, seinen Mitarbeiter tief zu kränken:

> "Azevedo Gondim apagou o sorriso, engoliu em seco, apanhou os cacos da sua pequenina vaidade e replicou amuado que um artista não pode escrever como fala...
> - Foi assim que sempre se fez. A literatura é a literatura, seu Paulo. A gente discute, briga, trata de negócios naturalmente, mas arranjar palavras com tinta é outra coisa. Se eu fosse escrever como falo, ninguém me lia." (RAMOS, 1986, 9)

4.1.2.3.2. *Umstände und Procedere des Schreibens*

Paulo Honório will die Sprache seinen Realitäten angepaßt wissen und besinnt sich auf die eigenen Kräfte. Zum ersten Mal in seinem Leben beginnt er etwas, ohne daß er im voraus eine "Kosten-Nutzen-Rechnung" aufstellt. Das Bedürfnis, seine Lebensgeschichte aufzuschreiben, ist so stark, daß er seine offensichtliche Unwissenheit in bezug auf die Konstituierung eines Textes überwindet. Diese Herangehensweise hat den Vorteil, daß er über alle Dinge schreiben kann, die er vor anderen lieber verschweigen würde. Dem Schreiben wird eine kathartische Funktion zugewiesen: Paulo Honório will sein Leben erzählen, aber nicht zur Rechenschaft gezogen werden. Deshalb beabsichtigt er, seinen Roman unter einem Pseudonym zu veröffentlichen. Er begreift, daß eine Voraussetzung für den schriftstellerischen Prozeß in der bedingungslosen Offenheit des Schreibenden liegt, selbst wenn unangenehme Dinge dabei zutage treten.

> "Há fatos que eu não revelaria, cara a cara a ninguém. Vou narrá-los, porque a obra será publicada com pseudônimo." [88]

Allerdings hat er Probleme, für einen impliziten Leser zu schreiben, deshalb wird der Umgang mit dem Leser dem entsprechen, den er mit seinen Angestellten pflegt:

> "Também pode ser que, habituado a tratar com matutos, não confie suficientemente na compreensão dos leitores e repita passagens insignificantes."
> (RAMOS, 1986, 10)

Da er systematisches Denken nicht gewohnt ist, schreibt er assoziativ; er will sich an keine Ordnung halten, sondern die Fakten dann schreiben, wenn sie ihm in den Sinn kommen.

> "De resto vai arranjado sem nenhuma ordem, como se vê. Não importa. Na opinião dos caboclos que me servem, todo o caminho dá na venda." (RAMOS, 1986, 10)

Dieses traditionelle Spiel mit konstruktiven Elementen ist ein bekanntes Manöver, um den Blick des Lesers von der teleologischen Anordnung der Erzählfragmente abzuwenden. Sie dient hier dazu, das Scheitern der Ehe aufzuarbeiten. Von Madalena spricht er sehr liebevoll, ihre Bildung könnte ihm helfen, so zu schreiben, wie er gerne möchte:

> "- Ora vejam. Se eu possuísse metade da instrução de Madalena, encoivarava isto brincando. Reconheço finalmente que aquela papelada tinha préstimo."
> (RAMOS, 1986, 10)

Ihr Tod ist für ihn in jeder Hinsicht ein Verlust. Wie es dazu kommen konnte, analysiert er durch den Rückblick auf seine Geschichte.

Um sein Lebensziel zu erreichen, nämlich die Fazenda São Bernardo zu erwerben, mußte er sich mühsam alle dafür notwendigen Eigenschaften aneignen. Die unternehmerischen Aktivitäten kosteten ihn seine gesamte Zeit. Darüber hinaus hatte er keine Gelegenheit, andere Interessen zu pflegen und kann nicht mit der Bildung aufwarten, wie sie andere Leute besitzen, wie Madalena, João Nogueira oder Azevêdo Gondim. Trotzdem will er sein Buch schreiben. Vom Leser verlangt er Verständnis und Komplizenschaft:

"As pessoas que me lerem terão, pois, a bondade de traduzir isto em linguagem literária, se quiserem. Se não quiserem, pouco se perde. Não pretendo bancar escritor. É tarde para mudar de profissão." (RAMOS, 1986, 11)

Paulo Honório kann sich nur schwer an den mühsamen Prozeß des Schreibens gewöhnen:

" O pior é que já estraguei diversas folhas e ainda não principici."
(RAMOS, 1986, 11)

In den Kapiteln 13, 19, 30, 31und 36 wiederholen sich die Reflexionen über das Schreiben. In den Kapiteln 19, 30 und 36 werden Überlegungen zum Schreiben, zum Schreibprozeß und zum Sinn und Zweck des Schreibens in den Vordergrund gerückt. Das 36. Kapitel ist der Höhepunkt des Romans, da Paulo Honório durch die gewählte Methode der Verschriftlichung von Erlebtem zum Resultat seiner Anstrengungen gelangt:

"De longe em longe sento-me fatigado e escrevo uma linha. Digo em voz baixa: -Estraguei a minha vida, estraguei-a estupidamente (...) Para que enganar-me? Se fosse possível recomeçarmos, aconteceria exatamente o que aconteceu. Não consigo modificar-me, é o que mais me aflige." (RAMOS, 1986, 184-187)

Seine Überlegungen führen ihn zu der Erkenntnis, daß er ein egoistischer, brutaler und mißtrauischer Mensch ist. Sein Beruf und die Anforderungen, die darüber an ihn gestellt wurden, machten ihn zu dem Menschen, der er ist. Erst der Tod Madalenas brachte ihn zum Nachdenken, zur Auseinandersetzung mit sich selbst. Die nachgezeichneten Episoden, die er zuvor beschreibt, dienen dazu, seine Situation zu begreifen. Daher ist es ihm egal, ob er korrekt schreibt oder Gespräche detailgetreu aufzeichnet. Mit den ausgewählten Episoden will er die wichtigen Momente seines Lebens beschreiben.

"Reproduzo o que julgo interessante. Suprimi diversas passagens, modifiquei outras. (...) É o processo que adoto; extraio dos acontecimentos algumas parcelas; o resto é bagaço." (RAMOS, 1986, 77)

Er ist allen Situationen gewachsen und gestaltet sie auch nach seinen Ideen. Effekthaschende Elemente berücksichtigt er nicht beim Schreiben:

> "Uma coisa que omiti e produziria bom efeito foi a paisagem."
> (RAMOS, 1986, 78)

Damit erkennt er, daß er eigentlich nicht so schreibt, wie die Regeln es erfordern:

> "Eu não tenho o intuito de escrever em conformidade com as regras. Tanto que vou cometer um erro. Presumo que é um erro. Vou dividir um capítulo em dois."
> (RAMOS, 1986, 78)

Die Auswahl der Erzählfragmente steht demnach in engem Zusammenhang mit seiner Intention, ein Selbstporträt zu verfassen. Er hält also an seinen geschäftlichen Praktiken fest, indem er vorgibt, etwas ohne bestimmte Absichten zu tun, wobei sich herausstellt, daß seine Handlungen doch einem Ziel untergeordnet sind. Paulo Honório sieht sich dem Zwang unterworfen, schreiben zu müssen. Der Sinn und Zweck erschließt sich ihm nicht:

> "Para que serve esta narrativa? Para nada, mas sou forçado a escrever."
> (RAMOS, 1986, 101)

Seine innere Unruhe läßt ihn nicht schlafen, und so treibt ihn der Einbruch der Nacht an den Schreibtisch:

> "Quando os grilos cantam, sento-me aqui à mesa da sala de jantar, bebo café, acendo o cachimbo. As vezes as ideías não vêm ou vêm muito numerosas - e a folha parece meio escrita como estava na véspera. Releio algumas linhas que me desagradam. Não vale a pena corrigí-las. Afasto o papel." (RAMOS, 1986, 101)

Der Schreibprozeß ist zäh und langwierig, sogar qualvoll, aber er löst Emotionen aus, die ihm die Vergangenheit wieder-holen:

> "Emoções indefiníveis me agitam - inquietação terrível, desejo doido de voltar, tagarelar novamente com Madalena, como fazíamos todos os dias, a esta hora. Saudade? Não, não é isto: é desespero, raiva, um peso enorme no coração. Procuro recordar o que dizíamos. Impossível. As minhas palavras eram apenas palavras, reproduções imperfeitas de fatos exteriores, e as dela tinham alguma coisa que não consigo exprimir. Para sentí-las melhor eu apagava as luzes, deixava que a sombra nos envolvesse." (RAMOS, 1986, 101)

4.1.2.3.3. Metasprachlicher Diskurs

Der Protagonist Paulo Honório stellt zahlreiche Überlegungen zur Sprache an. Er verwendet eine Sprache, die nicht an literarische Traditionen anknüpft und somit nicht den Anforderungen des elaborierten Codes genügt, wie der Protagonist im ersten Kapitel des Romans erklärt. Mit dem Diskurs des erzählenden Ich über das Schreiben führt Ramos implizit einen Diskurs über die Anforderungen, die die gesellschaftliche Wirklichkeit Brasiliens an ihre Intellektuellen stellt: Sie müssen die Sprache den spezifischen Erfordernissen ihrer Realität anpassen. Im Fall von Paulo Honório bedeutet Schreiben einen Prozeß, in dem der Schreibende Klarheit über sich selbst gewinnt und seine Position definieren lernt.

Mit der Absichtserklärung seines Protagonisten, der dem Leser seines Buchs aufträgt, seine gesprochene Sprache in literarische Sprache zu übersetzen, entwickelt Ramos einen Kunstgriff, mit dem er sich über sämtliche Konventionen des Schreibens hinwegsetzen kann. Sein Ich-Erzähler wendet sich an einen Leser, bei dem er voraussetzt, er könne sein Anliegen versteht. Der Erzähler selbst beansprucht eine Position, mit der sich der Leser nicht identifizieren kann: Es gibt die Zeit des Erzählten, also der Ereignisse, die im Leben von Paulo Honório geschehen sind, und die Zeit des Erzählens, also die Zeit, in der das Buch geschrieben wird. Diese zeitliche Trennung steht in enger Verbindung mit der Erzählperspektive. Der Ich-Erzähler beschreibt aus seiner gegenwärtigen Sicht die vergangenen Ereignisse seines Lebens. Die Distanz zu seinem Leben gibt ihm eine pseudo-allwissende Position, deshalb ist der Ton objektiv:

> "Este procedimento é responsável por toda a narrativa. Não é entretanto o único responsável, pois a objetividade nasce - como também já vimos - da atitude que caracteriza o narrador face a tudo que lhe acontece. Na verdade, existe uma conjugação funcional dos dois procedimentos: o conhecimento amplo dado pelo distanciamento temporal funde-se à caracterização do personagem narrador e os dois juntos criam a postura objetiva que dá o tom do romance." [89]

Paulo Honório lehnt es ab, die pittoreske Landschaft zu beschreiben; darin liegt ein weiteres Element des metasprachlichen Diskurses von Graciliano Ramos, der sich auf diese Weise nicht an die Regeln des regionalistischen Manifests hält. In *São Bernardo* zeigt er einen prototypischen Charakter des Nordostens, der sich selbst zerstört, indem er andere zerstört. Der Autor zeigt eine pessimistische Perspektive für eine Gesellschaft auf, wenn sie auf einer Dichotomie von arm und reich basiert und diese nicht in Frage gestellt wird.

4.1.3. Einordnung des Films in die Filmographie von Leon Hirszman

Der Film *São Bernardo* steht in der Tradition des *Cinema Novo*. Hirszman ist einer der ersten Regisseure der innovativen Filmbewegung. Mit dieser Arbeit greift er auf den thematischen Schwerpunkt der ersten Phase des *Cinema Novo* zurück, die sich mit dem Nordosten Brasiliens befaßt und die soziale Misere aufzeigt. Hirszman porträtiert nicht explizit die Armut, sondern das Abhängigkeitsverhältnis zwischen einem despotischen Großgrundbesitzer und dessen Mitarbeitern und Familienangehörigen. Damit knüpft der Regisseur an die dritte Phase des *Cinema Novo* an, indem er eine allegorische Auseinandersetzung mit den politischen Verhältnissen der Entstehungszeit führt.

Als *São Bernardo* 1972 gedreht wurde, gab es bereits eine Filmpolitik, die die Verfilmung von Werken der brasilianischen Literatur förderte. Das Erziehungsministerum vergab einen Preis für die Verfilmung der Werke von verstorbenen Autoren. Für die *Cinema Novo* Gruppe war dieser Preis kein neuer Anreiz, denn Regisseure wie Nelson Pereira dos Santos und Joaquim Pedro de Andrade drehten ihre Filme sowieso aus Interesse an den literarischen Werken und erst nicht auf den Druck von außen[90].

Der Grund für die Förderung von Literaturverfilmungen lag in der kritisch bewerteten und umfangreichen Produktion der "pornochanchadas" (Sexkomödien nach italienischen Vorbild). Die Regierung mußte sich etwas einfallen lassen, um das Image ihrer Filmproduktion aufzuwerten. Mit historischen Filmen und Literaturverfilmungen wollte sie das Ansehen des brasilianischen Films im Land und international heben. Obwohl *São Bernardo* die Anforderungen des Förderprogramms erfüllte, wurde er nach seiner Fertigstellung ein Jahr lang verboten. Die Produktionsgesellschaft *Sagafilmes* mußte beinahe ihren Konkurs anmelden, aber dann wurde *São Bernardo* als erster Film 1973 in den Verleih von *Embrafilme* aufgenommen. Es kam häufig vor, daß ein Film zunächst verboten wurde, um danach von der Zensur freigegeben und über den staatlichen Distributionsapparat vertrieben zu werden. In erster Linie wurden auf diese Weise Produzent und Regisseur finanziell geschwächt.

Bevor er *São Bernardo* filmte, hatte Hirszman mit dem 18-minütigen Beitrag *Pedreira de São Diogo* einen der fünf Kurzfilme für *Cinco Vezes Favela*, der 1962 gedreht wurde [91].

Bereits 1965 folgte sein erster Film einer literarischen Vorlage: *A Falecida* nach einem Theaterstück von Nelson Rodrigues. Danach arbeitete Hirszman überwiegend als Dokumentarfilmregisseur, erst 1972 entstand seine zweite Literaturverfilmung *São Bernardo,* für die nur geringe finanzielle Ressourcen zur Verfügung standen und eine detaillierte Planung des Films notwendig machten. 1981 entstand *Eles não usam Black-Tie* nach einem Theaterstück von Guianfrancesco Guarnieri, der auch am Drehbuch mitarbeitete.

In Hirszmans Filmographie ist die Stellung der Frau in der brasilianischen Gesellschaft ein zentrales Thema. Zu diesem Zweck porträtiert der Regisseur Frauen in den unterschiedlichsten familiären Verhältnissen und zeigt die repressiven Mechanismen auf, gegenüber denen sie sich behaupten müssen. In *A Falecida* wird der Mann hintergangen, erfährt davon erst nach dem Tod der Frau. Zuvor teilte sie das ihr verhaßte Leben in Armut mit ihm. In *São Bernardo* bemüht sich Madalena, ihren Mann zu verstehen und geht daran zugrunde. In *Eles não usam Black-Tie* hat die Frau im Leben einer Arbeiterfamilie eine außergewöhnlich selbständige Rolle inne, sie hält die Familie und die Finanzen zusammen, weil sie die repressiven Mechanismen ihre gesellschaftlichen Umfeldes durchschaut.

4.1.3.1. Drehbuch

Das Drehbuch zu *São Bernardo* ähnelt mehr einem Entwurf als einem Drehbuch. Viele der vorgesehenen Einstellungen und Sequenzen fehlen im Film, da der Regisseur versucht hat, zunächst sämtliche Personen aus dem Roman im Drehbuch beizubehalten. Die Dialogtexte im Drehbuch sind wörtlich aus dem Roman entnommen.

Hirszman verwendet das Drehbuch in erster Linie, um dem literarischen Text gerecht zu werden. Der Selektionsprozeß findet nicht konsequent statt, da der Regisseur versucht, die Protagonisten, die Schauplätze und den Diskurs des erzählenden Ich über das Schreiben beizubehalten. Er mißt einigen Romanfiguren aus der Umgebung des Paulo Honório eine größere Bedeutung zu als ihnen im Roman zukommt: So werden Szenen entwickelt, die im Roman und später im Film fehlen. Für den Diener Casimiro Lopes entwirft Hirszman im Drehbuch zahlreiche Dialogpartien und weist ihm einen größeren Stellenwert zu, als der Roman ihm einräumt. Diese Erweiterung des Textes zielt darauf ab, Invarianten beizubehalten und erweist dem Text Reverenz. Das Drehbuch ist hier kein Arbeitsplan für eine Produktion, sondern eine Arbeitsskizze.

Der Film setzt einen Schwerpunkt: Es geht um die Auseinandersetzung Paulo Honórios mit Padilha und Madalena. Drei entscheidende Elemente werden aufgegriffen: Es geht um die Geld- und Besitzgier Paulo Honórios, den Erwerb und den Ausbau von *São Bernardo* und um die Ehe mit Madalena.

4.1.3.2. Film

> "O texto é falado por Paulo Honório. E ele é falado em Off. Eu preferia fazer uma visão de terceira pessoa. Meu personagem seria um personagem igual aos outros personagens."[92]

so kommentiert Nelson Pereira dos Santos den Film seines Kollegen Leon Hirszman. Dieser hat sich entschieden, seinem Hauptdarsteller eine dominante Stellung zuzuweisen; er soll zugleich handeln und das Geschehen im Off kommentieren. Hirszman hält sich auf diese Weise inhaltlich und sprachlich streng an den erzählerischen Diskurs des Romans. Er übernimmt Monologe und Dialoge wortgetreu aus dem Roman.

> "Procurei fazer uma leitura direta do romance de Graciliano Ramos. Evitei tudo o que pudesse enganar o espectador, que provocasse a emoção em todos os níveis da razão. A temática do filme discute justamente a dialética da razão e tenta estabelecer com ela um equilibrio dinâmico. Minha tarefa em São Bernardo é a de exercer a auto-crítica que se realiza na medida em que o filme está sendo exibido"[93].

Ein Schwerpunkt des Films liegt nach Angaben des Regisseurs in der sich sukzessive entwickelnden Selbstkritik des Protagonisten Paulo Honório. Mit dieser Invariante erweist Leon Hirszman dem literarischen Text Reverenz:

> "-Eu não quis de modo algum fazer qualquer tipo de invenção a partir de uma obra literária de que gosto muito. Fiz com que meu trabalho fosse o de um cantor que interprete a música do outro compositor com admiração e respeito. São Bernardo é um romance que sempre achei muito cinematográfico."[94]

Um das Ambiente des Romans wiederzugeben, finden die Dreharbeiten im Nordosten Brasiliens statt. Caetano Veloso hat die Musik analog dem Schema einer nordöstlichen Volksweise, dem *rojão de eito*, komponiert, dessen Tempo und larmoyante Intonation die Abgeschiedenheit und Einsamkeit der Region unterstreichen.

Die Analyse des Films wird in vier Abschnitten (Exposition, Konflikt, Verlauf, Lösung) durchgeführt:

4.1.3.2.1. Exposition

Der Vorspann ist konstitutiver Bestandteil der Exposition, die mit der Hochzeit von Madalena und Paulo Honório endet. Leon Hirszman filmt die Ereignisse analog ihrer zeitlichen Abfolge im Roman. Der Zuschauer wird mit der Mentalität und den Lebenszielen des Paulo Honório vertraut gemacht. Seine Interessen sind prinzipiell materieller Natur. Der Vorspann des Films nimmt durch eine Synekdoche[95] darauf Bezug. Ein Geldschein verweist auf das Hauptinteresse des Paulo Honório: Für ihn steht seine materielle Bereicherung an erster Stelle. Zu Beginn des Films wendet sich der Protagonist aus dem Off wie ein Vortragender an den Zuschauer. Er erklärt, daß er seine Lebensgeschichte schreiben möchte. Häufig haben die Bilder keinen direkten Bezug zu den Erzählinhalten, und die Aufmerksamkeit wird vom Bild auf den Ton umgelenkt.

Der Regisseur gibt sich mit dem Zitat aus dem Roman

> "...não confie suficientemente na compreensão dos leitores...",[96]

wo er von den Lesern und nicht von den Zuschauern spricht, als Verfilmender eines literarischen Textes zu erkennen. Er spart den Diskurs des Paulo Honório über die Schwierigkeiten der Textkonstitution in den ersten beiden Kapiteln des Romans aus und startet mit der Absichtserklärung des Protagonisten aus dem zweiten Kapitel des Romans:

> "Continuemos. Tenciono contar a minha história. Dificil." (RAMOS, 1986, 10)

Damit isoliert Hirszman seinen Helden von seinem Umfeld und gesteht ihm zugleich zu, ungetrübt von Selbstzweifeln, sein Vorhaben umsetzen zu können. Der Film hat einen sehr langsamen Rhythmus. Der Zuschauer wird mit einer Halbtotalen von Paulo Honório konfrontiert, der an einem Tisch sitzt, eine Tasse Kaffee trinkt, sie absetzt, schreibt, zur Pfeife greift, diese anzündet und nachdenkt. In einer anschließenden Totalen sitzt er mit dem Rücken zur Kamera, erhebt sich und geht, immer noch mit dem Rücken zur Kamera, auf das im Hintergrund des Zimmers liegende Balkonfenster zu. Er tritt hinaus auf den Balkon. Eine Nahaufnahme des Halbprofils wird mit Landschaftsaufnahmen in der Totale kontrastiert, die zeigen, was im Blickfeld des Darstellers liegt. Sämtliche Bewegungsabläufe werden ohne Verkürzungen gefilmt, d.h. das Tempo ist sehr langsam. Die Stimme im Off beschreibt die Jugend und den Mord, den Paulo Honório begangen hat. Die Landschaftsaufnahmen haben inhaltlich nichts mit dem Erzählten zu tun. Es folgt eine Szene, die den im Off erwähnten Gefängnisaufenthalt zeigt.

Danach wird eine Ikonographie des Nordostens (Märkte, Viehtreiberei zu Pferd, verdörrte Landstriche, hügelige grüne Landstriche) gezeigt, die zu dem Erzählten wenig direkte Verbindung hat.

Der Zuschauer sieht Paulo Honório mit Holzfiguren und einem Rucksack über einen Markt gehen, es folgen Aufnahmen des Bodens, der so vertrocknet ist, daß er Risse aufweist. Menschen waschen Wäsche im Fluß oder machen Rast auf ihren Reisen durch den Sertão.

Der Zusammenhang zwischen Bild und gesprochenem Text wird erst wiederhergestellt, als Paulo Honório sich mit seinem Schuldner Padilha auf einem Dorffest unterhält.

Der Zuschauer wird noch einmal mit der Besitz- und Geldgier des Protagonisten konfrontiert, weil der Regisseur die Synekdoche wiederholt: Paulo Honório hält zwei Geldscheine gegen das Lampenlicht, betrachtet sie ausgiebig, während er kommentiert, daß er nur ans Geldverdienen denkt und zu diesem Zweck auch dubiose Aktionen durchführt.

Die Kontakte des Paulo Honório zu anderen Personen sind im ersten Teil des Films eingeschränkt. Nahaufnahmen von den im Off kommentierten Personen fehlen: Der Film arbeitet verstärkt mit Totalen und Halbtotalen. Damit wird unter den Darstellern und in bezug auf den Zuschauer eine Distanz aufgebaut. Der Zuschauer kann sich nicht emotional in das Geschehen integrieren. Die zwischenmenschlichen Verhältnisse der Beteiligten bleiben undefiniert. Es zeigt sich, daß die Personen für Paulo Honório entweder Werkzeuge oder Hindernisse sind.

Paulo Honório läßt andere für sich arbeiten. Besonders deutlich wird das in der Szene, als Paulo Honório beim Pfarrer sitzt und über den Bau der Kirche verhandelt. Gänzlich unbeeindruckt von der Nachricht vom Tod seines Nachbarn, die während seiner Unterhaltung mit dem Pfarrer überbracht wird, fragt Paulo Honório nach den

Kosten für eine Glocke, die er der Kirche stiften will. Obwohl er selbst den Mord organisiert hat, merkt man ihm keine Gefühlsregung an.

Einer der Menschen aus der engeren Umgebung Paulo Honórios ist Padilha. Er schuldet Paulo Honório eine größere Summe. Um sein Geld einzutreiben, schlägt Paulo Honório ihm vor, die Fazenda São Bernardo aufzugeben und sie ihm zu überlassen. Padilha ist in den Augen Paulo Honórios zunächst ein Hindernis, denn Paulo Honório muß ihn zwingen, die Fazenda abzutreten und dann Werkzeug, weil er ihm als Arbeitskraft nützlich ist. In bezug auf das Verhältnis der beiden entsteht deshalb im Film eine Ikonographie der Unterwerfung: In Gesprächen mit Paulo Honório wird Padilha mehrmals in einer Nahaufnahme gezeigt, durch die seine Reaktion deutlich wird. Padilha wird immer in der Position des Unterlegenen gezeigt. Als Beleg dafür dient die Analyse der Verhandlung um São Bernardo, in der die Spezifika von Roman, Drehbuch und Film miteinander verglichen werden. (siehe Kapitel 4.1.3.3.).

Als die entscheidende Runde in der Verhandlung um den Besitz von São Bernardo beginnt, werden beide Darsteller im Stehen gezeigt. Dadurch bringt der Regisseur die Erregung der beiden zum Ausdruck. Padilha steht hilflos, mit dem Rücken an die Wand gedrängt. Paulo Honório beherrscht den Raum durch seine rastlosen ungestümen Bewegungen, seine Unruhe, seinen Jähzorn und seiner resolute Verhandlungstaktik .

Paulo Honório, Padilha und Madalena werden in diesem Filmteil in Nahaufnahmen gezeigt. Die übrigen Darsteller werden in Totalen oder Halbtotalen gezeigt, dies trifft beispielsweise auf Gondim, den Priester und Dona Glória zu. Zu ihnen entwickelt der Zuschauer ein distanziertes Verhältnis.

Zum Beispiel wird Dona Glória, die Tante Madalenas, während der Zugfahrt mit Paulo Honório zunächst in einer Totalen gezeigt, mit Rücken und Haarknoten zur Kamera und dann in einer Halbtotalen im Dreiviertel bzw. Halbprofil vor dem Wagenfenster, wobei Paulo Honório im Vordergrund sitzt. Durch die Distanz der Kamera zum Geschehen kann der Zuschauer sich nicht emotional mit den Figuren identifizieren. Paulo Honório und Madalena lernen sich am Bahnhof kennen. Der Zuschauer sieht nicht, was sich in den Gesichtern der beiden abspielt. Nur die Musik deutet den Schlüsselcharakter dieser Begegnung an. Einige Nahaufnahmen zeigen Madalena, wie sie sich mit ihrer Gestik auf Paulo Honório bezieht. Doch die Unterhaltungen der beiden werden meist nur in einer Halbtotalen gefilmt; damit bleibt die Kamera auf Distanz und auf diese Weise wird verdeutlicht, daß auch die Protagonisten sich nicht näher kommen.

4.1.3.2.2. Konflikt

Der Konflikt des Films liegt in der Verschiedenheit der beiden Charaktere begründet: Paulo Honório ist besitzergreifend, Madalena ist eine sensible, gebildete Lehrerin.

Doch da Paulo Honório seinen Besitz zunehmend durch Madalenas Großmut gefährdet sieht und er kein Verständnis für ihre humanistischen Gedanken hat, reagiert er gereizt.

"Vamos começar uma vida nova, hein, Paulo?"

ist ihre Aufforderung an Paulo Honório, mit der Hochzeit ein gemeinsames Leben zu beginnen. Doch seine Ziele und Lebensverhältnisse bleiben die alten. Madalena muß lernen, sich ihrem Mann zu unterwerfen, weil er sie als Eigentum und besonders schwer zu domestizierendes Tier betrachtet:

"Mulher é um bicho esquisito difícil de governar."

Der Konflikt zwischen beiden entsteht durch sein Drängen und seine zielgerichteten Handlungen, mit denen er zu verstehen gibt, daß er Gedanken und Gefühle anderer wenig ernst nimmt. Die Ehe strebt er nur an, weil er einen Erben für São Bernardo zeugen möchte.

Madalena nimmt teil an der Organisation des Lebens auf der Fazenda; sie spricht mit den Landarbeitern und den übrigen Angestellten und übt Kritik am Verhalten Paulo Honórios, der keinen Respekt für die menschliche Würde seiner Angestellten aufbringt und sie schlägt oder demütigt. Sie wirft ihm vor, die Arbeiter in Hütten vegetieren zu lassen oder sie mit Schlägen zu strafen. Die Art, wie Madalena mit den Gästen und Angestellten Paulo Honórios umgeht, steht im Gegensatz zu seinem Verhalten. Trotz verschiedener Auffassungen sprechen beide in diesem Teil des Films noch miteinander. Hirszman ändert die bildsprachlichen Elemente nicht: Nur wenige Nahaufnahmen und die überwiegende Verwendung von Totalen und Halbtotalen halten den Zuschauer auf Distanz zum Geschehen. Die Unterhaltungen bei Tisch über Themen wie Löhne oder Politik werden ohne Variationen der Kameraposition gefilmt, denn die Reaktionen in den Gesichtern der Darsteller werden nicht vermittelt. Erst als das Tischgespräch zwischen Gondim, Padre Silvestre, João Nogueira, Dona Glória, Padilha, Seu Ribeiro Madalena und Paulo Honório über die reformbedürftige Politik Brasiliens und die Kirche zustandekommt, werden die Kameraeinstellungen verändert. Der Regisseur übernimmt somit aus dem literarischen Diskurs die einschneidende Funktion dieses Gesprächs, in dem er die Beteiligten zuerst mit unbeweglicher Kamera in einer Halbtotalen zeigt. Im entscheidenden Moment des Gesprächs fragt Madalena ihren Mann, welche Argumente, seiner Meinung nach, gegen den Kommunismus sprechen. Eine Nahaufnahme von Paulo Honório, der Madalena argwöhnisch und eifersüchtig beobachtet, zeigt die abrupte Wende im Verhältnis der beiden an. In diesem Moment setzt die Stimme im Off wieder ein, denn er verdächtigt sie, eine Kommunistin zu sein. Die Kamera zeigt abwechselnd Halbtotale und Nahaufnahmen; Paulo Honório ist nicht mehr imstande, sich am Gespräch zu beteiligen, er ist in seiner Gedankenwelt, in seiner Eifersucht gefangen.

4.1.3.2.3. Verlauf

In dem zweiten Teil des Films wird die Kommunikationslosigkeit auf der Ebene von Bild und Ton verstärkt. Paulo Honório mißtraut seiner Frau und verdächtigt sie, ein Verhältnis mit einem anderen Mann zu haben. Seine zunehmende Isolation wird in Nahaufnahmen seines Gesichts gezeigt, das verbissen wirkt und jeder kommunikativen Verbindung zu anderen Gesprächspartnern verschlossen ist. Er lebt nur in seiner Gedankenwelt; deshalb mehren sich die Kommentare im Off.

Alle Versuche, Madalena zu stellen, bleiben erfolglos. Es kommt zum Eklat, als er Madalena zwingen will, ihm einen Brief auszuhändigen. Sie wehrt sich und nennt ihn einen Übeltäter und Mörder. Paulo Honório hat Angst, sie wisse über die Machenschaften aus seiner Vergangenheit Bescheid und verdächtigt Padilha, sein Wissen über ihn ausgeplaudert zu haben.

Die Stimme im Off informiert den Zuschauer von Honórios Vorhaben, Padilha zu entlassen. Seinen Verdacht, Padilha habe Madalena über seine Verbrechen aus der Vergangenheit aufgeklärt, artikuliert Paulo Honório im Off. Im Gespräch wird Paulo Honório wütend, weil Padilha Madalena besser zu kennen scheint als er selbst.

Für beide wird das Eheleben zur Qual. Es gibt keine Aussprache, in der Madalena sich seinen ungerechtfertigten Vorwürfen widersetzen könnte. Die Kommunikationslosigkeit wird Element der filmischen Darstellung, indem der Anteil der Kommentare Paulo Honórios im Off zunimmt und er erzählt, wie glücklich beide sein könnten, wäre er von Madalenas Unschuld überzeugt.

4.1.3.2.4. Lösung

Das Gespräch mit Madalena in der Kapelle leitet die Lösung des Konflikts ein. Eine Totale zeigt beide stehend vor dem Altar. Nur Kerzenlicht erhellt die Dunkelheit. Der Verweis auf die in der Exposition gezeigte Hochzeitsszene ist überdeutlich. Als sie damals am Hochzeitstag auf die Felder von São Bernardo blickten, die im Sonnenlicht vor ihnen lagen, schlug Madalena vor, daß beide ein neues Leben beginnen sollten und reichte ihm ihre Hand. Vor dem Altar überreicht sie ihm jetzt eine Seite ihres Abschiedsbriefs. Die Dunkelheit der Kirche und die brennenden Kerzen deuten auf das Ende der Beziehung hin.

Madalena sieht den Grund für das eheliche Unglück in seiner Eifersucht. Sie deutet an, daß sie sterben wird. Doch Paulo Honório versteht sie nicht. In dieser Szene arbeitet Hirszman mit Nahaufnahmen und Halbtotalen. Gleichzeitig verdeutlicht der Regisseur durch die Position der Schauspieler, daß im Gespräch eigentlich keine Kommunikation stattfindet. Paulo Honório versucht, Madalena für ein Reise zu begeistern, schmiedet Pläne. Er ist mit sich beschäftigt, was sich an der gebeugten in sich gekehrten Sitzhaltung zeigt. Er wendet sich Madalena nicht zu.

Nach dieser Begegnung gibt es zwischen Paulo Honório und anderen Darstellern keine Kommunikation mehr. Nach dem Tod Madalenas schildert er aus dem Off seine Situation. Die Kamera zeigt ihn in einer Nahaufnahme: Er sitzt am Tisch und schreibt. Er stellt fest, nicht zur Liebe fähig zu sein. Das Licht läßt nach, es wird dunkel, der Film endet in einem "fade out". Das Dunkel symbolisiert die Einsamkeit des Protagonisten. Im Verhältnis der Ehepartner hat das Licht eine bedeutungstragende Funktion: Sie lernen sich bei Tageslicht kennen, heiraten und beschließen, ein neues Leben zu beginnen.

Helligkeit konnotiert Leichtigkeit, Klarheit und Offenheit. Zunehmend wird die Beziehung von Schwierigkeiten überschattet. Dunkelheit oder Halbschatten spielen zunehmend eine Rolle, denn offene Gespräche finden nicht mehr statt. Die Beziehung ist gestört, denn das durch Kerzenlicht erhellte Dunkel der Kirche ist zugleich Indikator für die Kommunikationslosigkeit der beiden. Nach dem Tode Madalenas wird es deshalb um Paulo Honório immer dunkler. Er ist einsam und sieht in seinem Leben keinen Sinn mehr. Dunkelheit umgibt ihn.

4.1.3.3. Transformationsprozeß von Buch, Drehbuch und Film

Im folgenden soll der Transformationsprozeß der Umsetzung von Roman über das Drehbuch in den Film am Beispiel der Passage, die Paulo Honório in den Besitz der Fazenda bringt, dargestellt werden.

4.1.3.3.1. Vergleichstext - Roman:

A última letra se venceu num dia de inverno. Chovia que era um deus-nos-acuda. De manhã cedinho, mandei Casimiro Lopes selar o cavalo, vesti o capote e parti. Duas léguas em quatro horas. O caminho era um atoleiro sem fim. Avistei as chaminés do engenho do Mendonça e a faixa de terra que sempre foi motivo de questão entre ele e Salustiano Padilha. Agora as cercas de Bom-Sucesso iam comendo São Bernardo.

Dirigi-me à casa-grande, que parecia mais velha e mais arruinada debaixo do aguaceiro. Os muçambês não tinham sido cortados. Apeei-me e entrei batendo os pés com força, as esporas tinindo. Luis Padilha dormia na sala principal, numa rede encardida, insensível à chuva que açoitava as janelas e às goteiras que alagavam o chão. Balancei o punho da rede. O ex-diretor do Correio de Viçosa ergueu-se atordoado:

- Por aqui? Como vai?

- Bem, agradecido.

Sentei-me num banco e apresentei-lhe as letras. Padilha, com um estremecimento de repugnância, mudou a vista:

- Eu tenho pensado nesse negócio, tenho pensado muito. Até perdi o sono. Ontem amanheci com vontade de lhe aparecer, para combinar. Mas não pude. Semelhante chuva...

- Deixemos a chuva.

- Estou em dificuldades sérias. Ia propor uma prorrogação com juros acumulados. Recurso não tenho.

- E a fábrica, os arados?

Luis Padilha respondeu ambiguamente:

- Um inverno deste esculhamba tudo. Recurso não tenho, mas o negóçio está garantido. A prorrogação...

- Não vale a pena. Vamos liquidar.

- Ora liquidar! Já não disse que não posso? Salvo se quiser aceitar a tipografia.

- Que tipografia! Você é besta?

- É o que tenho. Cada qual se remedeia com o que tem. Devo, não nego, mas como hei de pagar assim de faca no peito? Se me virarem hoje de cabeça para baixo, não cai do bolso um níquel. Estou liso.

- Isso não são maneiras, Padilha. Olhe que as letras se venceram.

- Mas se não tenho. Hei de furtar? Não posso, está acabado.

- Acabado o quê, meu sem-vergonha! Agora é que vai começar. Tomo-lhe tudo, seu cachorro, deixo-o de camisa e ceroula.

O presidente honorário perpétuo do Grêmio Literário e Recreativo assustou-se:

- Tenha paciência, seu Paulo. Com barulho ninguém se entende. Eu pago. Espere uns dias. A dívida só é ruim para quem deve.

- Não espero nem uma hora. Estou falando sério, e você com tolices! Despropósito, não! Quer resolver o caso amigavelmente? Faça preço na propriedade.

Luis Padilha abriu a boca e arregalou os olhos miúdos. S. Bernardo era para ele uma coisa inútil, mas de estimação: ali escondia a amargura e a quebradeira, matava passarinhos, tomava banho no riacho e dormia. Dormia demais, porque receava o Mendonça.

- Faça o preço.

- Aqui entre nós, murmurou o desgraçado, sempre desejei conservar a fazenda.

- Para quê? S. Bernardo é uma pinóia. Falo como amigo. Sim senhor, como amigo. Não tenciono ver um camarada com a corda no pescoço. Esses bachareis têm fome canina, e se eu mandar o Nogueira tocar fogo na binga, você fica de saco nas costas. Despesa muita, Padilha. Faça preço.

Debatemos a transação até o lusco-fusco. Para começar, Padilha pediu oitenta contos.

- Você está maluco? Seu pai dava isto ao Fidélis por cinqüenta *(sic)*. E era caro. Hoje que o engenho caiu, o gado dos vizinhos rebentou as porteiras, as casas são taperas, o Mendonça vai passando as unhas nos babados...

Perdi o fôlego. Respirei e ofereci trinta contos. Ele baixou para setenta e mudamos de conversa. Quando tornamos à barganha, subi a trinta e dois.

Padilha fez abate para sessenta e cinco e jurou por Deus do céu que era a última palavra. Eu também asseverei que não pingava mais um vintém, porque não valia. Mas lancei trinta e quatro. Padilha, por camaradagem, consentiu em receber sessenta. Discutimos duas horas, repetindo os mesmos embelecos, sem nenhum resultado. Resolvi discorrer sobre as minhas viagens ao sertão. Depois, com indiferença, insisti nos trinta e quatro contos e obtive modificação para cinqüenta e cinco. Mostrei generosidade: trinta e cinco. Padilha endureceu nos cinqüenta e cinco, e eu injuriei-o, declarei que o velho Salustiano tinha deitado fora o dinheiro gasto com ele, no colégio. Cheguei a ameaçá-lo com as mãos. Recuou para cinqüenta. Avancei a quarenta e afirmei que estava roubando a mim mesmo. Nesse ponto cada um puxou para o seu lado. Finca-pé. Chamei em meu auxílio o Mendonça, que engolia a terra, o oficial de justiça, a avaliação e as custas. O infeliz, apavorado, desceu a quarenta: não valia, era um roubo. Padilha escorregou a quarenta e cinco. Firmei-me nos quarenta. Em seguida roí a corda:

- Muito por baixo, Pindaíba.

Descontado o que ele me devia, o resto seria dividido em letras. Padilha endoideceu: chorou, entregou -se a Deus e desmanchou o que tinha feito. Viesse o advogado, viesse a justiça, viesse a polícia, viesse o diabo. Tomassem tudo. Um fumo para o acordo! Um fumo para a lei!

- Eu me importo com lei? Um fumo!

Tinha meios. Perfeitamente, não andava com a cara para trás. Tinha meios. Ia à tribuna da imprensa, reclamar os seus direitos, protestar contra o esbulho. Afetei comiseração e prometi pagar com dinheiro e com uma casa que possuía na rua. Dez contos. Padilha botou sete contos na casa e quarenta e três em S. Bernardo. Arranquei-lhe mais dois contos: quarenta e dois pela propriedade e oito pela casa. Arengamos ainda meia hora e findamos o ajuste.

Para evitar arrependimento, levei Padilha para a cidade, vigiei-o durante a noite. No outro dia, cedo, ele meteu o rabo na ratoeira e assinou a escritura. Deduzi a dívida, os juros, o prço da casa, e entreguei-lhe sete contos e quinhentos e cinqüenta mil-réis. Não tive remorsos. (RAMOS, 1986, 20-26)

4.1.3.3.2. Drehbuchversion

Sequência VII - Ext.Amanhecer - Viçosa

35 - Cassimiro Lopes acaba de

selar o cavalo. Chove muito.

PHveste o capote e monta. Música.

36 - O Caminho é um atoleiro sem fim.

O cavalo avança lentamente. Música

Sequencia VII-A. Int. Dia. São Bernardo

37 - LP - dorme numa rêde na sala principal,

numa rêde encardida, insensível à chuva que açoita as janelas e às goteiras que alagavam o chão, PH apeia e entra, batendo os pés com fôrça, as esporas tinindo. PH balança o punho da rêde.

LP ergue-se atordoado.

LP - Por aqui? Como vai

PH - Bem agradecido.

38 - PH - senta-se num banco e apresenta-lhe as letras. Padilha num estremecimento de repugnância muda a vista

LP - Eu tenho pensado nesse negócio, tenho pensado muito. Até perdi o sono. Ontem amanheci com vontade de lhe aparecer, para combinar, mas não pude. Semelhante chuva...

PH - Deixemos a chuva.

LP - Estou em dificuldades sérias a propor uma prorrogação com juros acumulados. Recursos não tenho.

PH - E a fábrica, os arados?

LP - (evasivo) Um inverno dêste esculhamba tudo. Recursos não tenho. A prorrogação...

PH- Não vale a pena. Vamos liquidar.

LP- Ora liquidar. Já não lhe disse que não posso? Salvo se quiser aceitar a tipografia.

PH- Que tipografia. Você é besta?

LP- É o que tenho. Cada qual se remedeia com o que tem. Devo, não nego, mas como hei de pagar assim de faca no peito? Se me virarem hoje de cabeça para baixo não cai do bolso um níquel. Estou liso.

PH- Isto não são maneiras, Padilha, olhe as letras se venceram.

LP- Mas se não tenho. Hei de furtar? Não Posso. Está acabado.

39 - PH levanta-se

PH - Acabado o que, seu sem-vergonha. Agora é que vai começar. Tomo-lhe tudo, seu cachorro, deixo-o de camisa e ceroulas.

LP -(Assustado). Tenha paciência, seu Paulo. Com barulho ninguém se entende. Eu pago. Espere uns dias.

PH - Não espero nem uma hora. Estou falando sério, e você com tolices; quer resolver o caso amigávelmente? Faça preço na propriedade.

40 - Luiz Padilha abre a boca e arregala os olhos.

PH - (S. Bernardo era para êle uma coisa inútil, mas de estimação; ali escondia a amargura e a quebradeira, matava pasarinhos, tomava banhos no riacho e dormia. Dormia demais, porque receava encontrar o Mendonça).

PH - Faça o preço.

LP - Aqui entre nós, sempre desejei conservar a fazenda.

41. PM- LP e PH debatem a transação novamente.

PH- Para que? S. Bernardo é uma pinóia. Falo como amigo. Sim senhor, como amigo. Não tenciono ver um camarada com a corda no pescoço. Esses bachareis têm fome canina e se eu mandar o Nogueira tocar fogo na binga, você fica de saco nas costas. Despesas muitas, Padilha. Faça preço.

LP - andando não se decide. Depois de um tempo.

LP - Oitenta contos.

PH - Você está maluco? Seu pai dava ao Fidelis por cinquenta. E era caro. Hoje que o engenho caiu, o gado dos vizinhos rebentou as porteiras, as casas são taperas; o Mendonça vai passando as unhas nos babados...

PH - Perde o folêgo, respira fundo e oferece:

PH - Dou trinta!

LP - ... setenta!

PH - Trinta e dois.

42 - De casa vê-se pela porta os dois transacionando. PH ameaça LP com as mãos; LP chora, se ajoelha, se entrega a Deus.

PH - Muito por baixo, pindaíba.

LP - Eu me importo com lei? Um fumo!

PH -(Arengamos horas e findamos o ajuste. Prometi pagar com dinheiro e com uma casa que possuía na rua. Dez contos. Padilha botou sete contos na casa e quarenta e três em S. Bernardo. Arranquei-lhe mais dois contos: quarenta e dois pela propriedade e oito pela casa. No outro dia, cedo, êle meteu o rabo na ratoeira e assinou a escritura. Deduzi a dívida, os juros, o preço da casa, e entreguei-lhe sete contos, quinhentos e cinquenta mil réis. Não tive remorsos). (Hirszman, Drehbuch 1971, 8-11)

4.1.3.3.3. Filmsequenz

(Dauer 5.40 Minuten)

PH - Stimme im Off: A ùltima letra se venceu num dia de inverno.

Totale: Auf einem Feldweg reitet Paulo Honório durch den Regen auf die Kamera zu. Geräusch des Regens (40Sek)

Schnitt: Aus dem Inneren eines Zimmers, in dem eine Hängematte aufgespannt ist, sieht der Zuschauer, wie PH vor dem Hauseingang vom Pferd steigt (60Sek), mit dem Stiefel auf den Boden stampft, das Haus betritt, zur Hängematte geht und daran rüttelt.

Geräusch des Regens.

Schnitt: (1 Min 30 Sek) Padilha wacht auf, setzt sich hin:

LP - Você por aqui? Como vai?

PH - Bem agradecido.

LP - Tenho pensado no negócio. Tenho pensado muito. Até perdi o sono. Ontem amanheci com vontade de aparecer para combinar, mas não pude. Semelhante chuva.

PH - Deixemos a chuva.

LP - Estou em dificuldades sérias. Ia pedir uma prorrogação com juros acumulados. Recursos não tenho.

PH - gestikulierend, abschätziger Tonfall: E a fábrica de farinha? E os arados?

LP - Um inverno desses esculhamba tudo. Recursos não tenho. A prorrogação com juros...

PH - Não vale a pena. Vamos liquidar.

LP - Ora liquidar! Eu já lhe disse que não posso! Só se quiser aceitar a típografia.

PH - Que tipografia, você é besta? Cada qual se remedeia com o que pode e com o que tem.

LP - Devo, não nego. Mas também não posso pagar assim de faca no peito. Se me virarem hoje de cabeça prá baixo,não me sai do bolso um vintém. Estou liso.

PH - Isso não são maneiras. Olha, Padilha, as promissórias se venceram.

LP - Eu já lhe disse que não tenho. Hei de furtar? Não posso, está acabado.

PH - Acabado o quê?

(2 Min 40 Sek) Schnitt. Paulo Honório steht auf.

PH - Agora é que vai começar! Eu lhe tomo tudo, seu cachorro! Eu lhe deixo de camisa e ceroula!

LP - Tenha paciência, Seu Paulo. Com barulho ninguém se entende. Eu pago, espere uns dias.

PH - Paulo. Eu não espero nem mais uma hora. Estou falando sério e você vem com tolices! Você quer resolver o caso amigávelmente?

Paulo Honório beugt sich über Padilha, drohend.

PH- Faça preço na propriedade.

Schnitt.(3 Min) Nahaufnahme von Padilha in der Hängematte

Stimme im Off:

PH - São Bernardo era para ele uma coisa inútil... mas de estimação. Aí escondia a amargura e a quebradeira. Matava passarinhos, tomava banho no riacho e dormia. Dormia demais, porque receava encontrar o Mendonça.

PH - Faça o preço!

LP - Seu Paulo, eu sempre quis conservar a fazenda.

Schnitt. Halbtotale. Paulo gestikulierend.

PH - Prá quê? São Bernardo é uma pinóia. Eu falo como amigo, como amigo. Não gosto de ver um camarada com a corda no pescoço

(4 Min) Padilha erhebt sich aus der Hängematte.

PH - Esses bacharéis têm uma fome canina! Se eu mando o Nogueira tocar fogo na pinga... Você acaba com um saco nas costas! Muita despesa, Seu Padilha. Muita despesa!

Padilha wird an die Wand gedrängt.

PH - Vamos, dê o preço!

LP - Oitenta contos.

PH - Você está louco. Seu pai vendia há muito tempo por cinquenta, e era caro! Muito caro. Hoje o engenho caiu. Os gados dos vizinhos derrubam as porteiras. As casas são de taperas. E o Mendonça tira sua parte nos babados. Eu dou 30 contos.

LP - Seu Paulo, 79.

PH - 32.

(5 Min) Schnitt. Totale. Von der Eingangstür aus sieht der Zuschauer beide verhandeln.

LP - Seu Paulo, Por favor... 66

PH - Eu não passo dos 32

(Stimme im Off)

PH - Arengamos horas e findamos o ajuste. Prometi pagar com dinheiro... e com uma casa que possuía na rua...10 contos. Padilha botou 7 contos na casa, e 43 em São Bernardo. Arranquei-lhe mais 2 contos. 42 pela propriedade e 8 pela casa. No outro dia cedo, ele botou o rabo na ratoeira... e assinou a escritura. Deduzi a dívida, os juros, o preço da casa...

Totale. Der Zuschauer sieht, wie Padilha vor Paulo Honório in die Knie geht

PH -... e entreguei-lhe 7 contos 550 mil reis. E não tive remorsos!

4.1.3.3.4. Auswertung

Roman: Anhand des vierten Kapitels, in dem es darum geht, wie Paulo Honório sich in den Besitz von São Bernardo bringt, zeigt sich deutlich, wie der Regisseur den Umsetzungsprozeß realisiert.

Die Passage beginnt mit dem Kommentar, daß der letzte Wechsel, den Padilha an Paulo Honório zahlen mußte, an einem Wintertag verfiel. Paulo Honório beschreibt seine Aktionen, die auf dieses Datum folgen: Er läßt das Pferd satteln, legt 12 Kilometer mit dem Pferd im Regen zurück, es kostet ihn 2 Stunden Zeit, er beschreibt alles, was er sieht, reitet auf das Gutshaus zu, sieht Unkraut, steigt vom Pferd und stampft mit den Füssen auf den Boden. Er beschreibt seine Handlungen aus der Sicht des Aktiven, der seine Handlungen einem Ziel unterordnet. Es folgt die Begrüßung Padilhas und das Gespräch über den fälligen Wechsel. Padilha erklärt, er sei arm wie eine Kirchenmaus. Während des Gesprächs wertet Paulo Honório sein Gegenüber:

"O ex-diretor do Correio de Viçosa ergueu-se, atordoado" oder "Padilha, com um estremecimento de repugnância, mudou a vista" (RAMOS, 1986, 23)

"Acabado o quê, meu sem-vergonha! ..."
"O presidente honorário perpétuo do Grêmio Literário e Recreativo assustou-se."
"Aqui entre nós, murmurou o desgraçado, ..." (RAMOS, 1986, 24)

Die negative Beschreibung des Schuldners läßt eindeutig darauf schließen, daß Paulo Honório ihn ablehnt. Das Angebot, die Angelegenheit freundschaftlich regeln zu wollen, ist geheuchelt.

Der Handel um *São Bernardo* wird als schmutziges Geschäft dargestellt: Ramos verwendet Ausdrücke wie z.B. "barganha". Paulo Honório gerät immer mehr in Rage und wird für den Gegner, der in einer schwächeren Position ist, zu einer Bedrohung:

"..., e eu injuriei-o, declarei que o velho Salustiano tinha deitado fora o dinheiro gasto com ele, no colégio. Cheguei a ameaçá-lo com as mãos."
(RAMOS, 1986, 25)

Paulo Honório zieht alle Register des Verhandelns: Er verkehrt Tatsachen, wenn er Padilha vorwirft, daß er ihn bestehle, wenn er diese hohe Summe für die Fazenda fordere:

"Arrependi-me de haver arriscado quarenta: Não valia, era um roubo."
(RAMOS, 1986, 25)

Schließlich gibt er offen zu, daß es ihm darum ging, Padilha zu ruinieren: "*Arranquei-lhe mais 2 pela propriedade e oito pela casa*" (RAMOS, 1986, 26) Und Padilha ging in die "Rattenfalle", *"meteu o rabo na ratoeira"* (RAMOS, 1986, 26), nachdem er die ganze Nacht hindurch von Paulo Honório bewacht worden war, damit er keinen Rückzieher machte, bevor er den Vertrag unterschreibt.

Durch die Metapher "Rattenfalle" wird deutlich, daß es sich um die Verhandlung von zwei ungleich starken Personen handelte, wobei Paulo Honório seinem Schuldner Padilha weit überlegen ist. Der Handel ähnelt dem Spiel von Katze und Maus, wobei die Katze mit der Maus spielt, die aber keine Möglichkeit hat, der Katze zu entkommen. Insofern setzt Paulo Honório sein Ziel durch: "*Tomo-lhe tudo, seu cachorro, deixo-o de camisa e ceroula.*" (RAMOS, 1986, 23).

Drehbuch: Es ist am literarischen Text orientiert und berücksichtigt nicht die Eigenheiten des Mediums Film, nämlich eine Geschichte mit Bildern zu erzählen. Die Kameraeinstellungen und Regieanweisungen fehlen:

Wie im Roman ist eine Szene bei Regen vorgesehen, Casimiro Lopes sattelt das Pferd. Es soll eine lange Einstellung folgen, die Paulo Honório zu Pferd zeigt. Doch ist unklar, welche Perspektive die Kamera dabei einnehmen soll. Handelt es sich um einen Ritt aus der Sicht des Protagonisten wie im Roman oder um die Sicht des Zuschauers?

Als Paulo Honório in das Haus eintritt, schläft Padilha. Die Dialoge sind im Wortlaut dem literarischen Text entnommen. Die Regieanweisungen ebenfalls: Padilha "*num estremecimento de repugnância*". Sie sagen nichts direkt über die Weise aus, wie der Schauspieler diesen Widerwillen darstellen soll. Der literarische Text dient als Lieferant für die Dialoge und einige Regieanweisungen, die Bewertungen der Persönlichkeit Padilhas aus der Sicht Paulos fallen weg. Nur die Überlegungen, die Paulo Honório sich über die Bedeutung São Bernardos für sein Gegenüber macht, werden als Invariante beibehalten:

"São Bernardo era para ele uma coisa inútil, mas de estimação; ali escondia a amargura e a quebradeira..." (RAMOS, 1986, 24)

Die Bewegungen der Schauspieler vor der Kamera werden im Drehbuch nicht vorgegeben, die Verhandlung wird auf das zentrale Thema begrenzt, Bewertungen fehlen. Für die letzte Einstellung ist vorgesehen, daß beide von der Tür aus, bei der Verhandlung gezeigt werden. Vorgesehen ist an dieser Stelle ein innerer Monolog, der die Skrupellosigkeit des Paulo Honório zeigt. Dabei fehlt der Verweis, daß Paulo Honório ihn die ganze Nacht hindurch beobachten muß, damit sein Gegner in die "Rattenfalle" geht.

Film: Die Episode beginnt mit der Stimme im Off: *"A última letra se venceu num dia de inverno."* Dann folgt eine Totale: ein inmitten grüner Felder verlaufender abschüssiger Weg wird gezeigt, auf dem ein Reiter zu Pferd entlangkommt. Das Geräusch des Regens ist zu hören. Die Kamera filmt den Reiter aus der Untersicht. Schnitt.

Im folgenden wird eine Ikonographie der Unterwerfung entwickelt. Die Kamera filmt aus dem Inneren eines Hauses. Im Vordergrund ist eine Hängematte, unter ihr eine Pfütze, im Hintergrund der Hauseingang zu sehen. Das Pferd steht vor dem Hauseingang. Der Reiter steigt ab, betritt das Haus, geht auf die Hängematte zu. Er bleibt stehen und schlägt mit der Peitsche auf den Rand der Hängematte. Bis dahin ist die Kamera unbeweglich in Höhe der Hängematte. Schnitt.

Die Kamera wechselt auf die andere Seite der Hängematte, in einer Totalen wird Padilha gezeigt, der sich zum Gespräch in der Hängematte aufrichtet und Paulo Honório, der sich einen Hocker holt. Das Gespräch beginnt. Padilha richtet seine Worte an Paulo Honório aber er weicht dem direkten Blickkontakt mit Paulo Honório immer wieder aus. Als Padilha Paulo eröffnet, daß er zahlungsunfähig ist, legt er sich wieder in die Hängematte, so als sei für ihn der Fall erledigt. Paulo Honório ist unruhig, seine Gestik zeigt es. Schnitt.

Er springt auf und beginnt, Padilha anzugreifen. In einer Halbtotalen wird Paulo Honório gezeigt, der von Padilha wütend die Rückzahlung einfordert. Die Kamera steht in Höhe seines Kopfes. Schnitt.

Eine Nahaufnahme von Padilha von einer über ihm angebrachten Kamera aus, also aus der Sicht Paulo Honórios, in der Hängmatte wird begleitet von einem Kommentar im Off von Paulo Honório über die Bedeutung São Bernardos für Padilha und den Kommentar Padilhas, daß er die Fazenda behalten möchte. Schnitt.

Totale. Paulo spricht vom geringen Wert des Grundstücks und Padilha steht auf. Paulo geht gestikulierend im Raum umher, bis Padilha an der Wand steht und offensichtlich in die Enge getrieben ist, als er sein erstes Preisgebot macht. Paulo Honório geht fuchtelnd um ihn herum. Die Kamera zeigt beide in einer Totalen. Paulo bedroht ihn, während Padilha mit schwacher Stimme, so als ob er sich entschuldigen müsse, langsam seine Forderungen senkt. Seine Bewegungen sind darauf ausgerichtet, Mitgefühl zu erwecken, er streckt die Arme leicht vor, doch Paulo gibt nicht nach. Schnitt.

Die Kamera filmt vor dem Hauseingang durch die Türöffnung, wie die Darsteller um einander herumgehen und verhandeln, Paulo Honório zwingt Padilha in die Knie. Die Stimme im Off kommentiert das Geschehen, indem zunächst noch die Verhandlungsangebote mitgeteilt werden, bis Padilha sich ergeben muß.

Die Ikonographie der gesamten Sequenz ist auf die Dominanz Paulos ausgerichtet. Er kommt, hat ein Ziel, setzt es durch, zwingt den anderen gewaltsam in die Knie, bis er das bekommt, was er erreichen will. Die Kamera filmt das Geschehen aus der Distanz, womit die Distanz zu dieser Vorgehensweise des Protagonisten artikuliert werden soll.

Der Roman arbeitet mit dem Diskurs des erzählenden Ich, das die Ereignisse aus seiner Sicht beschreibt. Im Drehbuch wird versucht, diesen Diskurs zu übernehmen. Der Inhalt der Szene wird übernommen, obwohl im Drehbuch nicht genau präzisiert ist, wie die Szene im Film aussehen soll.

Im Film beherrscht Paulo Honório die Situation, denn er wird durch die Kamerapositionen und die entsprechenden Bewegungen der Personen gezeigt. Gleichzeitig hält diese Szene den Zuschauer durch die zahlreichen Totalen und Halbtotalen auf Distanz.

Der Film ist eine Analogiebildung im Sinne Kanzogs. Der Regisseur hält sich eng an den narrativen Ablauf der Ereignisse im Roman. Passagen aus dem Roman oder dem Drehbuch fallen weg, da das Medium Film nach einer Straffung verlangt (die Überlegungen Paulo Honórios zur Minderwertigkeit Padilhas, die Ausführlichkeit der Verhandlungsgebote, die eindeutige Wortwahl für den schmutzigen Handel sind nicht notwendig, wenn die Bilder sprechen.)

Mit seinem allegorischen Film kritisiert Hirszman die brasilianische Politik, die das Wirtschaftswunder inszeniert und mit innovativer und modernisierender Kraft das Land zerstört. Dies ist der Beitrag des Regisseurs, der den Roman respektiert und in der Filmtradition des *Cinema Novo* steht.

Die Gesprächspartner des Paulo Honório sind Padilha, Madalena, Dona Glória und die Gäste des Hauses, wobei nur Padilha, Madalena und Paulo Honório in Nahaufnahmen gezeigt werden. Der Regisseur arbeitet mit der "entfesselten Kamera" und mit der Standkamera. Sie zeigen aus der Perspektive einer Totalen oder Halbtotalen das Geschehen im Film. Ebenso wie die Bildmontage des Films wird sie unflexibel gehandhabt. Das Filmtempo wird auf diese Weise verlangsamt und entspricht der schwermütigen Stimmung des Romans. Dialoge oder Reflexionen des Protagonisten werden nur selten mit Nahaufnahmen im Wechsel wiedergegeben. Die Kamera behält eine distanzierte Beobachterposition bei. Die Stimme des Paulo Honório im Off überschüttet den Zuschauer mit Fakten, die oft keinen inhaltlichen Zusammenhang mit dem Filmbild haben. Als Gegenpol zur Stimme im Off trägt die Filmmusik zur dramatischen Spannung bei. Der Regisseur hat die Wortwahl der literarischen Vorlage beibehalten, um dem literarischen Text Reverenz zu erweisen und zugleich, um durch den wortgetreuen Gebrauch der literarischen Sprache die Zensur zu umgehen. Der Film reproduziert das Romanuniversum.

Hirszman respektiert die Intentionen von Graciliano Ramos. Zuvor hatte es in bezug auf die Protagonistin Madalena einen Streit gegeben: Als Nelson Pereira dos Santos im Jahr 1951 parallel zu den Filmarbeiten zu *O Saci* ein Drehbuch zu *São Bernardo* konzipierte, wollte er Madalena nicht sterben lassen und schrieb dem Autor. Graciliano Ramos empörte sich darüber, daß der Regisseur den Roman derart verändern wollte:

> "..., pois Graciliano abordava a questão do condicionamento histórico do personagem. Ele me dizia que, na época em que eu realizava o filme, talvez convivesse com mulheres capazes de fugir da fazendas e de casamentos com Paulo Honório, mas que nos anos 30 no interior de Alagoas, Madalenas eram casadas com homens brutos, seu condicionamento social era diferente, e dificilmente pensariam em fugir. E Graciliano dizia mais: que não escrevera *São Bernardo* daquela forma por um prazer literário, mas para reproduzir fielmente aquela realidade."[97]

Nelson Pereira dos Santos nahm daraufhin von dem Projekt *São Bernardo* Abstand und drehte erst später Filme nach Texten von Graciliano Ramos.

4.1.3.4. Ergebnisse

Der Film *São Bernardo* nimmt die staatliche Filmpolitik unter *Embrafilme* vorweg, die ab 1973 die Adaptation literarischer Klassiker fördert. Der Regisseur bleibt dem literarischen Text treu und übt Kritik an den unzeitgemäßen oligarchischen Strukturen der Landwirtschaft zu Beginn der 70er Jahre und an bourgeoisen Traditionen. Der Held des Films befragt sich in seinem eigenen Text selbst, quasi aus einer antithetischen Position heraus. Der Leser/Zuschauer erfährt alles über Paulo Honórios Werdegang und die sozialen Rahmenbedingungen, denen er unterworfen ist und sich unterwirft. Der Protagonist in seinem Leben keine Möglichkeit wahrgenommen, einmal über sich selbst und die Gründe für sein Handeln und seine Konflikte nachzudenken. Diese Situation kann, so der Regisseur, 1927 genauso entstehen wie 1972. Insofern kann der Film als antizipatorische Kritik am Wirtschaftswunder und den repressiven politischen Verhältnissen, die es begünstigen, verstanden werden.

Innerhalb der Entwicklung des *Cinema Novo* stellt *São Bernardo* zwar eine thematische Wende dar, denn er greift offensichtlich kein allegorisches tropikalistisches Thema auf, wie es zu seiner Entstehenszeit üblich war. Der Regisseur wendet sich kritisch dem Leben im Nordosten zu, das in den Anfangsjahren die Aufmerksamkeit der *Cinema Novo* Regisseure auf sich zog. Doch der Film entspricht durchaus der allegorischen Phase. Der Hauptdarsteller wendet sich zu Beginn des Films aus dem Off an seine Leser und nicht an die Zuschauer, denen er sein Leben erzählen will. Durch diesen Kunstgriff - denn Hirszman übernimmt den Wortlaut des Textes, zeigt er, daß er über ein flüchtiges Medium das kulturelle Erbe Brasiliens, in diesem Fall die Literatur vermitteln will.

Der Roman *São Bernardo* zeigt die zerstörerische Wirkung des Fortschritts. Ramos zwingt seinen Protagonisten einzuhalten und sich über seinen persönlichen Bankrott Rechenschaft abzulegen. Mit seinem Roman setzt der Autor die theoretischen Prämissen der zweiten Phase des brasilianischen Modernismus um, indem er eine pessimistische Vision Brasiliens entwickelt, die durch die negativen Konsequenzen der gesellschaftlichen Modernisierung zustandekommt.

Im Film *São Bernardo* erweist der Regisseur dem Autor Reverenz, indem er sich eng an den Wortlaut des Romans hält und das Erzählende Ich im Off übernimmt. Der Film grenzt die Zahl der Konflikte des Paulo Honório ein, denn in erster Linie werden seine Beziehungen zu Madalena und zu Padilha beleuchtet.

Das Drehbuch entspricht einer Vorform zu einem Drehbuch; Hirszman verwendet es nicht als produktive Stütze für seinen Film. Insofern hält er am Autorenfilmkonzept fest. Die mangelnde Abstimmung von Drehbuch und Film und die Beibehaltung des Ich-Diskurses zeugen von einem spontanen Umgang mit dem Medium, denn die Mängel des Films in der Bildgestaltung im Bildwechsel und in der Kontinuität lassen auf eine geringe materielle Erfahrung mit dem Medium Film schließen. Das gedehnte Filmtempo wurde von der brasilianischen Kritik jedoch positiv gewürdigt:

> "O filme parece quase todo o tempo parado porque assim mesmo é que o protagonista da história vive, incapaz de modificar-se, como ele mesmo diz, com os olhos fixos nas notas de 10 mil-réis que ergue contra a luz. A ação é pouca porque o personagem age só passivamente, porque se reduz enquanto gente e se deixa levar pelas necessidades do negócio."[98]

Hirszman findet im Roman ein Zeugnis von Geschichte, das er über das Medium Film transportiert. Durch die Invarianten gibt er dieses Zeugnis in eingeschränkter Form wieder. Für den Rezipienten kann nur ein flüchtiger Eindruck von Geschichte entstehen. Insofern kompensiert der Film nur in geringem Maße das kulturelle Defizit, das in der brasilianischen Gesellschaft in bezug auf den literarischen Text bestehen könnte.

4.2. Repression der politischen Opposition in der Geschichte Brasiliens, Konfessionen und Film Memórias do Cárcere

Über die Gefangenschaft während des *Estado Novo* schreibt Jorge Amado:

> "La prison, ça m'a appris. En prison, on se retrouve nu. On est nu en ce sens qu'on est entièrement exposé à tout, qu'on est réduit à ce qu'on est. Il y a deux sortes de comportement en prison: ou bien on vit ça en considérant que c'est normal, que c'est la règle du jeu - on mène une bataille, on perd et c'est ainsi-, ou bien on se désespère."[99]

Amado sieht seine eigene Gefangenschaft als Konsequenz seiner politischen Einstellung. Dabei versteht er sich als Kämpfender, der von der gegnerischen Seite zeitweilig lahmgelegt wurde. Das Gefühl, als Persönlichkeit bedeutungslos und allseitig reduziert zu sein, wird auch von Graciliano Ramos beschrieben. Wie Jorge Amado, versucht Graciliano Ramos den negativen Auswirkungen der Haft zu widerstehen. Das Schreiben über die Gefängnissituation hilft ihm dabei. [100]

In der brasilianischen Kulturproduktion ist die Repression gegen die politische Opposition immer wieder ein bedeutendes Thema. Die Perioden, in denen politische Andersdenkende schweigen mußten, werden in der Regel im nachhinein von den Künstlern und Intellektuellen aufgearbeitet. In Krisenzeiten, wenn Institutionen oder politische Praktiken ihr Tun erschweren, reagieren die Künstler, indem sie versuchen, neue Wege zu entwickeln[101]. Im Anschluß an Phasen der politischen Repression vermitteln sie ein umfassendes Bild der repressiven politischen Phase wieder und interpretieren sie. Dieses Phänomen ist auch in der jüngeren Kulturproduktion zu beobachten.

Graciliano Ramos verarbeitet mit den *Memórias do Cárcere* auch die Repression des politisch Andersdenkenden im *Estado Novo* und übt zugleich Kritik am Vorgehen der kommunistischen Partei Brasiliens.

Der Film *Memórias do Cárcere* von Nelson Pereira dos Santos steht am Ende von zwei Phasen der politischen Repression: des *Estado Novo* zum einen und der Militärdiktatur von 1964 bis zur politischen Öffnung im Jahr 1979 zum anderen.

4.2.1. Politischer Hintergrund der Memórias do Cárcere von Graciliano Ramos

Die politischen Entwicklungen der Jahre 1935-1937 sind maßgebend für die Konzeption und Ausführung dieses literarischen Dokuments.

Während der Amtszeit von Getúlio Vargas gab es zwei bedeutende politische Oppositionsbewegungen: Die *Aliança Libertadora Nacional*, die Nationale Befreiungsallianz und die Camisas Verdes oder Integralisten. Die *Aliança Libertadora Nacional* wurde von Luis Carlos Prestes angeführt und trug maßgeblich zur kommunistischen Revolte im Jahr 1935 bei. Die Integralisten waren eine faschistische Gruppierung, der Plínio Salgado vorstand. Sie eiferte dem europäischen Faschismus nach und ihre Parole lautete: "Gott, Vaterland, Familie".

Prestes politisches Ziel bestand darin, das Latifundium als Produktionsstruktur abzuschaffen. In einer Rede an die Brasilianer stellte Luis Carlos Prestes seine Ideen vor. Er setzte sich für dafür ein, den Imperialismus und den Faschismus zu bekämpfen und forderte den Rücktritt der Regierung Vargas.

Carlos Miranda, ein engagierter Mitstreiter der *Aliança Nacional Libertadora*, sorgte dafür, daß Prestes 1935 aus dem Exil nach Brasilien zurückkehren konnte. Zahlreiche führende Köpfe der "kommunistischen Internationalen" kamen nach Brasilien, weil Miranda ihnen einen kommunistischen Aufstand angekündigt hatte, der im Norden Brasiliens im Jahr 1935 stattfinden sollte. Zu ihnen zählten u.a. der Argentinier Rodolpho Ghioldi, Olga Benário, die Ehefrau von Prestes sowie Harry Berger. Miranda hatte verkündet, daß Brasilien reif für eine Revolution gegen Präsident Vargas sei; eine Aussage, die sich später als unhaltbar erwies. Präsident Vargas ließ die Revolte von Kommunisten und Militärs in Natal, Recife und Rio de Janeiro im Juli 1935 niederschlagen. Danach beschloß der Kongreß auf seine Anweisung hin den Ausnahmezustand. Die Verfassung von 1934 schloß aus, daß Vargas an den Präsidentenwahlen teilnehmen konnte. (Artikel 52). Damit er doch kandidieren konnte, beabsichtigte Vargas, den Kongreß auszuschalten. Mit dem Staatsstreich vom 10. November 1937 setzte Vargas den *Estado Novo* mit einer eigenen Verfassung ein.

Schon im Jahr 1935 hatte nach der niedergeschlagenen Revolte eine Verhaftungswelle eingesetzt. Zahlreiche Intellektuelle fielen ihr zum Opfer. Luis Carlos Prestes, Olga Benário waren Mitglieder der Kommunistischen Partei. Graciliano Ramos wurde als Parteiensympathisant verhaftet [102].

Jorge Amado weist darauf hin, daß die Kommunisten bis heute ihre Rolle während dieser Revolte nicht kritisch hinterfragt haben. Sie sei völlig an der Mentalität der Brasilianer vorbeigeplant gewesen:

> " Ce fut un désastre. Ce fut une folie, une erreur. Jusqu'aujourd'hui ils n'ont pas assumé cette erreur absurde, l'absence de toute étude sérieuse de la réalité brésilienne, la totale méconnaissance de cette réalité, ce qui continue d'ailleurs à être la caractéristique des mouvements de gauche au Brésil: la méconnaissance du Brésil, le mépris total de la réalité qu'ils voudraient telle qu'ils la souhaitent, la méconnaissance du peuple brésilien, de ses caractéristiques... Ils ne pensent pas en termes de Brésil, ils ne pensent qu'en termes de lectures mal digérées, de lectures de textes de Marx mal

traduits... et ont une méconnaissance de ce qu'est le peuple brésilien, de ce qu'il pense, de ce qu 'il veut." [103]

4.2.2. Stellung im Werk von Graciliano Ramos

Antônio Cândido weist zwei Phasen des Modernismus nach, denn in der Literatur der 30er Jahre wird mit Errungenschaften der 20er Jahre gearbeitet [104]. Die Väter des Modernismus , Oswald de Andrade und Mario de Andrade, hatten die Sprache revolutioniert und Brasilien zum Zentrum ihres Interesses gemacht. Man wollte sich die Kultur Europas einverleiben, um in der Synthese aus Europäischem und Brasilianischem etwas Neues zu schaffen. In der zweiten Phase des Modernismus ging es mehr um ein ideologisches Projekt, in dem die Autoren sich von der Euphorie für die industrielle Entwicklung abgegrenzt haben. Graciliano Ramos gehört zu ihnen. In seinen Texten vermittelt er, daß Brasilien ein unterentwickeltes Land sei und klagt die sozialen Verhältnisse an[105].

Memórias do Cárcere nimmt wie *Infância* im Werk von Graciliano Ramos eine Sonderstellung ein. Es sind Konfessionen des Autors, in denen er zwei Perioden seines Lebens verarbeitet, in denen er den Umständen ausgeliefert und kein handlungsfähiges Subjekt ist. Mit den Augen eines Kindes zeichnet Ramos in *Infância* ein Porträt seiner Kindheit, in der Angst, Grauen, Strafe und Gleichgültigkeit zum Alltag gehörten. Ramos entwickelte sich zu einer extrem scheuen und introvertierten Persönlichkeit. "*Medo. Foi o medo que me orientou nos primeiros anos, pavor.*" [106] resümiert Ramos sein existenzielles Grundgefühl.

Mit seinen Kindheitserinnerungen hat der Autor zum einen eine Parodie auf *Meus Verdes Anos* von José Lins do Rego geschaffen und zum anderen sein Kindheitstrauma aufgearbeitet. In den *Memórias do Cárcere* beschreibt er sein Gesellschaftstrauma: Es handelt sich um ein unretuschiertes Selbstporträt und um ein politisches Dokument des *Estado Novo* Regimes in den 30er Jahren. Darüber hinaus ist es eine Allegorie kollektiver Erfahrung. Ramos befindet sich in der Rolle des Unterdrückten, der sich zu Wort meldet, obwohl ihm die Kraft dazu fast abhanden kam.

> "Sein Schreibtrieb", weist Emir Rodríguez Monegal nach, "war stärker als sein Selbstvernichtungstrieb und ließ ihn sich immer weiter Notizen machen und sein Bedürfnis, ein persönliches Zeugnis zu hinterlassen, verließ ihn nicht einmal in den schlimmsten Momenten seiner Haft." (MONEGAL, 1984, 230)

Die ursprünglichen Aufzeichnungen aus der Haft sind verschwunden oder jahrelang zur Seite gelegt worden. Erst spät entschließt sich Ramos dazu, die *Memórias do Cárcere* aus schriftstellerischem Ethos zu schreiben. Zehn Jahre nach seiner Entlassung verfaßt er ein Dokument über die Haft. Emir Rodríguez Monegal sieht den Schriftsteller von einem selbstzerstörerischen Masochismus gequält, der Ramos schon während der

Haft in eine noch größere Isolation treibt und vielleicht deshalb sein Schreiben erst möglich macht.

"Obwohl er von seinen Zellengenossen und sogar von seinen Wächtern Wertschätzung erfuhr, sah Graciliano Ramos sich auch im Gefängnis stets als verfolgtes, abgeschobenes Wesen, als das geprügelte Kind, das nie klagt, aber auch nicht verzeiht." [107]

Zehn Jahre später hat dieser Masochismus den Schriftsteller wieder zur Selbstkritik veranlaßt, und er entschließt sich, die *Memórias do Cárcere* zu verfassen. Ismail Xavier betont, Ramos sei überzeugt gewesen,

"... de que seu depoimento não seria um excesso mas uma peça de relevância, da qual ele próprio tratava de desconfiar."[108]

Ramos selbst stritt dem Werk die Bedeutung ab, die es heute in der brasilianischen Literatur einnimmt. Der Autor mußte sich selbst zwingen, die Konfessionen zu verfassen. Jedesmal, wenn er ein Kapitel fertiggestellt hatte, hinterlegte er es bei seinem Verleger José Olympio.

Valentim Facioli[109] definiert *Memórias do Cárcere* als das radikalste Werk des Schriftstellers, weil Ramos technisch und formal das Genre "Memoiren" weiterentwickelt und eine gesellschaftspolitische Dimension erreicht, die die Mechanismen der Unterdrückung nicht nur des *Estado Novo* Regimes aufzeigt, sondern auch die Mechanismen der kleinbürgerlichen Gesellschaft, in der die Individuen, ohne daß sie sich dessen bewußt sind, sich gegeneinander ausspielen.

"A experiência particular do escritor, determinada publicamente como documento e prova, alcança estatuto de alegoria política da luta de classes, num momento da história das relações entre oprimidos e opressores no país. E um documento bruto e brutal da barbárie e não só expressa a opressão de classe , como as contradições que atravessam muitos oprimidos na sua impotência momentânea ou na sua solidariedade forçada e inconsciente com os opressores."
(FACIOLI, 1987, 100)

In den Konfessionen steht das persönliche Bedürfnis des Schriftstellers, über sich selbst etwas zu erfahren, gleichwertig neben der Absicht, den historischen Moment festzuhalten und aufzuarbeiten.

4.2.2.1. Entstehungsgeschichte

Am 3. März des Jahres 1936 wird Graciliano Ramos in seiner Wohnung in der Rua da Caridade in Maceió verhaftet. Zu dieser Zeit arbeitet er als Leiter der Schulverwaltung. Weder Anklage noch Prozeß rechtfertigen die Haft von zehn Monaten und zehn Tagen.

Am 13. Januar 1937 wird er freigelassen, weil sich seine Frau Heloísa sowie Freunde wie der Schriftsteller José Lins do Rego und der Rechtsanwalt Sobral Pinto für ihn eingesetzt haben.

Memórias do Cárcere gilt in der brasilianischen Literatur als das bedeutendste Dokument des Vargas - Regimes. Es besteht aus vier Bänden: Der erste Teil *Viagens* hat 33 Kapitel, der zweite, *Pavilhão dos Primários* umfaßt 31 Kapitel, der dritte Band, *Colônia Correcional*, hat 35 Kapitel und der vierte Band, *Casa de Correção*, besteht aus 27 Kapiteln, wobei der Autor nicht mehr dazu kam, das 28. Kapitel zu verfassen. Er starb am 20. März 1953.

Die *Memórias do Cárcere* wurden posthum von seinem Sohn Ricardo Ramos veröffentlicht.

4.2.2.2. Fiktion oder Dokumentation

Das Werk enthält dokumentarische und fiktionale Elemente: Pereira dos Santos verweist auf die historischen Fakten, die die Basis für die Textkonstitution sind. Sie werden durch die Erinnerung und die Phantasie des Schriftstellers verfremdet. Pereira dos Santos vertritt die Meinung, daß es sich nicht um ein Tagebuch handelt, nicht um Memoiren, sondern um einen auch fiktionalen Text.

> "..., para facilitar a leitura, para facilitar o contato com o leitor, ele estabelece certos princípios realistas, um deles é a cronologia: começou quando ele foi preso e terminou quando ele saiu da cadeia. Tudo bem. Mas nesse bolo todo há uma ambiguidade: tempo, espaço, presente e passado e também o imaginário real. Quando você entrar bem na coisa, você vai descobrir que Memórias do Cárcere não é um diário, não é um livro de memórias. Ele pode ser até ficção, com pessoas reais e com acontecimentos reais. E são reais porque? Porque ele viveu aquilo e ele viveu porque ele conta que viveu, então está sempre um castelo de cartas. Você de repente pode chegar e soprar e cai tudo."[110]

Dieses Statement definiert die *Memórias do Cárcere* als hybriden Text zwischen Dokumentation und Fiktion. Hildon Rocha teilt diese Ansicht und definiert das Werk als fiktiven Text, da Ramos von der Realität ausgeht und diese künstlerisch verändert[111]. Ramos selbst läßt den Leser im Unklaren, ob er dieses Werk als fiktiven Text konzipiert oder nicht.

"Resolvo-me a contar..." (RAMOS, 1986, 33)

Für die Fiktionalität spricht die Äußerung des schreibenden Ich des Bandes *Viagens* in Kapitel 9, daß die Ereignisse bis dato einen chronologischen Eindruck erwecken könnten. Dieser Eindruck täusche, schreibt Ramos und weist seinen Leser darauf hin, daß die nachfolgenden Episoden nicht mehr chronologisch festgehalten sind. Der Autor beschreibt seine Erinnerungsfragmente durch den persönlichen ästhetischen Filter. Indem er die Haft interpretiert, erzeugt er seinen Erinnerungen und seinen Gefühlen adäquate Situationen und Stimmungen. Es sind literarische Spaziergänge oder Konfessionen, denn Ramos selbst erklärt, daß er sich bei der Niederschrift nur nach seinen Eingebungen richten will:

> "Tenho exercido vários ofícios, esqueci todos, e assim posso mover-me sem nenhum constrangimento. Não me agarram métodos, nada me força a exames vagarosos. Por outro lado, não me obrigo a reduzir um panorama, sujeitá-lo a dimensões regulares, atender ao paginador e ao horário do passageiro do bonde. Posso andar para a direita e para a esquerda como um vagabundo, deter-me em longas paradas, saltar passagens desprovidas de interesse, passear, correr, voltar a lugares conhecidos. Omitirei acontecimentos essenciais ou mencioná-los-ei de relance, como se os enxergasse pelos vidros pequenos de um binóculo; ampliarei insignificâncias, repeti-las-ei até cansar, se isto me parecer conveniente." [112]

Die Werkkonzeption des Autors entspricht dem Kommentar Northrop Fryes, die dieser als "Autobiographie, die als Form der Prosadichtung angesehen wird", bezeichnet. (FRYE, 1964, 308-310) Die *Memórias do Cárcere* werden als Konfession verstanden. Ramos hat bereits in *Infância* begonnen, auch seine Kindheit in "literarischen Spaziergängen" aufzuarbeiten; in den *Memórias do Cárcere* beschreibt er Situationen, Gespräche und Beobachtungen, die puzzleartig ein Bild von der Haft und seiner Persönlichkeit ergeben. Da er nicht den Anspruch auf Authentizität stellt, wird die nachfolgende Analyse den *Memórias do Cárcere* den Status eines fiktionalen Textes zuweisen.

Zentrale Themen, die in den Romanen von Ramos regelmäßig wiederkehren, werden in den *Memórias do Cárcere* aufgegriffen, wie z.B. die Eifersucht (*Caetés, São Bernardo*), das an sich selbst zweifelnde Individuum (*Angústia*), die Darstellung des Menschen als sprech- und handlungsunfähiges tierverwandtes Wesen, die Macht des Militärs und der Religion *(Vidas Secas)*. Besonders die Schwierigkeiten des Schreibens und der ungebrochene Schreibtrieb (*São Bernardo, Angústia*) werden angesprochen und seine in allen Romanen auftauchende Metapher vom Leben als Hölle wiederholt.

Die charakteristischen Elemente des Werks werden aufgezeigt. Ihre Bedeutung für die Umsetzung im Film wird erarbeitet. Welches Panorama wird von der politischen Situation entwickelt, in der sich das Land befindet? Wie ist die Persönlichkeit des Ich-Erzählers einzuschätzen? Welche Äußerungen macht dieser Erzähler über sich selbst? Wie stellt er andere Gefangene dar, seine Freunde und jene, zu denen er keine Beziehung hat? Wie beschreibt er die Situation der Haft, die aufsichtshabenden Staatsdiener bzw. Militärs? Welche Gedanken macht er sich über Brasilien und über den Stand des Intellektuellen in seinem Land? All dies sind Fragen, an denen die Analyse orientiert ist.

4.2.2.3. Inhalt

Ramos wird in Alagoas verhaftet. Die Stationen seiner Haft variieren. Zuerst wird er in den Kasernen des 20. Batallions in Maceió untergebracht. Im Schiff Manaus erlebt er mit anderen Gefangenen die Überfahrt nach Rio de Janeiro, wo er in der Untersuchungshaftanstalt *Casa de Dentenção* in der Rua Frei Caneca inhaftiert bleibt, bevor er in die *Colônia Correcional de Dois Rios* auf der Ilha Grande kommt, die von Zeitgenossen als die grausamste Strafkolonie Brasiliens gewertet wird. Die letzte Station der Haft ist die *Casa de Correção* in Rio de Janeiro.

In den Kapiteln werden Tagesabläufe, bemerkenswerte Ereignisse, Stimmungen oder ein Thema beschrieben. Ramos verwendet die traditionelle Syntax des Portugiesischen und Wörter, die nur im Nordosten Brasiliens gebräuchlich sind. Darin zeigt sich der Einfluß der ersten Phase des brasilianischen Modernismus, jedoch die sprachlich-experimentellen Errungenschaften des "modernismo" eines Mario de Andrade oder Oswald de Andrade sind für Ramos ohne Wirkung geblieben.

4.2.2.3.1. Themen und Inhalte

Im ersten Teil *Viagens* beschreibt Ramos die verschiedenen Stationen der Reise nach Rio de Janeiro. Dort werden die Häftlinge im Pavilhão dos Primários, der im zweiten Band beschrieben wird, für längere Zeit inhaftiert.

Der Band *Viagens* klärt Motivation und die geplante Erzähltechnik des Verfassers (Kapitel 1). Der Leser wird in die Lebensumstände des Protagonisten vor der Festnahme eingeführt (Kapitel 2). Der Protagonist wird verhaftet (Kapitel 3). Ramos übernachtet einmal in Untersuchungshaft und hat einen längeren Aufenthalt in den Militärkasernen von Recife, bis er die Schiffsreise nach Rio de Janeiro antritt (Kapitel 17). In Rio de Janeiro verbringt er eine kurze Zeit in einem Untersuchungsgefängnis (Kapitel 31) und wird im Anschluß daran in das Gefängnis Pavilhão dos Primários überführt (Kapitel 33).

Im ersten Teil werden die Episoden und Eindrücke aus der Gefangenschaft scheinbar chronologisch bis zum neunten Kapitel geschildert. Dann wird die Chronologie ausdrücklich vom Erzähler unterbrochen, was den hybriden Charakter des Werks unterstreicht:

> " Estes acontecimentos de tres dias foram relatados mais ou menos em ordem, apesar de apresentarem falhas, os lugares sugirem imprecisos, as figuras não se destacarem bem no ambiente novo. A 6 de março, porém, íamos entrando em rotina - e daí em diante não me seria possível redigir uma narração continuada."
> (RAMOS, MDC 1, 1987, 80)

Im ersten Kapitel erläutert der Ich-Erzähler dem Leser, warum er sich nach jahrelangem Zögern zur Niederschrift seiner Erinnerungen an die Gefangenschaft im *Estado*

Novo entschlossen hat. Als Schriftsteller fühlt er sich berufen, den Gerüchten entgegenzutreten, daß die literarische Produktivität durch staatliche Institutionen für Zensur von Kunstwerken eingeschränkt worden sei:

" Restar-me-ia alegar que o DIP, a polícia, enfim os hábitos de um decênio de arrocho, me impediram o trabalho. Isto, porém seria injustiça. Nunca tivemos censura prévia em obra de arte. Efetivamente se queimaram alguns livros, mas foram raríssimos esses autos-de-fé. Em geral a reação se limitou a suprimir ataques diretos, palavras de ordem, tiradas demagógicas, e disto escasso prejuízo veio à produção literária." (RAMOS, MDC1, 1987, 33)

Die doppelte Einschränkung der Freiheit des Schriftstellers, die immer durch Grammatik und Gesetz geschieht, bedeutet für Ramos, daß die Lust am künstlerischen Schaffen partiell eingeschränkt wird. Der Auftrag des Schriftstellers besteht seiner Meinung darin, Erfahrungen zu dokumentieren:

"Quem dormiu no chão deve lembrar-se disto, impor-se disciplina, sentar-se em cadeiras duras, escrever em tábuas estreitas. Escreverá talvez asperezas, mas é delas que a vida é feita: inútil negá-las, envolvê-las em gaze." (RAMOS, MDC1, 1987, 34)

Er entschuldigt sich beim Leser für die Verwendung eines erzählenden Ich:

"desgosta-me usar a primeira pessoa. Se se tratasse de ficção, bem: fala um sujeito mais ou menos imaginário; fora daí é desagradável adotar o pronomezinho irritante, embora se façam malabrismos por evitá-lo. Desculpo-me alegando que ele me facilita a narração. Além disso não desejo ultrapassar o meu tamanho ordinário. Esgueirar-me-ei para os cantos obscuros, fugirei às discussões, esconder-me-ei prudente por detrás dos que merecem patentear-se."
(RAMOS, MDC1, 1987, 37)

Das Ich erleichtert ihm das Schreiben. Die Analogie zu *Infância* ist offensichtlich und läßt darauf schließen, daß Ramos ein nicht explizit artikuliertes Projekt fortsetzt, nämlich an seinen Konfessionen aus der Kindheit weiterzuarbeiten.

Im zweiten Band *Pavilhão dos Primários* werden die Haft, ihre Auswirkungen, die Freunde, das intellektuelle Gespräch und die Problematik des Schreibens sowie die haftbedingte Nivellierung der sozialen Unterschiede dargestellt.

Kapitel 1 beschreibt die Ablehnung der Nationalhymne und einige Bekanntschaften. In Kapitel 2 erfährt der Leser von seiner Bewunderung für den Führer der kommunistischen Partei Argentiniens Rodolfo Ghioldi. In Kapitel 4 wird auf die Behandlung von geschwächten Gefangenen verwiesen. Ramos beschreibt seine Gespräche über Literatur, die er mit dem kaukasischen Russen Sérgio Kamprad führt, der in Deutschland über Hegel promoviert hatte. In diesem Kapitel spricht Ramos erstmals seinen kulturellen Minderwertigkeitskomplex aus. Ab Kapitel 5 wird der Leser mit zahlreichen neuen

neuen Gefangenen konfrontiert. Ramos beschreibt, wie in den Gefängnisalltag Routine einkehrt und welche Probleme ihm das Schreiben bereitet. Kapitel 6 reflektiert eine Diskussion über die Hintergründe der kommunistischen Revolte von 1935 im brasilianischen Nordosten. Kapitel 7 beschreibt, durch welche Insekten und Schädlinge alle Gefangenen belästigt werden. Doch die Gefängnisleitung unternimmt nichts, um die Schädlinge zu bekämpfen. Kapitel 8 porträtiert die Beziehungen der Gefangenen untereinander und die Ramos Versuche, in einer von Gefangenen organisierten Selbsthilfegruppe Englisch zu lernen. Ramos beschreibt, wie die sozialen Unterschiede, die im Alltagsleben außerhalb des Gefängnisses bestehen, sich in der Haft aufzulösen scheinen. Kapitel 9 und 10 handeln von Gesprächen über Politik und von zunehmender gegenseitiger Bespitzelung der Haftinsassen. In Kapitel 11 denkt Ramos über das Leben in der Haft nach. Der Besuch seiner Ehefrau steht bevor und kommt ihm ungelegen. Seine Zellengenossen reagieren mit Unverständnis auf seine emotionale Härte. Kapitel 12 beschreibt den Besuch von Heloísa. Er beruhigt sich, da sie ihn unterstützt und nicht von ihm unterstützt werden will, er sich also nicht um sie sorgen muß. Kapitel 13 beschreibt die Umstände, unter denen die Mahlzeiten eingenommen werden. Zudem beschreibt Ramos, wie Gefängniskollegen in einen anderen Gefängnistrakt verlegt werden. In Kapitel 14 porträtiert Ramos den Kommunisten Miranda, dessen Charisma ihm verschlossen bleibt. Miranda hatte die Revolte von 1935 angeregt. Ramos hält ihn für einen Aufschneider und bringt ihm keine Sympathie entgegen. In Kapitel 15 denkt er an verschiedene Besuche der Ehefrau zurück. Ramos stellt sein negatives Verhältnis zur Kirche und zur katholischen Religion dar. Kapitel 16 beschreibt er die Streichung der Besuche durch die Gefängnisverwaltung und die miserable Krankenversorgung. In Kapitel 17 geht es um das Kennenlernen von Walter Pompeu und Hermes Lima, die ihm beide auf ihre Art sympathisch sind. Kapitel 18 beschreibt die Aufrechterhaltung des Besuchverbots. Ramos beschreibt, wie ein Gefangener einen anderen ermordet und auf diese Weise verhindern will, daß er entlassen wird. Kapitel 19 beschreibt die Beobachtung und die Reflexion über Homosexualität in der Gefangenschaft. In Kapitel 20 gibt es innerhalb des Gefängnisses die Möglichkeit, mit anderen Gefangenengruppen Kontakt aufzunehmen. Das führt zu einem Klima erhöhten Mißtrauens. Ab dem Kapitel 21 steht die Angst vor dem Gefangenentransfer in die Colônia Correcional im Raum. Einige Gefangene kommen von dort wie Francisco Chermont. Sie sind niedergeschlagen und körperlich sehr geschwächt. Die folgenden Kapitel enthalten zunehmend Hinweise auf Gefangenentransporte in die Colônia Correcional. In Kapitel 31 wird Ramos mit anderen Kollegen abgeholt, das Fahrtziel wird nicht bekannt gegeben.

Colônia Correcional ist Titel und Gegenstand des dritten Bandes der Konfessionen. In Kapitel 1 bis 6 wird der Aufenthalt in einem Übergangsgefängnis beschrieben, bis schließlich die Haft in der Colônia Correcional angetreten wird. Kapitel 6 beschreibt die Abfahrt aus dem Übergangsgefängnis in einem Transporter. Die Gefangenen purzeln quasi im Wageninnern durcheinander. Sie werden in einem Zug nach Mangaratiba gefahren. Kapitel 7 beschreibt die Ankunft in Mangaratiba und die Überfahrt zur Colônia Correcional de Dois Rios. In Kapitel 8 marschieren die Gefangenen von der Schiffsanlegestelle zum Gefängnis. Kapitel 9 zeigt die Einweisungsformalitäten, die mit der Durchsuchung des Gepäcks und dem Kommando des Anspecada Aguiar einhergehen. In Kapitel 10 verschafft Ramos sich einen Überblick über das Gefängnis, verschmäht die erste Mahlzeit. Ihm wird der Kopf kahlgeschoren. In Kapitel 11 gelangt er dann in einen abgesperrten Bereich, wo jeder Gefangene eine Matte zum Schlafen hat. Er trifft auf Menschen, die er aus dem Pavilhão dos Primários kennt. In Kapitel 12 setzt der Haftalltag ein, Ramos muß nicht arbeiten, da er auf 65 Jahre geschätzt wird.

In Kapitel 13 beschreibt Ramos, wie er Cubano kennenlernt. Dieser Wärter behandelt ihn aus Sympathie besonders gut. Kapitel 14 zeigt die Wertlosigkeit menschlichen Lebens in diesem Gefängnis, Ramos beschreibt, wie Todkranke, ohne von einem Arzt versorgt zu werden, dahinsiechen müssen.

Kapitel 16 beschreibt eine Arztvisite. Kapitel 17 bis Kapitel 23 charakterisieren Mitgefangene und Aufsichtspersonen. Kapitel 24 dient der Diskussion von politischen Hintergründen und der Ergründung der Haft einzelner Gefangener. Kapitel 26 und 27 beschreiben den Tod eines Mitgefangenen und den Besuch eines Paters, stellen also Sterben und Religion einander gegenüber und führen die Religion ad absurdum. In Kapitel 28 wird Gaúcho bestraft, weil er Papier für Ramos gestohlen hat. In Kapitel 29 geht es um den Wärter Cubano, von dem Ramos zum Essen gezwungen wird. Ab Kapitel 30 wird die Entlassung aus der Colônia Correcional vorbereitet. Kapitel 31 beschreibt die wenigen Schritte in Freiheit, in Kapitel 33, 34 und 35 geht es um die Überführung in die Casa de Correção und die erste Übernachtung dort.

Der vierte Band *Casa de Correção* beschreibt den Aufenthalt in einem Gefängniskrankenhaus, in das Graciliano Ramos vor seiner Entlassung eingeliefert wird. Da der Gefängnisdirektor ebenfalls aus Alagoas stammt, sorgt er intensiv für den erkrankten Ramos; die Gründe allerdings, warum er dorthin verlegt wird, bleiben dem Leser undurchsichtig. Vermutlich liegen sie in seiner Krankheit und der permanenten Verweigerung der Nahrungsaufnahme begründet. Die ersten beiden Kapitel beschreiben die Phase der Eingewöhnung, die Ramos wie in Trance erlebt. Kapitel 3 dient der Beschreibung von Umgebung und Zellengenossen, Kapitel 4 ist ein Déjà-vu der Krankenhauserfahrung und ein Versuch, einen geeigneten Ort zum Schreiben zu finden. Kapitel 5 beschreibt die Freitage, an denen Besuchszeit ist. Ramos erfährt, daß José Lins do Rego ihm ein Buch gewidmet hat. Er regt sich darüber auf, weil Lins do Rego sich seiner Meinung nach dadurch selbst in Gefahr begibt, wenn er sich öffentlich zu einer Freundschaft mit einem politischen Gefangenen bekennt. Einem Gefängnisinsassen und Systemgegner ein Buch zu widmen, könnte zur Verhaftung oder politischen Verfolgung des Freundes führen. Kapitel 6-8 beschreiben die z.T. schwierigen Auseinandersetzungen mit Mitgefangenen. In Kapitel 9 bekommt Ramos ein Einzelzimmer auf der Krankenstation. Er soll seine Medikamente selbst bezahlen, was ihn empört, denn er sieht die Krankheit als Konsequenz der Haft und ist verärgert, dafür die finanziellen Konsequenzen tragen zu müssen. In Kapitel 10 bis Kapitel 19 geht es um den Haftalltag und seine Schreibversuche, um das Kartenspiel und um Ramos' persönliche Beziehungen zu den Mitgefangenen. Ab Kapitel 20 bis Kapitel 23 denkt er über den Zweiten Weltkrieg und die Konsequenzen der brasilianischen Politik nach. Die Kommunistinnen Elisa Berger und Olga Prestes werden nach Deutschland überführt, wo sie in einem Konzentrationslager ermordet werden. Er spielt hier indirekt auf die Kollaboration von Getúlio Vargas mit dem faschistischen Hitlerdeutschland an. Kapitel 23 beschreibt den politischen "Unwert" der Häftlinge, die selbst mit einem Hungerstreik in der Öffentlichkeit nicht auf sich aufmerksam machen können.

Ramos denkt darüber nach, daß er sich nicht vorstellen kann, jemals wieder in die Colônia Correcional überführt zu werden, obwohl er seine dort gewonnenen Freunde gern einmal wiedersehen möchte. Kapitel 24 beschreibt seine Aversion gegen den Rechtsanwalt Sobral Pinto, den Freunde als seinen Rechtsbeistand auswählten. Erst nach langem Widerstand unterzeichnet er die Prozeßvollmacht. Seine Ängste vor einer möglichen Veränderung seiner Situation nehmen zu; er fürchtet, mit der Freilassung nicht fertig zu werden. Er ist überzeugt davon, nichts wert zu sein. In Kapitel 25 erlangt er einen Zustand totaler Erschöpfung, bei dem er kurzzeitig seine Sehkraft verliert und fürchtet, zu erblinden

In Kapitel 27 geht es um sein schriftstellerisches Ethos, das er darin sieht, den anderen zu begreifen, auch wenn er ihn persönlich ablehnt.

4.2.2.3.1.1. Charakterisierung der Haftsituation

Kurz vor seiner Festnahme erscheint Ramos die bevorstehende Haft eine Erlösung von seinen Verpflichtungen zu sein. Familiäre und berufliche Probleme lassen ihm keine Ruhe zur schriftstellerischen Arbeit. Ramos ist unzufrieden. Er stellt sich vor, daß er inmitten vieler Gefangener sitzen wird, die Kunsthandwerk herstellen. Dort kann er seine Wörterbücher benutzen, Texte schreiben und korrigieren. Sofort nach der Festnahme weiß Ramos, daß er in eine schmutzige Falle getappt ist "*ter caído numa ratoeira suja*" (RAMOS, MDC1,1987, 50) und seine Vorstellungen sich überhaupt nicht umsetzen lassen. Für seine Festnahme gibt es keinen Grund und keine Anklageschrift. Innerhalb weniger Stunden erkennt er das "Haftsyndrom":

> "Operava-se assim, em poucas horas, a transformação que a cadeia nos impõe: A quebra da vontade."[113]

Schon nach kurzer Zeit bricht die Gefangenschaft den Willen der Person. Diese Situation verschärft sich mit der Zeit. Die Gefangenen haben das Gefühl, einen Prozeß der Entmündigung zu erleben:

"Temos a impressão de que apenas desejam esmagar-nos, pulverizar-nos, suprimir o direito de nos sentarmos, ou dormir se estamos cansados. Será necessária essa despersonalização?" (RAMOS, MDC1, 1987, 63)

Für sich selbst kommt der Ich-Erzähler zu dem Ergebnis, daß die Haft seine Fähigkeit zum Schreiben bedroht. Er hat Angst, nichts mehr zu Papier bringen zu können:

"Cada vez mais, porém, me convencia de que, persistindo aquela enorme burrice, não escreveria coisa nenhuma." (RAMOS, MDC1, 1987, 70)

Er ist den oft willkürlichen Anweisungen der Wärter ausgeliefert und sieht sich als Opfer, nicht einer einzelnen Ungerechtigkeit, sondern eines Systems, in dem der Andersdenkende mit Gewalt unterdrückt wird:

Die Gefangenen können sich nicht gegen die Wärter auflehnen, sie haben keine Möglichkeit, ihren Willen zu artikulieren, ohne bestraft zu werden. In dieser Situation sind auch die Wärter nur Werkzeuge in einem diktatorischen Regime.

"E o que me atormenta: "Não é o fato de ser oprimido: é saber que a opressão se erigiu em sistema" (RAMOS, MDC1, 1987, 111)

Das Leben in Haft bringt die Menschen nicht nur an ihre physischen und psychischen Grenzen, zum Gedanken an Selbstmord, sondern hebt unter den Inhaftierten sämtliche, außerhalb der Haft bestehenden, sozialen Differenzen auf: Die Umgangsformen ändern sich. Zahlreiche Mithäft- linge wenden sich an die Personen aus gebildeteren gesellschaftlichen Schichten, ohne die Konventionen einzuhalten.

"suprimindo cortesias de fato ridículas nas situações em que nos achávamos." (RAMOS, MDC1, 1987, 157)

Die Nivellierung der sozialen Unterschiede wird durch das Fehlen von Garderobe, die schmutzige Umgebung im Schiffsrumpf, den Gebrauch der Umgangssprache und die militärischen Anordnungen der Wärter erreicht.

Die Wärter behandeln die Gefangenen wie Vieh. Diese "Entmenschlichung" führt dazu, daß die Gefangenen den eigenen Willen verlieren und blind den Befehlen der Aufsichtspersonen gehorchen. Sie verzichten darauf, nachzudenken. Gründe, warum dies oder jenes geschieht, sind ihnen gleichgültig. Dieser Abstumpfungsprozeß ist verständlich, wenn die äußeren Rahmenbedingungen und das Verhalten der Gefangenen untereinander betrachtet werden.

4.2.2.3.1.2. Äußere Rahmenbedingungen

Immer wieder bei Gefangenentransporten oder Verlegungen in ein anderes Gefängnis trifft Ramos auf Bekannte. Menschen, die er aus seiner Stadt kennt, aus seiner Vergangenheit und Menschen, von denen er gehört hat, daß sie sich im gleichen politischen Kreis bewegen. Doch ist der Kontakt zu ihnen zum Teil befremdend:

In den Militärkasernen von Recife teilt Ramos sich ein Zimmer mit Capitão Mata, dem die Haftbedingungen und das Essen relativ gut gefallen, er daher stets gesunden Appetit hat und obendrein noch versucht, auch Ramos von der Qualität des Essens zu überzeugen. Ramos dagegen bringt keinen Bissen herunter, sondern raucht unablässig. Pausenlos rezitiert Capitão Mata einfache, selbsterfundene Verse und ist immer bester Laune. Ramos kann sich in der Gegenwart seines Kollegen nicht auf Lesen und Schreiben konzentrieren:

"Além disso Capitão Mata parecia multiplicar-se, não tinha um minuto de sossego - e em companhia dele era impossível concentrar-me." (RAMOS, MDC1, 1987, 87)

Die Hölle seines Heims wird umgehend abgelöst durch die Hölle, die durch die Gesellschaft eines Mitgefangenen entsteht.

Dennoch entwickelt sich zwischen den beiden ein solidarisches Verhältnis, das während der gesamten Haftzeit erhalten bleibt. Es zeigt sich im ersten Teil der *Memórias do Cárcere* dadurch, daß Verbote, nicht mit den Gefangenen aus der benachbarten Zelle zu korrespondieren, im stillen Einvernehmen geflissentlich übergangen werden:

"Evidentemente a proibição só se fizera para ser violada."
(RAMOS, MDC 1, 1987, 119)

Die Situation der Gefangenen verschlechtert sich auf dem Schiff Manaus im Vergleich zur Haft in Recife. Dort waren äußere Rahmenbedingungen (Bad, Bett, Tisch) gegeben, die im Schiffsrumpf fehlen. Die Anonymität unter den Gefangenen ist auf der Schiffsfahrt wesentlich größer:

Der Schiffsrumpf stinkt, ein Labyrinth aus Hängematten erschwert die Orientierung Weg frei. Ramos ist stets bemüht, in dem auf dem Boden flottierenden Schlamm aus Müll, Urin und Kot, seine Schuhe nicht zu verlieren und seine Hosenbeine nicht zu beschmutzen. Die Luft ist stickig, die Gefangenen brüten im Sauerstoffmangel vor sich hin. Die Verhältnisse sind katastrophal, dennoch bemüht sich jeder, sein persönliches Wohl weitgehend zu sichern, sei es durch Zigaretten, Alkohol, den Kauf von Hängematten oder Mahlzeiten aus der ersten Klasse. Trotz dieser Bemühungen hebt die Haft die Privatsphäre auf. Ramos muß zusehen, wie ein Schwarzer hemmunglos onaniert:

"A imagem repulsiva me atormentava: num estrado vizinho, inteiramente nu, um negro moço arranhava os escrotos em sossego. Indignava-me; pragas interiores vinham à tona e eram engolidas; lampejos de bom-senso impediam-me gritar, pedir ao tipo que tomasse vergonha. Efetivamente eu não tinha o direito de reclamar: se estivesse dormindo, o caso, para bem dizer, não existiria."
(RAMOS, MDC1, 1987, 129)

Er selbst erdreistet sich, einen Nachbarn mehrmals des nachts aufzuwecken und um Streichhölzer zu bitten, weil er nicht mit dem Rauchen aufhören kann.

Das Verhältnis der Gefangenen untereinander oszilliert zwischen wahrer Herzlichkeit, unentgeltlichen Taten, Hilfeleistungen und Animositäten, gegenseitiger Ausnutzung, Brutalität und Raub.

Die Versuche des Sebastião Hora, seine bürgerlichen Lebensgewohnheiten selbst im Gefängnis aufrechtzuerhalten (er hält sich einen Diener, der ihm den Koffer trägt und das Essen bringt), werden von Ramos als Beleidigung der übrigen Gefangenen gewertet. Seiner Meinung nach sollten sich alle mit den Bedingungen abfinden, die sie vorfinden. Dennoch gelingt es ihm, für Sebastião Hora eine Entschuldigung zu finden:

> "O nosso pobre amigo isolava-se deles, conservava-se arredio, e isto devia ser-lhe particularmente doloroso; a impossibilidade clara de amoldar-se à vida suja, admitir a convivência fortuita, até ladrões, perturbava-o." (RAMOS, MDC1, 1987, 156)

Ramos zwingt sich selbst immer wieder dazu, Vorurteile abzubauen, denn er erfährt von vielen Insassen Gefälligkeiten, von denen er sie niemals vermutet hätte. Er kann sich tagelang über den Betrug des Hängemattenverkäufers ärgern, der ihm 5000 mil réis zuviel abkassiert hat. Sein Ärger verfliegt erst, wenn er für das Verhalten des Betrügers eine Entschuldigung gefunden hat.

Trotz der Unterschiede in Bildung und Wesen, gibt es Einvernehmen durch Blicke und Gesten. Ramos findet Freunde und ist von einigen Personen durch ihr Verhalten und ihre Bildung beeindruckt.

Die Situation des Inhaftiertseins führt zu neuen Verhaltensregeln unter den Gefangenen. Weil man versucht, sich gegenseitig zu ertragen, entstehen neue Verhaltensweisen, die von den gesellschaftlich üblichen abweichen.

4.2.2.3.1.3. Aufsichtspersonen

Ramos steht sowohl den Wärtern als auch den Soldaten sehr kritisch und ablehnend gegenüber.

> "Neste ponto convém desapertar, isto é, agarrar o cinturão do vizinho, que, sendo inábil, será punido, pois o maior defeito do soldado é ser besta. Desenvolvem-se a dissimulação, a hipocrisia, um servilismo, que às vezes oculta desprezo ao superior, se este se revela incapaz de notar a fraude ou tacitamente lhe oferece conveniência."(RAMOS, MDC1, 1987, 77)

Noch vor seiner Verhaftung hatte Ramos sich der Versetzung der Nichte eines Leutnants widersetzt. Der Leutnant wollte seine berufliche und politische Position dazu benutzen, seiner Nichte eine gradlinige Schullaufbahn zu verschaffen. Ramos weigert sich, weil ihm die schlechten Schulleistungen des Mädchens keinen Grund bieten, es in die höhere Klasse zu versetzen. Er verachtet Bestechung und Korruption, die in öffentlichen Ämtern häufig sind. Trotz seiner allergischen Reaktion auf alle Uniformträger, ist Ramos fähig und bereit, seine Meinung immer wieder zu überprüfen und zu ändern.

"Imaginara-o tenente e surpreendia-me que houvesse inferiores tão bem educados. Julgava-os ásperos, severos, carrancudos, possuidores de horríveis pulmões fortes demais, desenvolvidos em berros a recrutas, nos exercícios. E aquele, amável, discreto, de aprumo perfeito e roupa sem dobras, realmente me desorientava. Surpreza tola por causa das generalizações apressadas."
(RAMOS, MDC1, 1987, 77)

Ramos wird im Verlauf seiner Haft oft mit einer Logik konfrontiert, die der seinen völlig fremd ist. Beispielsweise wird er scharf kritisiert, nicht die Dusche der Offiziere, sondern die der Leutnants benutzt zu haben. Diese Kritik ist ihm unbegreiflich, ebenso wie er es nicht versteht, daß der aufsichtshabende Capitão Lobo äußert, seine Ideen zu respektieren, obwohl er sie nicht gut findet. Der Leutnant bittet Ramos um ein Autogramm für den Roman *São Bernardo* , um ihn sofort als Kommunisten zu diffamieren. Die Inhaftierung Ramos' sieht er als gerechtfertigt an. Ramos versteht ihn nicht, da er zwar Sympathie für die Kommunistische Partei hegt, aber nicht Mitglied ist. Die Diskussion mit dem Leutnant zu diesem Thema ist sinnlos, da dieser Unterschied für dessen Meinungsbild nicht signifikativ ist.

An anderer Stelle kommentiert der Erzähler die Eigenheiten des Militärs, welches verstehe, Gewalt anzudrohen und damit die Gefangenen ständig dem Gefühl überlasse, ihm auf Gedeih und Verderb ausgesetzt zu sein. Ein aufsichtsführender Schwarzer preßt Ramos einen Revolver in den Rücken und verlangt von ihm, schneller in den Schiffsrumpf hinabzusteigen. Ramos fühlt sich bedroht, sieht sich in der Rolle eines Objekts, dem der Aufsichthabende auf diese Weise seine Macht demonstriert. Nach diesem Erlebnis bleibt ein Unbehagen zurück, denn diese Androhung von Gewalt ist sehr ernst zu nehmen.

Zudem verachtet Ramos die bürokratisch schematische Denkweise der Militärs, die keine gedankliche Flexibilität außerhalb vorgegebener Parameter dulden. Ramos muß seine Konfessionslosigkeit vehement verteidigen, als der Einweisungsbeamte ihn in Rio de Janeiro dazu bewegen will, sich zu einer der Konfessionen zu bekennen, die in seinem Vordruck aufgeführt sind, obwohl Ramos ihm erklärt hat, daß er keiner Konfession angehöre.

"O senhor não vai me convencer de que eu tenho uma religião qualquer. Faça o favor de escrever nenhuma." (RAMOS, MDC1, 1987, 193)

Trotz seiner deprimierenden Lage verliert er seinen Humor nicht: In Rio de Janeiro steht kein Gefängnis zur Verfügung, um die Passagiere aus dem Norden des Landes aufzunehmen:

"Apesar da indiferença, espantava-me ignorarem completamente onde ficaríamos, andarem à toa em busca de cárceres para nós. Essa desordem me causou vago prazer." (RAMOS, MDC1, 1987, 192)

4.2.2.3.1.4. Kommentare zur politischen Situation des Landes

Das von Ramos gezeichnete Porträt einer Diktatur spiegelt die Politik des Landes wieder. Gewaltakte gegenüber Andersdenkenden oder vermeintlich Andersdenkenden sind üblich. Die Zivilprozeßordnung ist außer Kraft gesetzt; keine Anklage, keine Verhandlung und kein Urteilsspuch legitimieren beispielsweise die Inhaftierung des Ich-Erzählers.

Kurz vor seiner Festnahme arbeitete Ramos an der Verwaltung des Schulwesens. Er hatte die Nationalhymne in den Schulen verboten und handelt sich dadurch den Vorwurf ein, unpatriotisch zu sein. Er selbst aber sieht eine Analogie zwischen der Nationalhymne, der Verdummung der Kinder und der regierenden Dummheit:

"O emburramento era necessário. Sem ele, como se poderiam agüentar políticos safados e generais analfabetos?" (RAMOS, MDC1, 1987, 41)

Diese Meinung bringt der Erzähler wiederholt zum Ausdruck:

" A antipatia que os militares me inspiravam com certeza provinha de nos separarmos. Eu achava as formulas deles, os horríveis lugares-comuns, paradas, botões, ordens do dia e toques de corneta uma chatice arrepiadora; se algum deles atentasse nas minhas ocupações, provavelmente as julgaria bem mesquinhas."
(RAMOS, MDC1, 1987, 65)

Ramos verachtet die Militärs, weil sie die oppositionelle Intelligenz lahmzulegen scheinen. Die Verhaftung von Luis Carlos Prestes deprimiert ihn besonders, weil er in ihm einen bedeutenden politisch denkenden Kopf sieht, der der Dummheit des regierenden Systems zum Opfer fällt.

Seit 1924 hat er Prestes politische Aktivitäten verfolgt, die er nicht einordnen konnte. Besonders dessen Feldzug durch den Nordosten Brasiliens hatte für ihn eher utopischen als politisch-programmatischen Charakter. Dennoch fanden Prestes Aufklärungsfeldzüge, seine Beobachtungen über die Misere in weiten Teilen des Landes und die schamlose Ausnutzung der Landarbeiter durch die Großgrundbesitzer bei der Bevölkerung Anklang. Zu dieser Zeit wies Prestes ohne ein klares politisches Programm lediglich auf die Mißstände hin. Doch der Tumult war bereits ein positives Zeichen, wie Ramos formuliert:

"Já não era pouco essa rebeldia sem objetivo, numa terra de conformismo e usura, onde o funcionário se agarrava ao cargo como ostra, o comerciante e o industrial roíam sem pena para o consumidor esbrugado, o operário se esfalfava à toa, o camponês agüentava todas as iniqüidades, fatalista sereno."
(RAMOS, MDC1, 1987, 82)

Danach geht Prestes ins Exil und kehrt 1934 aus Moskau als Führer der ANL zurück. Ramos bewundert Prestes:

"Admirava-lhe, porém, a firmeza, a coragem, a dignidade. E sentia que essa grande força estivesse paralisada." (RAMOS, MDC1, 1987, 84)

Trotzdem kritisiert Ramos die Kommunisten wegen ihrer Schwankungen im politischen Programm, weil sie sich hinsichtlich politischer Ziele und mit inadäquaten Programmpunkten verzetteln.

Beispielweise hält Ramos die Landaufteilung im Bereich der Viehzucht des Nordostens für unangebracht, wie auch Initiativen zur Vereinigung von Indianerstämmen seiner Meinung nach nicht in das aktuelle politische Programm gehören.

Ramos hat seine Zweifel am politischen Programm der ANL. Obwohl Ramos seine Bewunderung für Prestes zeigt, disqualifiziert er die kommunistische Partei, weil sie kein effizientes Programm für den Fall Brasilien aufstelle.Doch die Nachricht von der Festnahme Prestes bestürzt ihn, weil er sieht, daß die Basis für eine Revolution in Brasilien fehlt, und weil die Masse der Bevölkerung sich politisch täuschen läßt. Schuld daran ist seiner Meinung auch der Analphabetismus.

4.2.2.3.1.5. Charakterisierung des Ich-Erzählers

Die Position des Erzählers oszilliert nach Northrop Frye zwischen dem niedrig-mimetischen und dem ironischen Helden:

Ramos ist weder den anderen Menschen noch denen aus seiner Umgebung überlegen. Einzig seine Unfreiheit, seine Machtlosigkeit und die an ihn gestellte Anforderung, folgsam zu sein, zeichnet ihn als Helden der ironischen Dichtart aus. Doch hindert ihn seine Lage nicht daran, seine eigenen Überlegungen anzustellen.

Der Ich-Erzähler ist introvertiert. Er lebt in einem ständigen Konflikt mit der Außenwelt, wo er keinen Erfolg hat. In seinem Inneren geht er aus selbstentworfenen Dialogen immer als Sieger hervor. Seine Ängste, seine Gesundheit und das Zusammenleben mit den Mitgefangenen bedrücken ihn.

Vor der Verhaftung hat er häufig Streit mit seiner Ehefrau und Ärger am Arbeitsplatz. Diese Probleme kann er nicht bewältigen; deshalb erscheint ihm die bevorstehende Haft eine Erlösung zu sein.

Sofort nach der Verhaftung werden alle positiven Gedanken und Wünsche zunichte gemacht. Er sieht sich als Spielball willkürlicher Anordnungen, die von den aufsichtführenden Posten, oft ohne einsichtigen Grund erteilt werden. Die Haft macht ihn vom ersten Tag an unruhig und nervös; er raucht viel, kann nichts essen, leidet an Schwindelanfällen und Schlaflosigkeit. Er kann weder konzentriert lesen noch schreiben.

Seine Verhaftung, die ohne Angabe von Gründen geschah, zermürbt ihn:

> "Nada afinal do que eu havia suposto: o interrogatório, o diálogo, cheio de alçapões, alguma carta apreendida, um romance com riscos e anotações, testemunhas, sumiram-se. Não me acusavam: suprimiam-me."(RAMOS, MDC1, 1987, 52)

Er steht unter dem Verdacht, Kommunist zu sein, obwohl er der Partei nicht angehört. Sein Verhältnis zur Partei ist gespalten: mit einigen Repräsentanten sympathisiert er, andere kritisiert er. Seine Situation zermürbt ihn:

> "Absurdo: eu não podia considerar-me comunista, pois não pertencia ao Partido, nem era razoável agregar-me à classe em que o bacharel José da Rocha usineiro, prosperava." (RAMOS, MDC1, 1987, 58)

Für sich selbst sieht er die Voraussetzungen nicht gegeben, sich Kommunist nennen zu können; er gehört weder zur Arbeiterklasse noch der Partei. Doch würde er nie die Interessen der Unternehmer vertreten.

Die Ausnahmesituation der Haft zwingt ihn dazu, sich intensiver mit den Personen aus seiner Umgebung auseinanderzusetzen. Das bezieht sich auf die Mitgefangenen und auf die Militärs:

> "Essas descobertas de caracteres estranhos me levam a comparações muito penosas, analiso-me e sofro." (RAMOS, MDC1, 1987, 70)

Die Haft scheint sein Schreiben nicht positiv zu beeinflussen: Obwohl er immer angespannt und wach ist, hat er enorme Konzentrationsschwierigkeiten. Bereits in den ersten Tagen der Haft in Recife nimmt er die Nahrung der Haftanstalt nicht an. Schwindelgefühle plagen ihn, schwarze Flecke tanzen vor seinen Augen, die ihn vom Lesen abhalten. Diese Symptome sind seiner Meinung nach altersbedingt; sie sind reales Zeichen eines Ernährungsmangels. Sie führen auch zu einer Veränderung seiner äußeren Erscheinung: Die Ereignisse in Recife und auf dem Schiff Manaus wirken sich aus: "... e deixava a um canto o meu velho conhecido de basta cabeleira negra e olhos vivos. Agora os olhos esmoreciam cansados e os cabelos estavam completamente brancos." (RAMOS, MDC1, 1987, 159)

Die Haft entfremdet ihn sich selbst, und er vernachlässigt sich auch weiterhin: Nur ab und zu versucht er, einen Keks oder etwas Obst zu essen, trinkt aber Schnaps, wenn er ihn bekommen kann. Magenbluten ist eine Konsequenz seiner Fehlernährung. Glücklich ist er in den Momenten, wo er seine Organe fast gar nicht spürt. Die "Unterbeschäftigung" der Eingeweide macht ihn krank: Nur aus Neugier will er wissen, ob es sich um ein Leiden handelt, das sich verschlimmern wird, oder um eine kurzfristige Krankheit. Seinen Körper beobachtet er emotionslos, fast gleichgültig.

Wenn er nicht über seine Gesundheit, die übrigen Gefangenen oder über die politische Situation schreibt, offenbart er dem Leser seine Ängste: Da er nicht weiß, wie lange er inhaftiert bleiben wird, sorgt er sich darum, daß ihm sein Geld ausgehen könnte. Damit leistet er sich in seiner miserablen Situation einige Luxusartikel, die ihm die Haft erträglich machen, Zigaretten zum Beispiel. (RAMOS, MDC1, 1987, 182)

Seine größte Angst ist die, nicht mehr schreiben oder arbeiten zu können und dadurch in Abhängigkeit von anderen Menschen zu geraten:

> "Afligia-me especialmente supor que não me seria possível, nunca mais trabalhar; arrastando-me em ociosidade obrigatória, dependeria dos outros, indigno e servil."(RAMOS, MDC1, 1987, 182)

Grundzüge der hier dargestellten Bedingungen, Einstellungen und Verhaltensweisen lassen sich auch im Band II *Pavilhão dos Primários* wiederfinden. Dennoch ist hier, da eine Haftroutine eingetreten ist, eine Veränderung des Verhaltens des Ich-Erzählers zu beobachten: er verzehrt die angebotenen Mahlzeiten, trinkt Kaffee und die Milch, die nur an die Kranken verteilt wird.

Im Pavilhão dos Primários teilt sich Ramos mit drei Männern eine Zelle. Er lernt seine zukünftigen Freunde Rafael Kamprad, "Sérgio" sowie Rodolfo Ghioldi kennen.

Das Gespräch mit den ihm sympathischen Leuten weckt seine Überlebensinstinkte:

> "O apetite não me vinha, contudo achei-me capaz de engolir qualquer coisa." (RAMOS , MDC2, 1987, 211)

Ramos setzt sich nun in anderer Form mit der Haftsituation auseinander: Mit den Rahmenbedingungen der Haft hat er sich abgefunden und seine Auseinandersetzung mit Personen und Ereignissen im Haftalltag nimmt zu.

4.2.2.3.1.6. Verhältnis der Gefangenen untereinander

Im Pavilhão dos Primários sind die äußeren Umstände angenehmer als auf dem Schiff oder im Übergangsquartier von Rio de Janeiro. Die Gefangenen können sich in dem Gefängnis frei bewegen, meist stehen die Zelltüren offen.

Die Zeit der Haft wird von den Gefangenen weitgehend genutzt; sie unterrichten sich gegenseitig in Mathematik, in Sprachen und in Philosophie. Ramos hat mit dem Mathematikunterricht Sérgios und mit dem Englischunterricht seine Schwierigkeiten:

> "Mastiguei numerosas barbaridades e ouvi no fim este comentário:

- É. Parece que o senhor já viu uma gramática, um dicionário inglês. Mas essa articulação, francamente, é horrorosa. Ninguém advinha o que o senhor lê, não sabemos se isso é inglês ou tupi." (RAMOS, MDC1, 1987, 249)

Ramos knüpft Kontakt zu Gleichgesinnten: Rodolfo Ghioldi von der Kommunistischen Partei Argentiniens bewundert er wegen brillianter rhetorischer Fähigkeiten und seiner Geschichtskenntnisse, die er vor den Haftinsassen in Vorträgen unter Beweis stellt. Intensiveren Kontakt pflegt er zu Sérgio aus Georgien im russischen Kaukasus. Angeregte Diskussionen über Literatur und Politik lassen Ramos vermuten, daß die brasilianische Literatur für seinen Gesprächspartner uninteressant sein könne.

"Não simulava nenhuma espécie de consideração às nossas letras, pouco mais ou menos inexistentes. Falava-me com franqueza e isto não me susceptibilizava, é claro: o meu novo amigo vinha de grandes culturas, não iria fingir apreço às miudezas nacionais." (RAMOS, MDC2, 1987, 229)

Um so verwunderter ist er, als Sérgio das Gedicht "*O Sorriso* " von Manuel Bandeira lobt und gesteht, Brasiliens Literatur noch nicht gut genug zu kennen. Ramos neidet ihm seine Wortgewandtheit, seine Auffassungsgabe für Fremdsprachen und seine Fähigkeiten des Schnellesens und der Beurteilung. Ramos ist in diesen Dingen schwerfällig; es gelingt ihm, nur Zeilen zu lesen, während der andere Seiten "verschlingt".
Ramos schätzt Sérgio und Rodolfo, in deren Gesellschaft er sich wohl fühlt. Sie lassen ihn die äußeren Umstände der Haft vergessen:

"As vezes me dirigia a Rodolfo, a Sérgio achava-me à vontade falando a eles, sentava-me numa cama de ferro, expunha dúvidas, permutava informações". (RAMOS, MDC1, 1987, 256)

Abgesehen vom Rückhalt bei einigen Gleichgesinnten herrscht ein Klima der Ungewißheit und der Angst vor Bespitzelung, das die Haft beeinflußt. Ramos beschreibt diese Situation und vergleicht sie mit dem Denken der Menschen, die in Freiheit leben:

"Em tal situação invade-nos um mal-estar desconhecido cá fora, vivemos à espera de ameaças indeterminadas e, reconhecendo ser impossível conjurá-las, não nos resignámos a capacitar-nos disto: buscamos isolar-nos na multidão, permanecemos de sobreaviso, reduzimos o vocabulário e estudamos as caras e os gestos. Por assim dizer, adquirimos uma segunda natureza. ... Todos se espionam, divulga-se o constrangimento, o ar se envenena". (RAMOS, MDC1, 1987, 258)

Die Haftsituation fördert die Anonymität der Gefangenen. Jeder konzentriert sich nur auf sich selbst. Niemand möchte etwas über seine Gefängniskollegen wissen, denn bei Verhören durch die Polizei könnten Details ausgesprochen werden, die einen anderen Insassen belasten.

Rodolfo Ghioldi beispielsweise schlüpft bei seinen Verhören in die Rolle eines beredten Unwissenden. Als er von einem Verhör mit der Polizei zurückkommt, ist es ihm gelungen, niemanden mit seinen Aussagen zu belasten.

4.2.2.3.1.7. Äußerungen zur Politik

Die Situation von Ramos bleibt ungeklärt, weder eine Anklage noch ein Prozeß rechtfertigen seine Haft. Den übrigen Gefangenen erscheint er deshalb verdächtig.

Minutiös beschreibt er alle Personen, die sein Interesse wecken. Ausführlich kommentiert Ramos die Verhaftung von Antônio Maciel Bonfim (Martins), der unter dem Namen Miranda als Angehöriger der kommunistischen Partei bekannt ist und den Aufstand von 1935 maßgeblich beeinflußt hat. Er kommt krank und von Folter geschwächt in das Gefängnis und Ramos kommentiert bissig:

"Tinhamos enfim, matéria suficiente para um esboço de heroí." (RAMOS, MDC1, 1987, 282)

Ramos ist über sein Auftreten, die Reden und die Argumentationen Mirandas entsetzt. Seiner Meinung springt Miranda innerhalb seiner Rede von einem Thema zum anderen, ohne Wichtiges zu sagen. Ramos vergleicht die Vorträge von Rodolfo Ghioldi mit denen Mirandas, die er beschämend findet, und kommt zu dem Schluß, daß es nur in der Illegalität möglich ist, Insuffizienzen zu verstecken.

"Miranda sabia dizer tolices com terrível exuberância. ..., convenciam-me de que não nós achavamos diante de um simples charlatão." (RAMOS, MDC1, 1987, 284)

4.2.2.3.1.8. Merkmale der Haft

Der Band *Casa de Detenção* gibt ein genaueres Bild der Haftsituation ab, da er im Krankenhaus einfacher mit der Außenwelt in Kontakt kommt und die Möglichkeit zum Vergleich gegeben ist. Die Besuche seiner Frau, die Lektüre zeitgenössischer Literatur, die Beobachtung der Mitgefangenen, die ebenfalls von ihren Verwandten Besuch erhalten, und die gemilderten Haftbedingungen lassen ihn zum kritischen Beobachter seiner Umgebung werden.

Er hält die Erfahrung der Haft für nicht übertragbar und nicht vermittelbar. Das zeigt sich an seiner bitteren Reaktion anläßlich des Besuchs seiner Frau:

" Minha mulher, à porta, recebeu-me com espanto:

- Como está magro! Porque raspou a cabeça?

- Pois sim! resmunguei. Isso dependia de mim. Devia estar gordo e cabeludo. Quanta inocência!" (RAMOS, MDC2, 1987, 199)

Auch seinen Freund José Lins do Rego kritisiert er scharf, denn er schreibt über die Haft, ohne jemals inhaftiert gewesen zu sein:

"O indivíduo livre não entende a nossa vida além das grades, as oscilações do caráter e da inteligência, desespero sem causa aparente, a covardia substituída por atos de coragem doida."

"Somos animais desequilbrados... Sentimos em demasia, e o pensamento já não existe: funciona e pára. Querem reduzir-nos a máquinas. Máquinas perras e sem azeite. Avançamos, recuamos. Zanguei-me com José Lins." (RAMOS, MDC2, 1987, 215)

4.2.2.3.1.9. Ausgangsposition von Ramos

Im ersten Kapitel des Bandes *Viagens* wendet sich Ramos an seine Leser und ordnet seinen Text zeitlich, inhaltlich und ethisch in einem gesellschaftlichen und literarischen Kontext ein. Ein unterdrücktes Individuum meldet sich zu Wort. Ramos verweist auf den politischen und psychologischen Hintergrund seines Werkes, der von Gewalt geprägt ist.

Ein Grund für seine verspätete Niederschrift ist das Fehlen von Aufzeichnungen. Die Notizen aus der Haft mußte er ins Meer werfen, andere Texte zur Haft, hat er nicht aufbewahrt. Er wollte nicht über Zeitgenossen schreiben, um deren Namen nicht zu nennen und um ihre persönlichen Eigenschaften nicht preiszugeben. Doch nachdem viele der ehemaligen Haftkollegen verstorben waren, änderte er seine Meinung und scheute sich nicht mehr, Dinge und Menschen beim Namen zu nennen.

Der gesellschaftliche Kontext und die Existenz einer Zensurbehörde können, so Ramos, keinen Künstler an der Arbeit hindern, zumal es für die Literatur in Brasilien keine Vorzensur gab. Erst nach der Veröffentlichung eines Textes konnte die Zensur in Kraft treten. Ausflüchte von kreativen Menschen, wegen der Zensur darauf verzichtet zu haben, ein Kunstwerk zu produzieren, läßt Ramos nicht als Entschuldigung gelten. Es geht ihm darum, schriftstellerisches Ethos zu wahren: Absolute Freiheit gibt es seiner Meinung nach nicht, selbst ein Schriftsteller ist an die von Grammatik und Syntax auferlegten Zwänge seiner Sprache gebunden. Es ist nicht rechtens, sofern man selbst zu schreiben in der Lage ist, darauf zu hoffen, daß ein anderer sich zu Wort meldet und das Erlebte beschreibt. Die Erinnerung und die Aufzeichnung eigenen Erlebens, auch unangenehmer Episoden, sind notwendig, um dem Ethos eines Schriftstellers als Zeitzeuge zu entsprechen.

" Estou a descer para a cova, este novelo de casos em muitos pontos vai emaranhar-se, escrevi com lentidão - e provávelmente isto será publicação póstuma como convém a um livro de memórias." (RAMOS, MDC1, 1987, 35)

In den *Memórias do Cárcere* zeichnet Graciliano Ramos ein Porträt der brasilianischen Gesellschaft und ihrer Probleme. Die extreme Situation der Haft veranlaßt ihn dazu, sich mit Menschen der unterschiedlichsten Herkunft auseinanderzusetzen. Dabei deckt er auf, warum es in Brasilien Unterentwicklung gibt: Er selbst ist permanent gezwungen, gegen rassische und bildungspolitische Vorurteile, die er selbst mitbringt, anzukämpfen, um seine Gefängniskollegen zu begreifen. Immer wieder versucht er, ihr Verhalten aus dem Kontext ihres So-seins zu begreifen und zu analysieren. Lediglich dort, wo er Kleinkriminelle entdeckt, findet er keine Entschuldigung für deren Verhalten, weil er den Raub am Gleichgestellten nicht akzeptiert.

Als Brasilianer leidet er an einem kulturellen Minderwertigkeitskomplex gegenüber den Europäern, die er in der Haft trifft. Die Erkenntnis, daß er zu Intellektuellen ungeachtet ihrer Herkunft eine Verbindung herstellen kann und eine persönliche Nähe fühlt, bewirkt, daß er in seinem eigenen Land eine Sonderstellung einnimmt und in einem distanzierten Verhältnis zu seinen Landsleuten lebt. Die Verwendung des erzählenden Ich verschafft ihm Distanz zu seinen Gefängniskollegen, denn in erster Linie beschreibt er sich selbst. Er solidarisiert sich mit allen Gefangenen. Wenn es zum Konflikt mit Militärs oder politisch oppositionell gesinnten Personen kommt, spricht er von einem "wir". In einem prononcierten Realismus nimmt Ramos den Standpunkt der Ausgebeuteten ein. Der Protagonist verbündet sich mit den Unterdrückten, weil sie wie er keinen Einfluß auf die Politik haben.

4.2.3. Graciliano Ramos und die Regisseure des Cinema Novo

Ramos' Texte haben mehrere Regisseure des *Cinema Novo*, Nelson Pereira dos Santos, Leon Hirszman, Luis Paulinho und andere wie A. Cavalcanti zu Filmen inspiriert. So wurden neben *Vidas Secas* und *São Bernardo* auch Kurzgeschichten wie *Dois Dedos, O Ladrão* und *A Prisão* in dem Film *Insônia* (1980) zusammengefaßt und zuletzt die autobiographischen *Memórias do Cárcere* im Jahr 1984 verfilmt.

4.2.4. Der Film nach den Memórias do Cárcere

Die Filmographie von Nelson Pereira dos Santos zeigt sein Interesse an der Auseinandersetzung mit Literatur. Bereits in den 50er Jahren ließ er sich für seine ersten Filme von Werken Jorge Amados anregen. Danach verfilmt er das Theaterstück *A Boca de Ouro* des Dramaturgen Nelson Rodrigues. Seine besondere Wertschätzung allerdings gilt dem Schriftsteller Graciliano Ramos.

Als er 1963 *Vidas Secas* filmte, hielt er sich an die Anweisungen des bereits verstorbenen Ramos und blieb dem Text weitgehend treu; den Film politisierte er gemäß den Vorgaben des *Cinema Novo*. 1980 verfilmte er die Kurzgeschichte *O Ladrão* zu einem Kurzfilm, der einen der drei Teile des Films *Insônia* darstellt. Zwischenzeitlich filmte er *Azyllo Muito Louco* nach *O Alienista* von Machado de Assis.

Fünf Jahre nach der politischen Öffnung Brasiliens, die mit der Regierungsübernahme von Präsident Figueiredo 1979 beginnt, dreht Nelson Pereira dos Santos den Film *Memórias do Cárcere* (1984). Das Projekt zu diesem Film, existiert seit den 60er

Jahren, wo es nicht möglich war, diesen Film zu drehen. Graciliano Ramos galt zwar als bedeutender Autor, doch war an die Verfilmung der gegen die Vargas Diktatur gerichteten Konfessionen eines Mitglieds der Kommunistischen Partei, nach dem Staatsstreich des brasilianischen Militärs am 1. April 1964, nicht zu denken. Die Militärs unterdrückten die Intellektuellen durch zahlreiche Institutionelle Akte. Insbesondere der Institutionelle Akte 5 zwang Pereira dos Santos, von seinem Projekt aus politischen Gründen Abstand zu nehmen.

Außerdem war an eine Finanzierung dieses großen Filmprojektes nicht zu denken. Erst nach der politischen Öffnung konnte Nelson Pereira dos Santos den Produzenten Luiz Carlos Barreto für *Memórias do Cárcere* gewinnen und diesen 178-minütigen Film drehen.

Der Analyse liegt die gekürzte Videoversion aus den USA zugrunde[114]. Das Drehbuch für den Originalfilm hat 152 Sequenzen und 588 Szenen[115]. Der Film entstand im Rahmen einer Filmpolitik, die versuchte, mit kostspieligen Produktionen auch das internationale Publikum anzusprechen[116].

4.2.4.1. Die Position des Regisseurs Nelson Pereira dos Santos

Der Film *Memórias do Cárcere* von Pereira dos Santos ist aus einem anderen Blickwinkel entstanden, als der Text von Graciliano Ramos.

Nelson Pereira dos Santos bringt auf der Ebene der *mise-en-scène* eigene Autorenschaft zur Geltung, in dem er ästhetische und inhaltliche Schwerpunkte setzt. Inhaltlich hält sich der Regisseur zunächst an eine Tradition des *Cinema Novo*:

In *Terra em Transe* von Glauber Rocha geht es zum Beispiel um das Verhältnis des Intellektuellen zum Volk und um seine Haltung gegenüber der Politik. Rocha thematisiert den Konflikt des Schriftstellers Paulo, der schwankt, ob er politisch arbeiten oder sich der unmittelbaren politischen Verantwortung entziehen soll. Der Held bei Rocha zieht sich aus der Politik zurück, denn sie wird als schmutziges Geschäft diffamiert.

Pereira dos Santos zeigt in *Memórias do Cárcere*, daß der Schriftsteller oder Künstler die Aufgabe hat, Land und Leute zu porträtieren, um ein Zeugnis seiner Zeit zu hinterlassen. In diesem Sinne gilt für ihn das künstlerische Ethos, dem auch Graciliano Ramos sich unterworfen hat. In einem Land wie Brasilien, das keine demokratische Tradition hat, ist die Arbeit des Künstlers unverzichtbar. Sein Film ist ein Heldenepos, denn der Held stellt sich offen gegen die Repression der politischen Opposition.

Damit zeigt Nelson Pereira dos Santos die Aktualität der *Memórias do Cárcere* für die 80er Jahre auf. Brasilien befindet sich am Ende einer repressiven Militärdiktatur von zwanzig Jahren, die verarbeitet sein will. Die Aktualisierung der *Memórias do Cárcere* ist eine Form der Aufarbeitung. Die Zensur der Medien und die Verfolgung des politisch Andersdenkenden fanden in den 80er Jahren nur in seltenen Fällen statt[117].

Insofern hatte der Regisseur eine Chance, daß sein Film gezeigt und sein Publikum finden würde.

Nelson Pereira dos Santos streicht den Ich-Erzähler und handelt im Sinne des Autors: Ramos wendet sich im ersten Band an den Leser und erklärt, daß es ihm mißfällt, die erste Person zu verwenden.

Pereira dos Santos dagegen weist der Kamera die Position des Beobachters zu. Der Schriftsteller Ramos wird zu einer Person unter vielen.

Der Regisseur streicht das erste Kapitel der *Memórias do Cárcere*, das die Probleme und Schwierigkeiten des Ich-Erzählers anspricht und hält sich an die Intentionen des Autors, die dieser im nie geschriebenen 28. Kapitel im vierten Band des Textes verwirklichen wollte. Ricardo Ramos schreibt dazu im Nachwort der *Memórias do Cárcere*, daß Graciliano Ramos Eindrücke von der wiedererlangten Freiheit vermitteln wollte.

> "- Que é que você pretende com o último capítulo? Sensações da liberdade. A saída, uns restos de prisão a acompanhá-lo em ruas quase estranhas. - Eu conhecia o Rio de 1915...E procurava orientar-se através de reminiscências, sem examinar as placas. A claridade forte, o movimento grande o atordoavam. Entrou num café, e ao levantar-se arrastou os pés, como se ainda usasse tamancos."[118]

Die Kosten des Films sind mit 750.000 US-Dollar nicht mit denen von *Vidas Secas* zu vergleichen. Sie entsprechen dem veränderten Produktionskontext der 80er Jahre. Die Regisseure beabsichtigen, publikumswirksame Filme zu drehen. Mit seinen *Memórias do Cárcere* orientiert sich Pereira dos Santos an dem authentischen Bedürfnis der Brasilianer, die Phase der Militärdiktatur aufzuarbeiten. Die Produktion ist aufwendig, die Zahl der Darsteller groß; die Filmsprache weist Einflüsse des amerikanischen Films auf. Die Intention des Regisseurs besteht darin, die Kerkersituation mit ihren Auswirkungen darzustellen und den subjektiven Blick des an sich zweifelnden Ich-Erzählers aus dem Text aufzuheben. Pereira dos Santos respektiert dabei den Geist der literarischen Vorlage sowie ihre konkreten Vorgaben an darstellbaren Details. Die Zahl der ca. 300 Protagonisten des literarischen Textes wird reduziert. Der literarische Diskurs muß aus filmtechnischen Gründen eingegrenzt, Sequenzen müssen neu konzipiert, Inhalte der Kapitel oder Aussagen von Personen zusammengefaßt oder gerafft werden. Pereira dos Santos kommt zu einer von Ramos divergierenden gesellschaftspolitischen Aussage. Ramos interpretiert das Leben, indem er dafür die Metapher Hölle einsetzt. Pereira dos Santos verwendet das Bild vom Kerker als Metapher für die brasilianische Gesellschaft und entwickelt eine Ikonographie der Haft. Darin wird der Schriftsteller Ramos gewürdigt, weil er sich selbst treu bleibt und sich nicht von der Willkürherrschaft der Militärs einschüchtern läßt.

Beide Aussagen liegen nicht weit auseinander, doch Pereira dos Santos kommt es in erster Linie darauf an, das Thema der Befreiung von Diktatur aufzuarbeiten und eine

Perspektive für das Leben in Freiheit aufzuzeigen. Der Regisseur verfolgt drei Ziele: eine Hommage an den Schriftsteller, eine Darstellung der brasilianischen Gesellschaft als Kerker im umfassenden Sinne und eine optimistische Einschätzung der politischen Öffnung.

4.2.4.2. Aufbau des Films

Der Film ist in drei Phasen eingeteilt. Der Regisseur will eine Chronologie der Ereignisse vermitteln, die dem Zuschauer das Verständnis erleichtert. Der Regisseur zeichnet die Stationen der Haft nach, hält sich dabei aber nicht an die Abfolge der Haftstationen in den *Memórias do Cárcere.* Rückblenden und Zeitraffung werden systematisch dazu verwendet, viele Elemente aus dem literarischen Text zu übernehmen.

4.2.4.2.1. Exposition

Die erste Phase des Films führt den Zuschauer in das politische Klima der Vargas Diktatur ein. Pereira dos Santos kündigt sofort eigene Autorenschaft an: Die Texteinblendung im Vorspann des Films dient einer Situationsbeschreibung der politischen Verhältnisse unter Präsident Getúlio Vargas. Der Regisseur zeigt, wie der Aufstand der Kommunisten im Norden Brasiliens von Vargas Truppen niedergeschlagen wurde und der über das Land verhängte Ausnahmezustand die Freiheiten vieler Bürger beschnitt. Pereira dos Santos würdigt das Zeugnis des Schriftstellers Graciliano Ramos. In der Aufblende folgt eine Totale des Governeurspalastes in Maceió im März 1936.

Die Kamera zeigt dann im Innern des Palastes das Büro, in dem Ramos sitzt und telefoniert. Er läßt sich nicht von dem Faschisten einschüchtern, der am anderen Ende der Leitung spricht. Die folgende Einstellung zeigt einen Aufmarsch der Soldaten, der *Camisas Verdes* vor dem Gouverneurspalast in Maceió, der von Studentenprotesten begleitet wird. Wieder zeigt die Kamera das Innere des Gouverneurspalastes, wo Ramos in seinem Arbeitszimmer einem dümmlich aussehenden Leutnant in der grünen Uniform der Faschisten erklärt, daß er nicht gewillt ist, eine Sonderregelung für die Prüfung seiner Nichte zu treffen. Er bleibt seiner dienstlichen Auffassung treu, nicht korrumpierbar zu sein und gibt auch dem Drängen nicht nach. Schon hier wird deutlich, daß es Schwierigkeiten mit den Vertretern der neuen Regierung geben wird. Der Leutnant verläßt den Raum, sein Assistent betritt das Büro und übermittelt die Nachricht von zwei weiteren anonymen, gegen Ramos gerichteten Telegrammen. Durch das Fenster sehen beide dem Aufmarsch der Integralisten zu, die die Studenten niederschlagen. Das Fensterkreuz indiziert bereits hier die distanzierte Position Ramos zur Politik. Das Fensterkreuz kann das Abgeschottetsein des kritischen Intellektuellen von politischer Einflußnahme bedeuten.

Eine Totale zeigt den Gouverneurspalast bei Sonnenuntergang, nur ein Fenster und die Eingangstür sind erleuchtet, und die Außenbeleuchtung ist eingeschaltet.

Es folgen die "credits" im unteren Drittel des Bildes in kleinerer Schriftgröße als die der Informationstafeln zu Anfang des Filmes. Der Name des Regisseurs ist in kleineren Buchstaben geschrieben. Der Regisseur zeigt seine Reverenzhaltung dem Autor gegenüber, denn der im Dunkeln liegende Palast symbolisiert die im Dunkeln liegende Geschichte. Die Aufgabe des Regisseurs besteht darin, die historischen Ereignisse zu interpretieren und für die Gegenwart verständlich zu machen. Zur Untermalung der gesamten Credits wird der "*Marcha Solene Brasileira*" von Louis Moreau Gottschalk gespielt, eine klassische, rein instrumentale Variation der Nationalhymne, die den künstlerischen Anspruch des Films betont.

Pereira dos Santos hat in mehreren Interviews erklärt, daß die Texte von Graciliano Ramos keine musikalische Untermalung fordern. Schon in *Vidas Secas* wird nur das Knarren eines Ochsenwagens zur akustischen Untermalung verwendet. Für *Memórias do Cárcere* verwendet Pereira dos Santos verschiedene Variationen der Nationalhymne. Zu Beginn und am Ende des Films wird die Version Gottschalks gespielt als Hinweis darauf, daß es sich um eine ernsthafte Auseinandersetzung mit einem Zeitraum in der brasilianischen Geschichte handelt. In den Gefängnissen wird eine Variation der Kommunisten über die Nationalhymne, *hino do brasileiro pobre* immer wieder von den Neuankömmlingen mit den bereits längere Zeit Inhaftierten gemeinsam gesungen. Sie verdeutlicht sowohl die politische Opposition wie auch die inadäquate Anpassung der Partei an die gegebenen Verhältnisse.

Immer wenn Ramos die *hino do brasileiro pobre* im Gefängnis vernimmt, die von den Kommunisten zur Melodie der Nationalhymne gedichtet wurde, muß er an einen Wärter denken, der ihm bei der Einweisung sagte, daß die Insassen des Gefängnisses singen und schreien würden wie Idioten.

> "Ri-me interiormente, pensando no que me havia dito o guarda pouco antes: Vivem cantando e berrando como uns doidos." (RAMOS, MDC2, 1987, 207)

Hymne und Gefängnis sind Verbindungen, mit denen Pereira dos Santos in seinem Film den offensichtlichen Widerspruch zwischen Garantie von Freiheit (Hymne) und Kerker (Gesellschaft) anspricht. Das nationale Symbol für Freiheit, die Hymne, ist mit ihrem Gegenstück, der Unfreiheit und der Fremdbestimmung, kontrastierend verknüpft.

Ramos selbst problematisiert die seiner Meinung nach bestehende Korrelation von Hymne und Dummheit, die er darin sieht, daß das Singen der Hymne zu einem integrativen Bestandteil des Schulunterrichts gemacht werden sollte. Für Ramos bedeutet das gemeinschaftliche Singen der Hymne Volksverdummung.

> "O emburramento era necessário. Sem ele, como se poderiam aguentar políticos safados e generais analfabetos?" (RAMOS, MDC1, 1986, 41)

Die Interpretation von Pereira dos Santos übertrifft die des Schriftstellers an Schärfe, denn das Symbol für Freiheit wird als Symbol für Gefangenschaft interpretiert.

Die Exposition endet, als der Leutnant Ramos von seiner Wohnung abholt und für den Schriftsteller eine Odyssee mit ungewissem Ausgang beginnt.

4.2.4.2.2. Konflikt und Entwicklung der Handlung

Ohne Anklageschrift und ohne expliziten Grund für seine Festnahme beginnt Ramos' Irrfahrt, die ihn durch mehrere Haftanstalten führt. Die erste ist in Recife in einer Offizierskaserne, wo er sich mit Capitão Mota ein Zimmer teilt und von der Wache, einem Leutnant namens Capitão Lobo, um ein Autogramm für seinen Roman *São Bernardo* gebeten wird. Die Haftbedingungen sind annehmbar: Ein helles geräumiges Zimmer mit unvergitterten Fenstern und einfachem Mobiliar.

Diesem Aufenthalt folgt ein Gefangenensammeltransport zu dem Schiff, das sie nach Rio de Janeiro bringen wird. Ramos trifft bei dieser Gelegenheit auf Emanuel, der sich beschwert, daß Ramos in den Offizierskasernen besser untergebracht war als er. Ramos antwortet:

"- Cadeia é Cadeia. E a mesma coisa para todos nós." (Drehbuch MDC, 1984, 39)

Die Kamera zeigt beide zusammen auf der Sitzbank im Wagen. Unterbrochen wird die Szene mit einem Schnitt und der Bedienstete Emanuels wird gezeigt. Damit wird der Bruch zwischen den politischen Weltauffassungen deutlich: Emanuel ist Präsident der *Aliança Libertadora Nacional*, die vom bürgerlichen bis kommunistischen Spektrum zahlreiche politische Strömungen in sich vereint, und gehört dem bürgerlichen Flügel an. Ramos dagegen sympatisiert mit dem Kommunisten Luis Carlos Prestes. Das erklärt er Capitão Lobo, als dieser ihm *"O Noticiário de Alagoas"* bringt. Auch in der Gefangenschaft hält sich Emmanuel einen Diener, der ihm das Essen besorgt und die Koffer trägt. Emanuel vertritt die unflexible Haltung des Bürgertums, das ungern, auf traditionelle Privilegien verzichtet.

Die Haftbedingungen auf dem Schiff übertreffen die schlimmsten Erwartungen. Sie heben jede Form von Privatsphäre auf und zeigen, daß die Gefangenen wie eine Horde Vieh transportiert werden.

Ein Labyrinth von Hängematten zeigt die räumliche Enge, Schlamm bedeckt den Fußboden, schlecht gekleidete Gestalten bewegen sich. Ramos wird als Beobachter gezeigt, der mit allen spricht und allen Begebenheiten interessiert zusieht. Eine Sequenz zeigt die Ohnmacht der Gefangenen. Diese betrifft sowohl Ramos sowie die übrigen Gefangenen, die im Schiffsrumpf zur Melodie eines Samba *"Vem morena"* tanzen und auch den rebellierenden Soares. Ramos wird in einer halbnahen Einstellung gezeigt, wie er die Ereignisse beobachtet. Er blickt nach oben. Im Gegenschuß sind die Passagiere der ersten Klasse zu sehen, die sich aufstellen, freundlich zu den Gefangenen hinablächeln, um diese beim Tanzen und Singen zu beobachten. Im anschließenden Gegenschuß wird eine Halbnahe von Soares gezeigt, der sich aus seiner Hängematte aufrichtet, um mitzutanzen. Wieder in der Gegenaufnahme werden in der Perspektive von unten nach oben die Passagiere der ersten Klasse gezeigt, wie sie im Rhythmus der Musik der Gefangenen mitschwingen. Eine Totale aus der Aufsicht zeigt die tanzenden und singenden Gefangenen, das Lied endet, die Kamera zeigt Soares in einer halbnahen Einstellung in Kampfpose, mit geballter Faust. Die Machtlosigkeit der Gefangenen zeigt sich auch darin, daß selbst Kampfposen wie die "*banana*" von Soares belächelt werden, weil sie in den Augen der Privilegierten keine Bedrohung darstellen.

Der Zuschauer wird bereits auf dem Schiff mit Repression durch Folter vertraut gemacht: Es sieht auf dem Schiff und im Pavilhão dos Primários Gefangene mit Folterspuren an Armen und Beinen.

Die äußeren Bedingungen der Haft normalisieren sich, als die Gefangenen im Pavilhão dos Primários eintreffen. Es gibt Duschen, Betten und einen durch Essen, Vorträge, Gymnastik und Gefängnisradio geregelten Alltag.

Als die Gefangenen aus dem Norden im Pavilhão dos Primários eintreffen und von den bereits Einsitzenden mit der Nationalhymne begrüßt werden, fragt der Ungar Valdemar Byrini, ein ehemaliger Offizier unter Bela Kun ganz erbost, ob man unter den Kommunisten in Brasilien geglaubt habe, eine Revolution mit diesen die Nationalhymne grölenden Bestien machen zu können. Er beschwert sich über das ungebildete Volk, das sich mit nationalen Symbolen identifiziere und eigentlich keine eigene politische Meinung vertrete.

Diese negative Einschätzung der revolutionären Kräfte der Brasilianer wird exemplarisch an einer Abstimmung über einen Hungerstreik gezeigt. Die Gefangenen sitzen alle zusammen und stimmen demokratisch ab. Sie wollen gegen ihre miserable Situation protestieren. Leonardo Grossi rät vom Hungerstreik ab, denn als Gefangene genössen sie außerhalb des Gefängnisses keine Sympathien. Man wiederholt die Abstimmung für den Hungerstreik, für den die Mehrheit stimmt, als aber das Essen serviert wird, stürzen alle auf die Wagen.

Die Ohnmacht der Inhaftierten wird besonders deutlich, als Olga Benário und Elisa Berger an das faschistische Hitlerdeutschland ausgeliefert werden sollen. Die Gefangenen wissen Bescheid und müssen zusehen, wie die Frauen abgeholt werden.

Im Pavilhão dos Primários erhält Ramos Besuche von seiner Frau, die selbstbewußt auftritt und es gelernt hat, mit Ministerien und anderen bürokratischen Instanzen umzugehen. Sie kümmert sich um die Veröffentlichung seiner Werke (RAMOS, MDC2, 1987, 264), die, wenn auch in letzter Fassung von ihm unkorrigiert, bei seinem Verleger José Olympio auf großes Interesse stoßen.

Pereira dos Santos gibt sich immer wieder als Verfilmender zu erkennen: Die Dauer des Aufenthaltes im Gefängnis und der Verweis auf eine literarische Vorlage werden durch die zahlreichen Rückblenden angezeigt, die Erinnerungen des Schriftstellers an

Besuche seiner Frau und Gespräche mit anderen Gefangenen wiedergeben. In den Rückblenden hat er eine Form gefunden, aussagekräftige Elemente des literarischen Textes beizubehalten.

Ramos Erinnerungen haben im Text einen fast kybernetischen Effekt. Eine Erinnerung löst die nächste aus. Im Film ist die kybernetische Komponente durch die dem Medium implizite Vorwärtsbewegung enthalten. Dadurch gewinnt der Film seine Eigenständigkeit gegenüber der literarischen Vorlage. Pereira dos Santos übernimmt Informationen aus der Oberflächenstruktur des literarischen Textes und läßt den Verweis auf ihre Hintergründe beiseite: Die recherchierten Hintergrundinformationen, die der Leser in Ramos' Text über dessen Mitgefangene erhält, werden im Film nicht vermittelt. Im Text stellt sich Rafael Kamprad, zwar als "Sérgio" (RAMOS, MDC2, 1987, 210) vor, aber nur der Leser, nicht aber der Filmzuschauer erfährt seine Vorgeschichte. Im Film bleibt es bei der Vorstellung "*Sérgio, trotzkysta*". Daß es sich um seinen Decknamen handelt, ist im Film unwichtig. Im Film treten zahlreiche Personen in kurzer Abfolge auf, so daß auf die Hintergrundinformation, die Darstellung des geschichtlich Gewachsenen, verzichtet werden muß.

Pereira dos Santos hält sich zudem nicht an den narrativen Ablauf der *Memórias do Cárcere,* sondern ändert die Reihenfolge von Teil III und IV des Textes und macht eigene Autorenschaft geltend. Das bedeutet, daß im Anschluß an die Haft im Pavilhão dos Primários Ramos auf die Krankenstation verlegt wird , die in den "Konfessionen" im vierten Teil Casa de Correção beschrieben wird. Mit dem Versprechen, von dort in die Freiheit entlassen zu werden, wird Ramos getäuscht. Er erfährt eine noch schlimmere Haft in der Colônia Correcional. Dadurch betont der Regisseur die Willkür des Regimes; der Autor dagegen hat sich an der Chronologie des Erlebten orientiert.

Dadurch, daß die Reihenfolge der Ereignisse vertauscht wird, kommt Pereira dos Santos zu einer Metapher für die brasilianische Geschichte: Der Film stellt die Vargas-Diktatur des *Estado Novo* dar und zeichnet zudem ein Porträt der Diktatur, die 1964[119] einsetzt: Nach der Vargas Diktatur im *Estado Novo* folgt eine Phase der politischen Erholung, nicht aber der grundsätzlichen Verbesserung. Der Putsch des brasilianischen Militärs im Jahr 1964 setzt der politischen Erholungsphase ein Ende und die Zeit in der Colônia Correcional entspräche der jüngst vergangenen Militärdiktatur.

Nach der Feier anläßlich der Herausgabe seines neuen Romans *Angústia* in der Casa de Correção wird Ramos also nicht entlassen, sondern es folgt die Deportation zur Strafkolonie Colônia Correcional auf der Ilha Grande. Dort müssen die Gefangenen wie Tiere vegetieren und auf den Tod warten.

Der dritte Teil des Films, der die Überfahrt und den Aufenthalt in der Colônia Correcional zeigt, ist der eindrucksvollste Teil des Films. Pereira dos Santos zeichnet die extremen Haftbedingungen dieses Gefängnisses nach. Der Aufseher, Anspeçada Aguiar, verkündet immer wieder, daß die Gefangenen keine Rechte besitzen und sich in diesem Gefängnis aufhalten, um zu sterben. Die Schutzlosigkeit der Individuen wird besonders deutlich bei den willkürlichen brutalen Angriffen auf Schwarze, die grundlos zusammengegeprügelt werden. Die Gefangenen stellt Pereira dos Santos als Herde von Menschen dar, die den Anweisungen der Gefängnisleitung Folge leistet. Die Gefangenen haben keine Möglichkeit, sich den Anordnungen zu widersetzen. Die Ikonographie des Zusammenpferchens, des Massentransports wird bereits bei der Überfahrt mit dem Schiff auf die Ilha Grande verdeutlicht. Die Kamera zeigt in der Aufsicht die Gefangenen, die unter einem Gitter im Schiffsrumpf hocken. Als das Gitter entfernt wird, steigen sie langsam die Treppe hinauf. Wenn sie in die Höhe blicken, sehen sie direkt in das Gesicht eines Aufsehers, der durch die Kameraposition aus der Untersicht, übermächtig erscheint. Es folgt ein langer Fußmarsch zur Strafkolonie. Ramos kann ihn aufgrund seiner schwachen Konstitution nur langsam machen. Er wird begleitet von einem Leutnant, der Verständnis für seine Schwäche hat und dem er offensichtlich sympathisch ist. Die Kamera zeigt die Protagonisten aus der Halbtotalen und der Totalen und folgt den Akteuren. Der Aufseher interessiert sich für Ramos. Er will wissen, ob er Dieb oder politischer Gefangener sei, usw. Ramos gewinnt in ihm einen Vertrauten, der ihm verspricht, ihm seine Aufzeichnungen am folgenden Tag zuzustellen, weil die Gefängnisaufsicht ihn mit dem Manuskript nicht passieren lassen würde.

Die Colônia Correcional ist von der *mise-en-scene* und von der Kameraführung her der Teil des Films, der Pessimismus vermittelt und die Intentionen des Schriftstellers Graciliano Ramos treffend wiedergibt.

Bei der Einweisung wird Ramos gezwungen, sich ganz auszuziehen, ein Procedere, daß in den vorangegangenen Haftstationen fehlte. Persönliche Gegenstände werden von den Einweisungsbeamten einbehalten, die Haare werden allen Gefangenen geschoren, auch Ramos.

Der Regisseur produziert im Film eine Analogie zum Käfig. Ramos wird in einer Nahaufnahme gezeigt, diese wird mit einer anderen kontrastiert, in der Mario Pinto hinter einem Zaungitter hockt und den Neuankömmling um eine Zigarette bittet. Als Ramos schließlich selbst in das Lager eintritt, stürzen sich die Gefangenen auf ihn und seine Zigaretten. Das Gleiche geschieht mit den Zigarettenstummeln, die er wegwirft. Er selbst nimmt immer wieder eine Position ein, die ihn von den übrigen Gefangenen unterscheidet, zum Beipiel trägt er seine Aktentasche mit seinen Habseligkeiten immer bei sich. In diesem Teil des Films ist die Darstellung der Absurdität des Drills vorrangig, dem die Gefangenen ausgesetzt sind, und die Folgsamkeit, die sie zeigen, wenn es darum geht, arbeiten zu müssen. Aus der Aufsicht filmt Pereira dos Santos die Gefangenen, die aus verschiedenen Seitenwegen im Gefangenenlager auf dem Hauptweg einen Menschenstrom bilden. Sie sind gezwungen, die Bedingungen der Haft zu akzeptieren.

Die Mahlzeiten sind der harten körperlichen Arbeit unangemessen. Sie sind so unappetitlich, daß Ramos nichts ißt. Sie verdeutlichen die stets wiederholte Aussage des Anspeçada Aguiar, daß die Gefangenen sich in der Colônia Correcional aufhalten, um zu sterben.

Pereira dos Santos übernimmt seinen filmischen Diskurs aus *Vidas Secas*, wo er Menschen in die Nähe von dahinvegetierenden Tieren vrückt. Dazu gehört die Darstellung der Homosexualität für die Ramos kein Verständnis aufbringt. Dazu gehört ferner die Darstellung der Kranken und Gehbehinderten, die nur auf ihren Tod warten.

In der Colônia Correcional setzt Pereira dos Santos den Diskurs über die Verantwortung des Intellektuellen fort. Ramos ist der Intellektuelle. Durch seine Beobachtungen schätzt er die Wärter und die ihn umgebenden Gefangenen ein. Besonders deutlich ist die Szene, als er einen schüchternen Wärter beim Essen um etwas mehr Kaffee bittet. Dieser wiederum fragt seinen Vorgesetzten, der mit den Worten ablehnt: "Está pensando que isso é hotel, hein?" Der schüchterne Wärter entschuldigt sich. Eine Nahaufnahme zeigt das verständnisvolle Gesicht Ramos. Im Wechsel aus der Untersicht sieht der Zuschauer, quasi mit den Augen von Ramos, in das traurige und beschämte Gesicht des Wärters, der sich mit dem Ellbogen die Tränen wegwischt. Es folgt die Nahaufnahme seines Vorgesetzten als Index, der für Brutalität spricht und der nicht weiter durch eine Gegenaufnahme von Ramos kommentiert werden muß.

Ramos bildet sich sein eigenes Urteil über die Menschen in seiner Umgebung. Er ist hilfsbereit, wenn es um die Interessen der Mitgefangenen geht; er korrigiert einen Brief für eine Gruppe von Insassen. Mit der Gefängnisleitung will er nichts zu tun haben, er läßt sich nicht von ihr für Aufgaben vereinnahmen, die nicht in seinem Interesse liegen. Deshalb lehnt er es ab, für den Anspeçada Aguiar eine Rede zum Geburtstag des Gefängnisdirektors zu verfassen, die dieser meint, nicht selbst schreiben zu können.

Da er sich nicht kompromittieren läßt, kann er auf die Unterstützung seiner Mitgefangenen zählen. Sie helfen ihm, kurz vor der Entlassung, sein Manuskript vor der Gefängnisleitung zu verstecken. Er genießt den Respekt der Gefangenen, die in seinem Buch eine Rolle einnehmen wollen, und er jagt allen Angst ein, die für die skandalösen Umstände in der Colônia Correcional verantwortlich sind. Der Schriftsteller bezieht zu Personen und Ereignissen immer eine distanzierte Haltung, doch sein Ethos bringt ihn dazu, Repression und menschenunwürdige Lebensbedingungen anzuklagen.

Pereira dos Santos zeigt zudem die Auseinandersetzung des Schriftstellers mit der Bourgeoisie und den Repräsentanten des Proletariats: Emmanuel versteht nicht, warum er selbst inhaftiert ist, denn er muß sich politisch nichts vorwerfen lassen. In seinen Augen bedarf der Fall Ramos keiner Erklärung, da dieser, wie Emmanuel meint, seit seiner frühen Kindheit ein Kommunist ist und die Haft gerechtfertigt sei. Von Gaúcho kauft Ramos ein Bett, das er dem kranken Soares anbietet. Dieser wiederum bezichtigt ihn, ein Bourgeois zu sein, worauf Ramos wütend sich selbst in das Bett legt. Ramos hat also immer die Rolle eines Außenseiters inne.

Das Bürgertum sieht in ihm einen Fremden. Die Arbeiter wissen, daß er keiner von ihnen ist. Der Künstler nimmt die Aufgabe wahr, für die Schwachen Partei zu ergreifen.

Im Gegensatz zu den meisten Gefangenen ist er durch seine Bildung in einer privilegierten Position.

Auf der Ilha Grande wird er von politischen Gefangenen und Dieben kleineren oder größeren Formats umgeben, die ihm Papier und Bleistift besorgen, damit Ramos über sie schreibt. Sie merken also, daß Ramos eine Eigenschaft besitzt, die ihre eigenen Fähigkeiten übersteigt. Ramos genießt auch seitens der Gefängnisleitung in dieser dritten Phase des Films eine außergewöhnliche Freiheit: Er muß nicht in den Steinbruch, um dort wie die anderen zu arbeiten, sondern darf unbehelligt, den ganzen Tag lang, in seinen Papieren wühlen und schreiben.

4.2.4.2.3. Lösung des Konflikts

Ramos wollte in seinen Memoiren den Moment der Freilassung enthusiastisch und euphorisch beschreiben; doch starb der Autor bevor er das entsprechende Kapitel verfassen konnte.

Der Regisseur des Films hat versucht, auf zweifache Weise Euphorie auszudrücken. Einmal zeigt er den euphorischen Ramos, der sich nach seiner Freilassung rächen will, zum zweiten ist die Erfahrung des Erlebens von Freiheit übertragbar, wo Pereira dos Santos seine filmische Aussage mit der "Abertura" konnotiert.[120].

Gewalt und der Schrecken der Gewalt werden in beiden Medien unterschiedlich verarbeitet. Im Text geht der Ich-Erzähler fast an den durch sie bedingten Umständen zugrunde, die fehlende Zukunftperspektive höhlt ihn aus. Im Film wird mit der Entlassung des Protagonisten Ramos die Hoffnung verknüpft, daß der Schriftsteller in Freiheit mit der Militärdiktatur abrechnen kann.

> "Gostaria de transmitir, como era desejo de Graciliano, a sensação de liberdade. Sair da cadeia para sempre, para nunca mais voltar. A cadeia no sentido mais amplo, a cadeia das relações sociais e políticas que aprisonam o povo brasileiro."[121]

Pereira dos Santos verzichtet auf die ausschließlich subjektive Kamera. Er wechselt ihre Positionen: abwechselnd ist sie allwissend oder subjektiv, je nachdem, ob sie die Ereignisse aus Ramos' Sicht, der seiner Frau oder anderer Handlungsträger zeigt.

4.2.4.2.4. Ergebnis

Ein Schwerpunkt des schriftstellerischen Anliegens ist die Analyse der Kommunistischen Partei Brasiliens. Ramos beschreibt die Inkompetenz führender Persönlichkeiten, wie Miranda, die dem Vargas-Regime politisch nicht wirkungsvoll entgegentreten können.

Pereira dos Santos übertrifft den Schriftsteller. Der Regisseur streitet den Brasilianern grundsätzlich die Kompetenz für gesellschaftspolitisches Handeln ab. Pereira dos

Santos zeigt seine Figur nicht in Momenten der Verzweiflung, wie sie im Text häufig auftreten, wenn es Probleme mit dem Schreiben oder mit den Zellengenossen gibt.

Die quälende Komponente des schriftstellerischen Prozesses und Ramos' zahlreiche Versuche, die Menschen in ihrer Andersartigkeit und ihren Motivationen zu begreifen, fehlen im Film. Der Kampf von Ramos gegen die eigenen Vorurteile und Widerstände gegenüber Personen und Verhaltensweisen werden nicht berücksichtigt. Statt dessen überträgt der Regisseur das Gesellschaftspanorama aus Militärs, Dieben, Homosexuellen, Mördern und politischen Gefangenen auf die brasilianische Gegenwart. Dabei arbeitet der Regisseur sowohl mit Mitteln des brasilianischen *Cinema Novo* als auch mit Elementen des nordamerikanischen Kinos, beispielsweise bei den Szenen im Pavilhão dos Primários. So erinnern die *Memórias do Cárcere* an das Genre von Gefängnisfilmen wie *Flucht aus Alcatraz* von John Huston. Besonders bei der Einweisung in das Gefängnis wird das deutlich. Grau-, Schwarz- und Blautöne prägen die Bilder, die von kühlem, weißem Licht unterbrochen werden.

Die Tradition des *Cinema Novo* ist in dem trockenen, direkten und schlichten Stil des Films präsent, der dem Ton des literarischen Textes nahekommt.

Ein weiteres Motiv der Verfilmung von Pereira dos Santos ist die von Ramos intendierte Abrechnung mit der kommunistischen Partei und mit der Politik- und Demokratiefähigkeit der Brasilianer. Nelson Pereira dos Santos reduziert die Zahl der Protagonisten und läßt einige Figuren Worte aussprechen, die im Text von anderen stammen. Beispielsweise erklärt ein Wärter dem kranken Ramos in der Casa de Correção, daß er eigentlich ein Spitzel sei. Im Film ist es ein Mitgefangener, der dem Schriftsteller rät, niemals vertrauensselig zu werden. Nicht einmal Gleichgestellten, also Mitinsassen sollte ein Gefangener vertrauen.

Pereira dos Santos legt großen Wert darauf, daß alle visuellen Vorgaben des literarischen Textes umgesetzt werden: So übernimmt er alle Elemente, auf die Ramos positiv reagierte, wie den Tanz von Lichtpunkten im Transportwagen und die Personen, die den Schriftsteller beeindruckten oder mit denen er quälende innere Konflikte austrug.

Seine Dialoge konzipiert er analog dem Wortlaut der Originaldialoge im Text. Der Regisseur übernimmt und interpretiert die Protagonisten, zu denen Ramos eine besondere Beziehung entwickelte wie Sérgio Kamprad, Gaúcho, Capitão Mota, Mário Pinto u.a.

Im Vorspann des Films wird Ramos als unbestechlich gezeigt, er vertritt seine Meinung auch auf die Gefahr hin, dadurch Nachteile in Kauf nehmen zu müssen. Darin stimmt er mit dem Protagonisten des literarischen Textes überein. Er weiß um die Sinnlosigkeit, sich seiner Verhaftung zu widersetzen. Im Gegensatz zu anderen Gefangenen im Film trägt Ramos bei Ortswechseln immer seinen dunkelblauen Anzug mit einem Strohhut. Dabei ist er nicht überheblich oder arrogant, wie der Bourgeois Emmanuel[122]. In den Memoiren äußert der Schriftsteller seinen Ärger darüber, daß er sich so einfach hat verhaften lassen.

"Evidentemente as minhas reflexões tendiam a justificar a inércia, a facilidade com que me deixara agarrar." (RAMOS, MDC1, 1986, 51)

Im Film fällt Ramos die Sympathie und das Vertrauen einiger Gefängnisinsassen zu. Besonders in der Colônia Correcional genießt er hohes Ansehen, weil er des Schreibens mächtig ist, Reden verfassen kann und über Menschen aus seiner Umgebung schreibt, die wissen, daß sie am Rande der Gesellschaft leben. Sie wünschen sich, daß ihre Geschichte erzählt wird. Ramos redigiert Texte. Da er selbst ein Gefangener ist, haben die übrigen den Eindruck, daß er für sie sprechen kann. Beispielsweise plant eine Gruppe von Insassen, eine Beschwerde über die Haftbedingungen an das zuständige Ministerium zu richten. Ramos korrigiert das Anschreiben.

Als Graciliano Ramos sich 1946 entschließt, die *Memórias do Cárcere* zu verfassen, ist er Mitglied der kommunistischen Partei. Die Partei war gegen eine Veröffentlichung seines Werkes, weil es eine Abrechnung mit ihrer schwachen Parteipolitik unter Präsident Vargas ist. Pereira dos Santos nimmt die kritischen Anmerkungen aus dem Text nicht in seinen Film auf. Beispielsweise schreibt Ramos, daß er unmöglich als Kommunist angesehen werden kann, wenn zahlreiche Gefangene sich als Kommunisten bezeichnen, in seinen Augen aber inkompetent sind:

"...; impossível distinguir em mim um comunista; o meu admirável refúgio de misérias do hospital firmava-se nesta certeza sem repugnância."
(RAMOS, MDC2, 1987, 289)

Der Regisseur interpretiert die Gesellschaft als Kerker. Die Kameraführung und die Schauplätze unterstreichen diese Intention, weil hauptsächlich "Interieurs" gezeigt werden. Nur selten haben die Gefangenen die Möglichkeit, aus den Fenstern zu sehen. Auch Ramos' Wohnung und sein Büro in Maceió werden in den meisten Fällen durch Innenaufnahmen gezeigt. Im Offiziersquartier können Ramos und Capitão Mota aus dem Fenster den Kasernenhof sehen, auf dem Militärparaden stattfinden. Im Schiffsrumpf besteht die Möglichkeit, einen Blick aus dem Bullauge zu werfen, aber nur für die Insassen, die ihre Hängematten oder Betten in der Nähe der Schiffswand haben. Die Kamera zeigt in der Totalen das Gewirr der Hängematten und konzentriert sich nur auf einige Gefangene. Beispielsweise wird Soares gezeigt, der in seiner Hängematte sitzt und von zahlreichen Rebellen umgeben ist, die im Norden Brasiliens am Aufstand der Kommunisten beteiligt waren. Soares Füße mit Spuren von Folter werden in einer Nahaufnahme gezeigt. Soares erklärt auf die Frage des Schriftstellers nach den Forderungen des Aufstandes, daß man lediglich für eine bessere Bodenverteilung gekämpft habe, nicht für eine Abschaffung des Großgrundbesitzertums.

Die Kritik des Regisseurs an den Aktivitäten der Kommunistischen Partei wird deutlich: Sie setzt mit ihrer Arbeit nicht an den Wurzeln gesellschaftlicher Probleme an.

Der Regisseur erzählt chronologisch, indem er Tagesabläufe und Transportszenen filmisch hervorhebt. Der Vorspann beginnt mit Tageslicht, endet bei Nacht. Dona Albertina denunziert Ramos am nächsten Morgen. Am Abend wird Ramos abgeholt. Die Reise nach Recife beginnt, zunächst im Auto an der Seite Capitão Motas, dann im Zug, dann wieder im Auto. Nachts erreichen sie das Offiziersquartier. Die Tagesabläufe werden aufrecht erhalten, bis das Schiff in Rio de Janeiro einläuft. Durch Blicke durch das Bullauge erfährt der Zuschauer, daß es wieder Tag ist und daß das Schiff in Rio de Janeiro einläuft. Auch im Gefängnis Pavilhão dos Primários wird versucht, Tagesabläufe anzudeuten. Indem die Zellen immer wieder abends geschlossen und morgens aufgeschlossen werden, wird der Haftalltag deutlich.

Im Pavilhão dos Primários gibt es keinen Blick nach draußen. Ort der Handlungen ist der Innenhof des Gefängnisses, auch für die Gymnastikübungen der Militärs des 3. Regiments der Luftwaffe. Das Portal wird zwar von Zeit zu Zeit geöffnet, um neue Gefangene oder das Essen hineinzubringen. Auch die Kamera dreht sich im Innenhof des Gefängnisses im Kreis, um die Zellengänge und die an den Geländern stehenden Häftlinge aufzunehmen. Oder sie zeigt den intimeren Raum der Zellen und die darin stattfindenden Ereignisse und den Besucherraum. Immer aber sind Gitter präsent. Die "Bestie" Mensch im Käfig wird gezeigt mit unterschiedlichen Arten des Verhaltens. Die Situation ändert sich ein wenig in der Casa de Detenção: Dort gibt es Gitter vor einem größeren Fenster in dem Raum, wo das Fest zur Herausgabe des Romans *Angústia* gefeiert wird. Die Colônia Correcional hat weitläufigeren Charakter, die Umzäunungen sind nicht immer im Bild zu sehen, dennoch deuten die extreme Abgeschiedenheit des Gefängnisses und die menschenverachtende Behandlung der Insassen den "Käfigcharakter"des Gefängnisses an.

Der Regisseur wiederholt die Darstellung der Haft im *Estado Novo*, um ein Gesellschaftspanorama der Unfreiheit zu schaffen. Im Mittelpunkt der Darstellung steht der Künstler, der beobachtend alle Vorgänge registriert und aufzeichnet, ohne dabei zu wissen, was mit seinem Material geschehen wird. Seine Intention besteht im Schreiben und im Dokumentieren des Erlebten. Er spricht mit und zu allen Menschen, die auf ihn zugehen, und ist bereit, anderen zu helfen. Die Verantwortung des Künstlers zeigt sich in seinem Gespür für die Probleme und Bedürfnisse der Schwachen. Dabei ist er parteipolitisch gegen jeden Dogmatismus gefeit.

Elemente wie die Ankündigung des Todes, die Vorbereitungen auf den Tod und die Präsenz des Todes werden im Film anders beleuchtet als in Ramos Text. Dort spielen sie eine zentrale Rolle und werden minutiös dargestellt, z.B. schwimmt Rattendreck im Essen, Menschen warten in einer Abteilung des Gefängnisses ohne ärztliche Versorgung halbtot auf ihr Ende. Sie werden permanent unterernährt und müssen schwere körperliche Arbeit verrichten. Ramos beleuchtet die Teilnahmslosigkeit der gesunden Insassen gegenüber den vom Tod Gezeichneten und zeigt, die fast darwinistische Konkurrenz, die nur Starke überleben läßt.

Indem Pereira dos Santos die Ebene des Ich-Erzählers und das autobiographisch reflexive Element ausgrenzt, bringt er Ramos Konfessionen auf die Stufe des kritischen Gesellschaftsporträts. Die erzählerische Komponente wird auf Kosten der Reflexion des Individuums entwickelt. Sein Gesellschaftsporträt ist von Bitterkeit gezeichnet. Der Regisseur verzichtet darauf, die grüblerische Komponente des Ich-Erzählers zu übernehmen. Pereira dos Santos inszeniert Ramos als schwierigen, eigenwilligen Menschen, der politisch räsoniert und sich nicht scheut, seine Meinung auch Andersdenkenden offen darzulegen. Der Regisseur problematisiert mit seinem Film die Fragestellung, inwiefern der Schriftsteller oder der Künstler überhaupt in der Lage ist, etwas für sein Volk zu tun, das sein Werk eventuell gar nicht rezipieren kann. Doch die Probleme des Intellektuellen sind angesichts der Not und der Bildungslage der großen Mehrheit im Land eher zweitrangig. Insofern greift der Regisseur die Debatte der zweiten Phase des *Cinema Novo* auf und thematisiert die Distanz des Intellektuellen zur Politik und zum Volk. Seinen künstlerischen Auftrag sieht er darin, ein Zeugnis abzulegen und sein Film wird zu einer Hommage an Graciliano Ramos mit pessimistischem Blick.

4.3. Psychosoziale Konflikte der Mittelschicht - Roman und Film O Casamento

Bereits in der zweiten Phase des *Cinema Novo* wird das Leben in den Metropolen Brasiliens thematisiert, und die Probleme der vom Volk isoliert lebenden Bourgeoisie werden aufgezeigt. Filme, die sich mit dem Thema auseinandersetzen, sind *El Justiceiro (1967)* von Nelson Pereira dos Santos sowie *São Paulo S.A.* von Luis Sérgio Person (1965) und *A Grande Cidade* (1966) von Carlos Diegues. Auch der Film nach dem Roman *Bebel que a Cidade comeu* von Ignácio de Loyola Brandão mit dem Titel *Bebel, Garota Propaganda* (1971) von Maurice Capovilla greift dieses Thema auf. In den 70er Jahren fallen besonders auch die Filme *A Guerra Conjugal* (1974) von Joaquim Pedro de Andrade und *O Casamento* (1975) von Arnaldo Jabor nach dem gleichnamigen Roman von Nelson Rodrigues auf[123].

4.3.1. Der Roman O Casamento

Nach dem Theaterstück *Toda Nudez Será Castigada* (1965) schreibt Nelson Rodrigues zehn Jahre lang nicht mehr für das Theater[124]. Statt dessen widmet er sich den epischen Formen des Erzählens und schreibt Kurzgeschichten und Crônicas. Auch verfaßt er seinen ersten Roman *O Casamento* im Auftrag des Verlegers Carlos Lacerda.

Kurz nach der Veröffentlichung wurde *O Casamento* (1966) durch den Justizminister Carlos Medeiros verboten[125]. Der Roman erschien erst 1975 in einer Neuauflage wieder auf dem Markt[126].

Nelson Rodrigues zeichnet ein Gesellschaftsporträt von Rio de Janeiro. An einer Hochzeit zeigt sich die Verlogenheit von gesellschaftlich propagierten Normen der Mittelschicht. Diese werden von den Protagonisten nicht hinterfragt, sondern prägen ihr Verhalten. Sie setzen sich nicht für ihre wirklichen Bedürfnisse und Interessen ein, sondern versuchen, ihr Benehmen nach geltenden Moralvorstellungen auszurichten. Sie leiden deshalb unter ihren mit Gewalt unterdrückten sexuellen Träumen und Phantasien und sind destruktiv gegenüber sich selbst und den Menschen in ihrer Umgebung.

Der Roman ist repräsentativ für die Literatur Brasiliens der 60er Jahre, die wie die Erzählungen Dalton Trevisans oder Rubem Fonsecas die Morbidität der städtischen Gesellschaft oder den Antihelden beschreiben. Rodrigues entwickelt mit der Bestandsaufnahme der Gesellschaft, so wie sie ist, eine negative Utopie. Die Protagonisten sind unfähig, kreativ zu handeln. Statt dessen reagieren sie nur auf Anforderungen, die über gesellschaftliche Konventionen an sie gestellt werden.

Nelson Rodrigues treibt den Pessimismus in bezug auf die gesellschaftliche Entwicklung voran, den die Schriftsteller in der Literatur seit der zweiten Phase des *modernismo* artikulierten.

Der Roman stellt die Ereignisse im Leben von Sabino Uchoa Maranhão und seiner Tochter Glorinha am Vortag und am Tag der Hochzeit Glorinhas dar. Rückblenden rollen die Vergangenheit und die Traumata der neurotischen Charaktere auf. Dabei vereint das Hochzeitsereignis alle Formen der gesellschaftlichen Doppelmoral: Inzest, *machismo*, Homosexualität, Religion und die Diskriminierung der Frau. Nelson Rodrigues greift in diesem Roman auf das Themenspektrum aus seinen Theaterstücken zurück.

4.3.1.1. Inhalt

In 28 Kapiteln faßt Rodrigues die Ereignisse von 48 Stunden im Leben von Sabino Uchoa Maranhão und seiner Tochter Glorinha zusammen.

Sabino Uchoa Maranhão, Inhaber des Unternehmens "Imobiliária Santa Teresinha", befindet sich in einer Lebenskrise.

> "no quarto quando se despia (e nunca na presença da mulher), punha-se diante do espelho. Seu rosto tomava a expressão de um descontentamento cruel" . (RODRIGUES, 1966, 7)

Er erinnert sich in dieser Situation an Episoden aus der Vergangenheit, die ihm helfen, seine aktuelle Situation zu verstehen. Sein Leben lang litt er unter einem schlechten Gewissen: sein Aussehen, seine Heirat, seine vier Töchter und seine Karriere haben ihn unzufrieden werden lassen und ihm das Gefühl vermittelt, nicht den richtigen Weg gegangen zu sein.

Er findet sich persönlich zu mager, obwohl er Erfolg bei den Frauen hat. Er hat geheiratet, weil er bei den Prostituierten, die er frequentierte, Potenzschwierigkeiten hatte:

> "Mas eís a verdade inconfessa: casara-se porque era impotente com a prostituta".(RODRIGUES, 1966, 9)

Als seine Frau wissen will, warum er sie geheiratet habe, antwortet er ausweichend:

> "- Ora, por quê? Gostei de você, claro." (RODRIGUES, 1966, 9)

Die berufliche Karriere kam zustande, weil sein Vater ihm als letzten Wunsch auftrug, ein wohlhabender Mann zu werden. Seine Mutter hat für ihn immer eine sekundäre Rolle gespielt. Daß er vier Töchter und keinen Sohn hat, sieht er als Zeichen seiner Unzulänglichkeit:

"Tem quatro filhos, e nem um único e escasso filho. Porque só meninas?" (RODRIGUES, 1966, 11)

An diesem Tag muß Sabino immer wieder an die bevorstehende Hochzeit seiner jüngsten Tochter Glorinha denken. Besonders zählt in seinen Augen die Tatsache, daß Glorinha noch Jungfrau ist und damit im Höchstmaß gesellschaftlichen Konventionen entspricht.

"A filha ia se casar no dia seguinte - e virgem. Não queria pensar no defloramento." (RODRIGUES, 1966, 16)

Daß Glorinhas Situation etwas Besonderes darstellt, ist ihm bewußt:

"Ninguém mais se casava virgem, só Glorinha." (RODRIGUES, 1966, 16)

Am Tag vor der Hochzeit wird Sabino wie jeden Morgen im Mercedes zum Büro chauffiert. Kurz nachdem Sabino im Büro angekommen ist, stattet Dr. Camarinha, Familienfreund und Gynäkologe der Familie, ihm einen Besuch ab. Er eröffnet ihm, daß sein zukünftiger Schwiegersohn Teófilo homosexuell ist. Daraufhin muß Sabino entscheiden, ob er die Hochzeit absagt oder nicht. Er ist nicht imstande, eine Entscheidung zu treffen, da die Hochzeitsgäste aus den besseren Kreisen der Gesellschaft geladen wurden. Das Glück der Tochter ist ihm weniger wichtig als die Reaktion der geladenen Gäste auf eine Absage der Hochzeit, denn er möchte nicht unangenehm auffallen.
Als der Gynäkologe ihn verläßt, ist Sabino ungehalten und unterstellt dem Arzt, ihm diese Nachricht überbracht zu haben, weil er ihm die Hochzeitsfeier seiner Tochter neidet:

"Estava convencido de que o Dr. Camarinha, depois da morte do filho tinha raiva da humanidade. Porque o filho morrera, queria destruir o casamento de Glorinha." (RODRIGUES, 1966, 37)

Seinen Unmut läßt Sabino zunächst an seiner Sekretärin Noêmia, dann an seiner Frau aus, die er am Telefon abschätzig behandelt und nicht in die neue Sachlage einweiht.

"Mulher nenhuma guarda segredo. Conta às amigas, às vizinhas, às criadas, Mulher não tem caráter." (RODRIGUES, 1966, 38)

Das zentrale Ereignis des Romans, die Hochzeit, stellt also sowohl für Sabino als auch für Glorinha den Übergang in einen neuen Lebensabschnitt dar.

"A mulher que se casa não é a mesma. No dia seguinte, Glorinha não seria a mesma da véspera. Ela mesma viera da casa,no táxi, espiando para tudo com o espanto de um último olhar. Sim, como se fôsse morrer." (RODRIGUES , 1966, 41)

"Descobria agora que, desde manhã, estava achando tudo diferente. Diferente as pessoas, os edifícios, as palavras. As coisas pareciam ter um halo intenso e lívido." (RODRIGUES, 1966, 60)

An diesem Tag besucht Glorinha ihren Vater im Büro, doch er klärt sie nicht über ihren Verlobten auf. Er ist fasziniert von ihrer Erscheinung und ihrem Geruch:

"Abraçado à filha, fecha os olhos para saturar-se do seu perfume. Gostava de sentir o seu hálito. Nunca tivera mau hálito, nunca. E ela toda como cheirava bem." (RODRIGUES, 1966, 41)

Als Glorinha ihn wieder verläßt, scheint es Sabino, als würde er sie zu Grabe tragen:

"Sonha que o elevador é um caixão que levasse a filha morta." (RODRIGUES, 1966, 43)

Er ist selbst immer noch nicht in der Lage, zu entscheiden ob die Hochzeit unter den bekanntgewordenen Umständen stattfinden soll oder nicht. Er sucht den Priester auf, der die Hochzeitspredigt halten soll. Er hält es nicht für angemessen, seine Frau Eudóxia zu dem Gespräch hinzuzubitten, worauf sie ihn zum ersten Mal seit 26 Ehejahren verwünscht.

"Em 26 anos de casado, Eudóxia o mandava à merda pela primeira vez." (RODRIGUES, 1966, 39)

Der Priester besteht darauf, daß eine Hochzeit nicht verschoben werden kann. "Casamento não se adia. Simplesmente não se adia." (RODRIGUES, 1966, 59)

"Mesmo que o noivo seja pederasta, não se adia." (RODRIGUES, 1966, 59)

Sabino ist über dieses Statement sehr erleichtert, wenn er auch den wahren Grund für seine Frage verschwiegen und Glorinhas Menstruation vorgeschoben hat.
Damit handelt er im eigenen Interesse, denn so kann er sein gesellschaftliches Ansehen wahren und muß seine Entscheidung nicht selbst fällen:

"Ao dizer que "um casamento não se adia", Monsenhor estava sem querer e sem saber, dando uma resposta. Se não se adia, muito menos se desmancha." (RODRIGUES, 1966, 62)

Die Verlogenheit in bezug auf das Wohl seiner Tochter manifestiert sich durch homoerotische Empfindungen: In der Gegenwart des Priesters fühlt er sich

"De uma fragilidade quase feminina". (RODRIGUES, 1966, 62).

Nach dem Besuch beim Priester lädt Sabino seine Sekretärin Noêmia zu einem privaten Treffen ein. Als Noêmia am vereinbarten Ort eintrifft, entschuldigt er sich für den mangelnden Komfort, stellt aber das bürgerliche Ambiente (playground, spielende Kinder) heraus. Als sie sich miteinander einlassen, mißfällt es Sabino, daß Noêmia überhaupt nicht den Klischees entspricht, die er von Frauen hat. Sabino erzählt ihr eine Geschichte aus seiner Jugend, die ihn als homosexuell ausweist. Zudem ruft er sie mit dem Namen Glorinha, als er zum Orgasmus kommt und macht sie zur Mitwisserin seiner sexuellen Bedürfnisse und Phantasien.

Beim Aufbruch verweigert Sabino Noêmia das "Du", das er ihr während des gemeinsamen Beisammenseins aufgezwungen hatte.

Im Büro angekommen, weiht Noêmia ihre Freundin Sandra in ihr Geheimnis ein. Sandra kritisiert Noêmia, weil sie Xavier betrügt. Xavier ist der Geliebte Noêmias, der mit seiner leprakranken Frau zusammenwohnt. Nach dem Beisammensein mit Sabino, möchte Noêmia das Verhältnis mit Xavier nicht mehr fortsetzen und trennt sich von Xavier.

Auch Glorinha hat am Tag vor der Hochzeit prägende Erlebnisse: Sie besucht Dr. Camarinha, der einem klärenden Gespräch über ihren Verlobten ausweicht. Glorinha läßt sich von ihm auf ihre Jungfräulichkeit untersuchen. Ohne den Befund abzuwarten, verläßt sie die Praxis. Später trifft sie den Arzt auf dem Friedhof. Vor dem Grab seines Sohnes Antônio Carlos gesteht sie ihm, daß sein Sohn sie defloriert hat und sie ihn seither liebt.

In einer Rückblende werden die Ereignisse aufgerollt, die ihre Beziehung zu Antônio Carlos prägten: Der Besuch von Antônio Carlos an ihrem 17. Geburtstag, eine gemeinsame Fahrt mit Maria Inês, ihrer Freundin und der Geliebten von Antônio Carlos in den Norden Rio de Janeiros und der Besuch bei dem homosexuellen Zé Honório. Dort schlafen Glorinha und Antônio Carlos zum ersten Mal miteinander. Anschließend fahren sie in den Süden der Stadt zurück. Zuhause tritt Glorinha ihren Eltern gegenüber, als ob nichts Bedeutendes in ihrem Leben passiert wäre. Noch am selben Abend gesteht ihr Antônio Carlos seine Liebe am Telefon, doch sie weist ihn ab. Er fährt sich zu Tode. Daraufhin berichtet Camarinha am Grab seines Sohnes, daß Glorinhas Verlobter Teófilo homosexuell ist. Sie ist nicht schockiert, da sie von der Homosexualität Teófilos weiß.

Klimax des Romans ist Glorinhas Ausflug mit ihrem Vater zum Strand. Sie möchte mit ihm ein offenes Gespräch führen.

> "Sinto que o senhor não diz tudo. Nunca diz tudo." "- Até que, na última vez, depois de me enxugar. Está ouvindo meu pai? Minha mãe me agarrou, me virou e me deu, na boca, um beijo de língua. Como se fosse um homem, papai! "
> (RODRIGUES, 1966, 244)

Sie möchte von ihm wissen, wie er zu seiner Frau steht. Sie kann nicht verstehen, daß er seine Frau wirklich liebt. Ihre Mutter hat versucht, Glorinha zu küssen und von diesem Zeitpunkt an meint Glorinha, daß ihre Mutter lesbisch sei.

Glorinha gesteht dem Vater, daß sie nicht heiraten möchte, denn sie liebt ihren Verlobten nicht, sondern jemanden, den sie nicht lieben darf.

"- Papai, eu estou dizendo tudo. Disse que odeio minha mãe.Também odeio minhas irmãs. E não gosto do meu noivo. Ouviu? Não gosto do meu noivo!" (RODRIGUES, 1966, 241)

Sie versucht, ihrem Vater das Geheimnis ihrer Liebe zu Antônio Carlos in Andeutungen zu offenbaren, wobei er sie mißversteht und annimmt, daß sie seine inzestuöse Liebe erwidert. Er versucht, sie zu küssen.

"Súbito, agarra a menina. Dá lhe um violento beijo na boca." (RODRIGUES, 1966, 245)

Sie ist völlig irritiert, doch er gibt ihr die Schuld. Er geht sogar soweit, daß er sich selbst verleugnet. Sabino will vor sich selbst nicht zugeben, seine Tochter begehrt zu haben:

"-Vem ca, vem cá. Não corre, Glorinha. A culpada foi você. Você que me provocou. Glorinha, eu explico." (RODRIGUES, 1966, 245)

"- Glorinha não entendeu. Eu não sou incestuoso. Eu não desejaria a minha própria filha". (RODRIGUES, 1966, 256)

Selbst seinem zukünftigen Schwiegersohn gegenüber verhält er sich kompromittierend: Sabino stellt seinem zukünftigen Schwiegersohn Teófilo einen Scheck über einen höheren Betrag aus, als ihn die übrigen Schwiegersöhne zur Hochzeit erhielten. Dagegen protestieren die drei Schwestern Glorinhas. Sie erpressen ihren Vater, denn sie haben ihn dabei beobachtet, wie er ein 13-jähriges Mädchen bei einem epileptischen Anfall vergewaltigte. Durch diese Erpressung wollen sie für ihre Familien genauso viel Geld beschaffen, wie Glorinha es durch ihre Hochzeit bekommen soll.

Sie ahnen aber nicht, daß sich der zukünftige Schwiegersohn Teófilo nicht mit einem Scheck von Sabino kompromittieren läßt. Der Verlobte Glorinhas durchschaut das Spiel und zerreißt den Scheck vor Sabinos Augen, nicht ohne zuvor erklärt zu haben, daß er ein anderes Geschenk annehmen würde.

Der Hochzeitstag wird durch die Nachricht von der Ermordung Noêmias getrübt. Ihr Geliebter Xavier hat sie getötet, weil sie sich von ihm getrennt hat, er aber nicht ohne sie leben wollte. Danach hat er seine leprakranke Frau und sich selbst umgebracht.

Sabino besteht darauf, daß die Hochzeit Glorinhas stattfindet. Sofort nach der Trauung verläßt er die Kirche, um aus Liebe zu Noêmia, die ihm wie eine Sklavin ergeben war, sich an dem Mord schuldig zu bekennen. Somit vertauscht er das gesellschaftliche mit dem realen Gefängnis. Durch das Bekenntnis in Liebe zu einer Toten teilt er das Schicksal seiner Tochter.

4.3.1.1.1. Zentrale Themen

Die wesentlichen Themen, die der Autor für sein kritisches Gesellschaftsporträt anspricht sind: Sexualität, Exkremente, Gerüche, Spracheinflüsse, Filme und Literatur brasilianischen Ursprungs und der *machismo* sind Punkte der Auseinandersetzung mit der brasilianischen Gesellschaft. Durch den allgemein mißbräuchlichen Umgang mit ihnen scheint eine Veränderung gesellschaftlicher Parameter nicht durchführbar zu sein. Sie werden nachfolgend exemplarisch dokumentiert und interpretiert.

4.3.1.1.1.1. Homosexualität

Der Roman enthält zahlreiche Anspielungen auf Homosexualität und Bisexualität. Beispielsweise erzählt Sabino seiner Sekretärin bei ihrem Treffen eine Episode aus seiner Jugend: Als 12-jähriger Junge ist er von einem 14-jährigen Freund verführt worden und hat sich dabei wohlgefühlt. Im nachhinein behauptet er, die Geschichte sei erfunden.

Der Pfarrer stimuliert die sexuellen Phantasien Sabinos, in dem er ihm erzählt, ein Mädchen habe sich vor ihm ausgezogen, damit er es entjungfere. Sabino weiß nicht, ob dies eine Anspielung auf die Homosexualität des Kirchenvertreters ist oder ob der Pfarrer nur vortäuschen will, kein Verhältnis mit dem Mädchen gehabt zu haben. Auch im Verhältnis von Antônio Carlos und Glorinha spielt Bisexualität eine Rolle, denn Antônio fordert Glorinha zur körperlichen Liebe mit ihrer Freundin Maria Inês auf, bevor er das erste Mal mit ihr schläft. Glorinha fühlt sich mit Maria Inês sehr wohl, nur später blockt sie, weil ihre Moral es nicht zuläßt, das Positive an dieser Erfahrung ab. Rodrigues zeigt zudem die obsessive Diskriminierung der Homosexuellen in der brasilianischen Gesellschaft. Weil seine Gefühlsintensität das normale Maß übersteigt, gilt er als gefährlich:

> "Aceito todos os defeitos menos esse. E o homem que deseja outro homem e que por desejo beija outro homem, pra mim não é nem gente."(RODRIGUES, 1966, 29)

> "Falou com ódio que só homosexual sabe ter." (RODRIGUES, 1966, 159)

4.3.1.1.1.2. Exkremente und Gerüche

Die zahlreichen Verweise auf Exkremente und auf Körpergerüche durchziehen den gesamten Text. Guter Geruch korreliert mit Attraktivität und Wohlstand. Glorinha roch bereits als Kleinkind gut, sogar ihre Exkremente fielen nie durch üble Gerüche auf. (RODRIGUES, 1966, 41). Noêmia parfümiert sich nicht, was Sabino ihr anlastet: Sie kennt die Konventionen in seiner Gesellschaftsschicht nicht und ist in seinen Augen daher minderwertig.

"A mulher tem obrigação de ser cheirosa." (RODRIGUES, 1966, 76)

4.3.1.1.1.3. Spracheinflüsse

Spracheinflüsse durch Wörter der englischen und französischen Sprache werden im Text fettgedruckt, wie "hall", "soutien", "rendez-vous", "playground", "baby-doll", "boy" und verweisen auf die entfremdete Situation der Mittelschicht, die sich an europäischen oder amerikanischen Verhältnissen orientiert. Die geläufige Einbeziehung von Wörtern englischer und französischer Provenienz verdeutlichen ihr Anliegen, sich mit internationalen Standards messen zu wollen, obwohl ihnen die Voraussetzungen fehlen.

4.3.1.1.1.4. Film- und Literaturdebatte

Im Roman wird eine Debatte über den brasilianischen Film geführt, die ihn abwertet:[127]

> "Por exemplo: o jovem da gargalhada fazia documentários para a "Geicine". E Glorinha tinha as opiniões, a gíria, as piadas dêsse grupo de alucinados." (RODRIGUES, 1966, 48)

Rodrigues selbst lehnte die Filme des *Cinema Novo* ab, weil sie keinen Erfolg beim brasilianischen Publikum hatten und beschimpft die Regisseure, weil sie nicht verstehen, ihre Landsleute zu begeistern. Neben seinem Diskurs über das brasilianische Kino der 60er Jahre führt er im Roman eine Debatte über die brasilianische Literatur. Beispielsweise lehnt der Priester die brasilianischen Schriftsteller José Lins do Rego, Jorge Amado und Raquel de Queiroz ab. Auch Carlos Drummond de Andrade gilt als *"besta do Drummond"*. Nur Manuel Bandeira gewinnt die Sympathie des Kirchenmannes. Diese Autoren haben entscheidend zur Eigenständigkeit der brasilianischen Literatur beigetragen. Der Priester orientiert sich an europäischen Vorbildern. Auch Sabino bevorzugt französische Autoren, im Gegensatz zu seiner Tochter, die Drummond für ein Genie hält. Auf diese Weise thematisiert Rodrigues den kulturellen Minderwertigkeitskomplex der Brasilianer gegenüber Literaturen aus Europa oder den USA. Doch er zeigt auch, daß die jüngere Generation sich offensichtlich mit der nationalen Kultur identifizieren will, und deutet somit die Aufgabe des Schriftstellers an: Er muß sich für eine Literatur einsetzen, die sich an den Gegebenheiten Brasiliens orientiert.

4.3.1.1.1.5. Gesellschaft

Vorrangiges Thema in *O Casamento* allerdings ist die Doppelmoral der brasilianischen Gesellschaft. Durch ein Netz von Konventionen wird das Zusammensein der Protagonisten geregelt. Doch hinter den Kulissen regieren Unberechenbarkeit und Triebhaftigkeit. Rodrigues entlarvt den Mythos vom *homem de bem* und zeigt, daß sich dahinter lediglich ein *gangster da virtude* verbirgt, dem nicht zu trauen ist. Auch die negative Einstellung zu Frauen wird zum Thema, die durch den *machismo* begünstigt wird. Frauen dürfen z.B. nur bestimmte Redewendungen verwenden. Es heißt, sie könnten keine Geheimnisse hüten und sollten noch Jungfrau sein, bevor sie heiraten. Damit wird ihnen die Kompetenz abgesprochen, vertrauenswürdig zu sein und auch selbst über ihr Sexualleben bestimmen zu können. sie sollen sich ganz nach dem Mann richten.

"Certas expressões a mulher de classe não usa. Pois é: não usa."
(RODRIGUES, 1966, 179)"

Der Roman *O Casamento* zeichnet das Bild einer korrupten Mittelschicht, die Wert darauf legt, ihre Vorstellungen und Verhaltensnormen unhinterfragt weiterzugeben. Insofern wird eine negative Utopie Brasiliens entwickelt. Sie entsteht daraus, daß die gesellschaftliche Dichotomie einfach akzeptiert wird. Fremde Kultur- und Produktimporte haben per se einen höheren Stellenwert, als nationale Erzeugnisse. Besonders auch die Sexualität, deren Erlebnisbereich nach Höhe des Einkommens wächst, ist Auslöser für korruptes oder kompromittierendes Verhalten.

4.3.2. Rodrigues und die brasilianischen Regisseure

Das dramatische und das epische Werk von Nelson Rodrigues haben zahlreiche Regisseure, auch des *Cinema Novo*, zu Filmen inspiriert[128]. Doch die Filme *Toda Nudez Será Castigada* (1973) und *O Casamento* (1975) von Arnaldo Jabor schätzte Rodrigues am meisten[129]. Zuvor hatte Nelson Rodrigues zur Verfilmung seiner Werke immer eine kritische Einstellung:

"A palavra adaptação diz tudo. Se foi adaptada a obra literária passa a ser outra. Pelo mesmo motivo, não gosto de ser traduzido. 'Traduzir' é ser falsificado. A peça que passa a ser filme vira anti-peça. Assim, Bonitinha mas Ordinária, O Beijo no Asfalto, Boca de Ouro, e outras, quando transpostas para a tela, parecem me uma caricatura de mim mesmo. Diga-se que o filme Boca de Ouro ainda é uma tentativa de teatro filmado" [130].

Nelson Rodrigues kritisiert die Regisseure des *Cinema Novo*, die er als zu intelligent beschimpft, weil sie mit ihren Filmen nicht den Geschmack des brasilianischen Publikums treffen. Er kritisiert den intellektuellen Anspruch des *Cinema Novo*, das weitgehend von einer Minorität der brasilianischen Gesellschaft rezipiert und verstanden wird. Mit dem Anspruch, zur gesellschaftlichen Veränderung beizutragen, stehen die Regisseure isoliert da. Die Filme von Arnaldo Jabor finden seinen Zuspruch, weil er sich darin wiederfinden kann.

4.3.2.1. Der Regisseur Arnaldo Jabor

"O Nelson Rodrigues abre na literatura brasileira um espaço do inconsciente que outros escritores na literatura brasileira abriram em relação à economia, à situação social do país." [131]

So kommentiert Arnaldo Jabor den Dramaturgen und Schriftsteller Nelson Rodrigues. Das Romanuniversum wird von der Mittelschicht Rio de Janeiros konstituiert, sowohl der Zona Sul als auch der Vororte Rio de Janeiros. Indem Rodrigues die Neurosen der Protagonisten darstellt, entlarvt er die Mythen, die zur Selbstverteidigung der Gesellschaft geschaffen wurden. Jabor bekundet seine Übereinstimmung mit Rodrigues:

> "Tenho uma posição um pouco parecida, no cinema brasileiro, com a do Nelson Rodrigues. Eu queria me livrar de uma obrigação ideologista de submissão a uma forma de filmar, a um tipo de recado preestabelecido. Então quando eu fiz Toda Nudez Será Castigada em 1973 eu fui muito atacado." [132]

Arnaldo Jabor ist einer der jüngeren Regisseure des *Cinema Novo*, der durch seine Freundschaft mit Nelson Rodrigues in seiner eigenen künstlerischen Position geprägt wurde. Jabor sah in Nelson Rodrigues nicht den Reaktionär, für den ihn zahlreiche Intellektuelle in den 60er und 70er Jahren hielten, sondern einen Autor, der über ein besonderes Maß an Realitätssinn verfügte:

> "Nelson Rodrigues nunca perdeu o sentido da realidade concreta, da verdade social do país. E nunca se deixou enganar por um "ideologismo" meio delirante." [133]

Seine Affinität zu Rodrigues veranlaßte Jabor zur Auseinandersetzung mit dessen Werk im Film.

4.3.2.2. *Toda Nudez Será Castigada* und *O Casamento*

In den 70er Jahren distanzierte sich Jabor von den Zielsetzungen des sozialkritischen engagierten *Cinema Novo* und drehte 1973 *Toda Nudez Será Castigada.* Jabor sieht seine Arbeit im Kontext mit den Bedingungen wie sie für das Filmemachen in Brasilien gelten. Mitte der 70er Jahre diagnostiziert der Regisseur eine Krise in der Produktion von Spielfilmen.

"As contradições que nos levaram a ter que competir com as chanchadas eróticas e com o cinema estrangeiro aprofundaram também a nossa perspectiva ideológica e criativa. A posição tradicional do artista do século passado, de recusa diante da sociedade moderna ou de consumo, é uma recusa acadêmica. Não enfrentar este desafio constitui um em-si-mesmamento intelectual, uma posição paranoíde, que insiste em fazer denúncias que jamais serão ouvidas" [134].

Sie ist seiner Meinung nach dadurch bedingt, daß die Regierung sich in nur geringem Maß an der Spielfilmproduktion beteiligt. So werden die brasilianischen Filme ständig von der Konkurrenz aus dem Ausland bedroht. Jabor konstatiert zudem eine ideologische Krise: Was seine Arbeit betrifft, so will Jabor seine Filme besser vermarkten. Da der Staat nur geringfügig zum Aufbau einer Filmindustrie beiträgt, müssen die Regisseure im Rahmen der Bedingungen des Marktes (Konkurrenz durch das US-amerikanische Kino und Ansprüche des Publikums) einen eigenen Weg finden. Jabor beabsichtigt, publikumswirksame Filme zu drehen, um zu einer Kontinuität in der brasilianischen Filmproduktion beizutragen.

4.3.2.2.1. Formale Vorbilder

Jabor orientiert sich an italienischen Regisseuren. *Toda Nudez Será Castigada* zeigt den Einfluß von Bernardo Bertoluccis Film *Ultimo Tango de Parigi*[135]. Die Filmkritik bezeichnet *Toda Nudez Será Castigada* als den Film, der das Universum des Nelson Rodrigues am treffendsten wiedergibt.

Mit *O Casamento* porträtiert Jabor die Gewalt des städtischen brasilianischen Alltags.

"O que na verdade existe hoje em dia no Brasil, e de forma cada vez mais acentuada, é um enorme abismo de comportamento entre povo e não povo, possuídores e despossuídos. No caso deste filme, eu não retratei particularmente nem a classe média nem a burguesia. Ele configura talvez este desespero maior que, com tonalidades diferentes envolve a todos nós, esta espécie de calamidade pública que o estágio atual do capitalismo selvagem brasileiro criou"[136].

Der Erfolg von *Toda Nudez Será Castigada* gab Jabor die Möglichkeit, *O Casamento* mit einem Budget von 1,3 Millionen Cruzeiros zu produzieren.

Formal lehnt Jabor sich mit *O Casamento* an den Film *Otto e Mezzo* von Frederico Fellini an. In *Otto e Mezzo* denkt der Darsteller Guido Anselmo über die Aufgabe eines Regisseurs nach, seine Schaffenskrisen und die Aussagemöglichkeiten, die er mit dem Medium Film hat. Anselmo selbst befindet sich in einer Krise. Er hat Angst davor, keine Ideen mehr zu haben und sich sein Unvermögen, an das er insgeheim glaubt, eingestehen zu müssen. Mit seinem Darsteller möchte Fellini erreichen, mit den "ewigen" Symbolen von Sauberkeit und Unschuld aufzuräumen. Er will den Facettenreichtum des menschlichen Lebens durch eine Vermischung von Traum- und Realitätsebenen darstellen. Der Zuschauer soll am Ende nicht mehr wissen, was wahr oder falsch ist.

Um die Ebenen von Traum und Realität zu vermischen, verwendet Fellini z.T. überzogene opernhaft opulente Bilder. Die Darsteller werden häufig als Maske ihrer selbst gezeigt. Er verwendet Rückblenden, die Erinnerungsfragemente oder Träume der Protagonisten fetzenartig wiedergeben. Doch gibt es in *Otto e Mezzo* einen Leitfaden, nämlich die Schaffenskrise des Regisseurs Guido Anselmo und ihre Auswirkungen auf seine zwischenmenschlichen Beziehungen. Grund für die Krise des Protagonisten Guido Anselmo ist die Geringschätzung seiner eigenen Arbeit: Ein Film entstehe, weil es dem Regisseur an schriftstellerischem Einfallsreichtum fehle und der Film als Medium den anderen Künsten gegenüber um 50 Jahre im Rückstand sei.

In *O Casamento* übernimmt Jabor die theatralische verfremdende Darstellungsweise. Die Protagonisten sind Karikaturen oder Masken ihrer selbst. Unvermittelt folgen die Episoden des Films aufeinander. Die Linearität der Darstellung tritt zugunsten eines assoziativen Stils zurück. Jabor selbst erklärt in Übereinstimmung mit dem Guido Anselmo von Fellini, der Film sei eine freche, dreiste Kunst:

> "Porque o cinema permite travelling, paisagens, panorámicas, mudanças de decor, etc. O cinema é uma arte muito sem vergonha, porque é muito fácil enganar o espectador. Você as vezes resolve uma falta de profundidade com uma música ou com travelling sobre uma paisagem dramática. Você cria sensações de profundidade falsa com o cinema." [137]

Weil der Regisseur Personen und Situationen übersteigert zeichnet, gelingt es ihm, die Neurosen der Darsteller zu zeigen. Es bleibt unklar, was die Protagonisten in ihrem Handeln bestimmt: Sind es ihre Phantasien, Erinnerungen oder sind es sexuelle Wünsche oder das Bedürfnis, den Moment auszuleben? In Jabors Film ist die Hochzeit das Ereignis an dem alle Fäden der Handlung zusammenlaufen. Insofern ist sie das zentrale Ereignis in Roman und Film. Dennoch kündigt Jabor eigene Autorenschaft an, wenn er den Aspekt der Zerstörung besonders betont. Die notwendige Straffung der Romanelemente erfordert eine Konzentration auf bestimmte Szenen. Er vermischt Realitäts- und Erinnerungsebenen. Oft gibt es keine Überleitungen, Rückblenden werden in Sequenzen eingebaut, ohne daß sie filmisch angekündigt werden. So sind sie für den Zuschauer, der den Roman nicht kennt, oft nicht einsichtig. Der Film ist insofern ein Gewinn für den Leser des Buches. Und er ist eine Charakterüberzeichnung aus Jabors Film von 1972, kündigt also eine hermetische Auseinandersetzung im Werk des Regisseurs an.

> "Sabino in O Casamento is merely an extension of Herculano in Nudez Será Castigada, differing only in degree, not in kind" [138].

Der Film *O Casamento* hat eine komplexere Struktur und einen schnelleren Rhythmus, als *Toda Nudez Será Castigada*[139].

4.3.2.2.2. Procedere des Verfilmens

Die Selektion von Situationen und Protagonisten aus dem umfangreichen Text erforderte eine Straffung des literarischen Erzählens für den Film. Formal übernimmt er die Gestaltungsprinzipien des Romans, der zahlreiche Rückblenden enthält, die in die Ereignisse der erzählten Zeit eingeschoben sind. Dialoge und die Exposition des Romans, die Entwicklung der Handlung, der Konflikt und die Lösung des Konflikts werden übernommen.

Besonders der homoerotische und lesbische Diskurs stehen in einem anderen Kontext als im Roman. Das Inzestmotiv wird auf das Verhältnis Sabino und Glorinha eingegrenzt. Im Film fällt also die Darstellung von Sabinos Verhältnis mit dem 13-jährigen epileptischen Mädchen weg. Auch die kompromittierenden Bestechungsversuche Sabinos fehlen, der den Schwiegersöhnen zur Hochzeit einen Scheck schenkt. Die lesbische Beziehung zwischen Glorinha und Maria Inês gibt es nicht. Im Film tritt diese nur als ihre Freundin, nicht als ihre Geliebte auf. Die homosexuellen Versuchungen Sabinos in Gegenwart des Priesters werden im Film nicht angesprochen. Die drei Schwestern Glorinhas spielen im Roman das familiäre Über-Ich zu spielen. Sie beargwöhnen neidisch die Beziehung Glorinhas zum Vater oder erpressen ihn wegen seiner sexuellen Fehltritte. Im Film treten sie moderat auf.

Jabor hat mit seinem Film ein Thema ausgewählt, dem die Erzählfragmente zugeordnet werden. Ihm geht es darum, die Fäulnis der Stadt Rio de Janeiro wiederzugeben, die sich in den Charakteren ihrer Bewohner spiegelt. Ihn beschäftigt, warum Destruktivität anstelle von Konstruktivität das Leben der Stadt bestimmen. Die Darsteller zeigen ihr Ich nur in den Momenten, wo sie jemanden lieben oder um dessen Liebe kämpfen. Jabor diskutiert die Rolle des Regisseurs und des Films auf zwei Ebenen: Er bezieht sich auf den Film Fellinis und arbeitet selbst im Film mit. Er übernimmt die Rolle eines Polizisten, der den korrupten Sabino verhaftet. Die Meta-Bedeutung dieser

Rolle läßt sich in bezug auf die Aufgabendefinition von Regisseuren im brasilianischen Film entschlüsseln.

Jabor zeigt die gesellschaftlichen Gegensätze, in denen die Protagonisten leben. Humor fehlt dem Regisseur nicht: Jabor ironisiert die wirtschaftliche Situation Brasiliens durch zwei Details: Im Roman, der aus dem Jahr 1966 stammt, soll Teófilo einen Scheck von 5 Millionen Cruzeiros bekommen, im Film verspricht Sabino seiner Tochter, dem Schwiegersohn einen Scheck von 30 Millionen Cruzeiros auszustellen. Diese humorvolle Einstellung der brasilianischen Inflation gegenüber bestimmt seine Aussage zum literarischen Text.

4.3.2.2.3. Exposition

Der Film *O Casamento* beginnt mit einer Sequenz, die an die Überschwemmung Rio de Janeiros im Jahr 1966 erinnern soll. Wassermassen überfluten die Straßen, reißen Mauern und Häuser nieder. Rettungsmannschaften suchen in den Trümmern nach verschütteten Menschen, bergen einen Toten. Autos, Straßen, Häuser verschwinden, Menschen waten durch Wassermassen. Risse in den Straßen und Stilleben der Zerstörung mit Puppenköpfen inmitten von Trümmern werden gezeigt. Es folgt eine Totale der Skyline der Praia do Flamengo in der offensichtlich von der Überschwemmung unversehrten Südzone Rio de Janeiros. Von beiden Seiten des Bildes greifen zwei Arme auf den Boden und heben je eine tote Ratte am Schwanz in die Bildmitte. Dieser Index[140] zeigt die Zersetzung, der die Stadt Rio de Janeiro unterliegt. Bis zum Ende dieser Sequenz werden die *credits* gezeigt. Die in der Bildfolge implizite Dialektik (Favelas, Südzone der Stadt, Ratten) entwirft ein Panorama von Morbidität in schwarzweiß. Es bietet den Hintergrund für die nachfolgend gezeigte Dramatik und Beziehungsstruktur der handelnden Figuren.

Sabino liegt als Bauarbeiter gekleidet in einer Baugrube. Er wälzt sich in der Mitte von einem Kreis aus mehreren Bauarbeitern mit Preßluftbohrern. Die Kamera zeigt ihn aus der Aufsicht. Im Anschluß an diese Eingangsszene hört der Zuschauer das Geräusch der Preßluftbohrer und sieht Sabino, wie er sich in seinem Bett wälzt, kann die vorangegangene Szene als Alptraum deuten. Es folgt eine Rückblende, die Sabino als kleinen Jungen zeigt, als er von seinem sterbenden Vater den Auftrag erhält, ein wohlsituierter Mann zu werden. Dieser Alptraum treibt ihn aus dem Bett. Doch auch die Realität scheint alptraumartige Erfahrungen bereitzuhalten: Im Badezimmerspiegel erblickt er sein gealtertes Gesicht und murmelt *"homem de bem"*. Dann besucht und verweilt er im Zimmer seiner Tochter Glorinha, die noch schläft, bevor er im Wohnraum um das mitten im Raum aufgehängte Brautkleid geht. In der Dialektik Alpträume, Altern und Hochzeit wird das Familiendrama angelegt.

Die Darstellung des Gegensatzes von arm und reich prägt die Schauplätze: Sabino wird in der Luxuslimousine zur Arbeit chauffiert. Das elegante Büro Sabinos steht im Gegensatz zum schmierigen Arbeitsplatz Xaviers, der mit Sabinos Sekretärin Noêmia telefoniert. Das feudale Appartment von Sabino kontrastiert mit der dunklen Wohnung Xaviers, in der er seine leprakranke Frau versorgt.

Die Dichotomie von arm und reich wirkt sich auf die Beziehungen der Darsteller aus, Beziehungen werden unter dem Aspekt von Besitz und Armut bewertet.

Das gilt auch für das Verhältnis von Dr. Camarinha und Sabino. Jabor setzt das Verhältnis von Sabino und Glorinha dem von Dr. Camarinha und seinem Sohn gleich. Doch Sabino, der wohlhabende Unternehmer, ist nicht in der Lage, den Hinweis des Freundes über den Schwiegersohn dankend aufzunehmen. Sabino kann menschliche Regungen nicht als freundschaftliche Handlungen begreifen. Er bemüht sich nur, gesellschaftlichen Anforderungen zu entsprechen, und handelt nicht in Übereinstimmung mit seinen Gefühlen. Deshalb kann er nicht im Interesse der Tochter handeln, obwohl er vorgibt, sie zu lieben.

Die Beziehungen der Darsteller bleiben oberflächiich, Sabino hält das menschliche Anliegen Camarinhas für aufgesetzt, die Kamera betont die Beziehungslosigkeit unter den Protagonisten. Halbnah: Camarinha tritt in Sabinos Arbeitszimmer und wird von Sabino begrüßt: *"Como vai esta figura?"* Kameraschwenk nach links. In einer Halbtotalen wird das Büro mit Noêmia, Sabino und Camarinha gezeigt. Sabino bestellt einen Espresso, den er sogleich wieder abbestellt. Camarinha gibt Noêmia zu verstehen, daß er mit Sabino allein sprechen möchte: *"E particular"*. Noêmia verläßt das Büro. Schnitt. Halbnah: Camarinha sitzt auf dem Besucherstuhl vor Sabinos Schreibtisch. Während Camarinha spricht und seine Sympathie für Glorinha bekundet, wechselt die Kameraposition und zeigt die Gesprächspartner. Sabino und Camarinha sitzen sich am Schreibtisch gegenüber und im Schuß-Gegenschuß werden Halbnahaufnahmen der Gesichter gezeigt, um die Reaktion Sabinos auf Camarinhas Äußerungen darzustellen. Camarinha fragt Sabino, welche Meinung er von seinem zukünftigen Schwiegersohn hat. Halbnah: Sabino bekundet Sympathie: *"sujeito fino."* Halbnah: Camarinha: *"No meu consultório vi uma cena... o teu genro é um pederasta."* Halbtotale. Sabino steht auf, daraufhin erhebt sich auch Camarinha. Schnitt. Halbnah. Beide gehen umeinander herum. Die Kamera zoomt auf eine Halbtotale und zeigt Sabino, der sich beschwert, diese Nachricht erst jetzt, 24 Stunden vor der Hochzeit, zu erhalten. Sabino wird in einer Halbtotalen neben dem geöffneten Fenster gezeigt. Schnitt. Eine Halbtotale zeigt Camarinha, wie er vor dem Fenster in Sabinos Büro steht, von dem aus er in den Arbeitsraum mit Sabinos Angestellten blicken kann. Schnitt. Nahaufnahme: Camarinhas Gesicht spiegelt sich in der Fensterscheibe. Eine Nahaufnahme von einem in Verband gelegten Kopf wird eingeblendet auf die eine Halbtotale folgt, die Camarinha sitzend vor einem aufgebahrten Toten in einem Krankenhaus zeigt. Parallel dazu vernimmt der Zuschauer die gedämpfte Stimme Sabinos, die Camarinha in die Gegenwart zurückholt. Schnitt. In einer Halbtotalen wird Sabino vor dem Fenster gezeigt. Aus dem Hintergrund hört man die Stimme Camarinhas: *"O que interessa é o casamento da sua filha."* Kameraschwenk nach rechts: Sabino nimmt von einer Konsole das Bild Glorinhas in die Hand. Kameraschwenk nach links. Sabino: *"Comprenda que o casamento é tudo para mim. E minha vida."* Er hält sich das Bild vor das Gesicht, so daß Glorinhas Gesicht als Maske auf seinem liegt. *"Só gosto de Glorinha."* Schnitt. In einer Halbtotalen beugt sich Camarinha über die Leiche seines Sohnes, Schnitt. Halbnahaufnahme: Beide zusammen sind im Bild. Camarinha weist Sabino darauf hin, daß er in seiner gesellschaftlichen Position durchaus imstande sei, die Entscheidung für oder gegen die Hochzeit zu treffen, vor allem, wenn er ein *"homem de bem"* sei. Nahaufnahme von Sabino. Schnitt. Halbnahaufnahme von Camarinha, der, bevor er das Büro verläßt, an den Todestag seines Sohnes erinnert. Schnitt.

Die Ikonographie der Szene zeigt die Individuen, die mit ihren Traumata derart beschäftigt sind, daß sie Zeichen wahrer Freundschaft oder Zuneigung unter ihrem neurotischen Blickwinkel interpretieren.

Sabino ist unfähig, in Camarinha einen Freund zu sehen. Er versteht den Arzt nicht, der ihn motivieren will, alles für das Wohl seiner Tochter zu tun. Camarinha überbringt ihm die Wahrheit über Teófilo, weil er meint, daß Glorinha mit ihm nicht glücklich wird. Sabino sieht dem Freund selten in die Augen, wendet sich von ihm ab. Dies bestätigt sich in der Szene, als Glorinha ihn im Büro besucht:

Sabino verhält sich Glorinha gegenüber wie ein Liebhaber. Er läuft ihr entgegen bis zum Fenster, von dem aus er normalerweise sein Büro überblickt. Dann umarmt er sie und sagt ihr, daß sie blendend aussieht. Er erwähnt den Besuch Camarinhas und verdächtigt diesen, neidisch auf seinen Reichtum zu sein. Als er die Vermutung äußert, Camarinha könne auch neidisch auf die Hochzeit Glorinhas sein, weil sein Sohn verunglückt ist, kommt eine Nahaufnahme von Glorinha, die abrupt äußert, gehen zu müssen. Glorinha sagt Sabino, daß sie einen Termin mit Dr. Camarinha hat.

Die Exposition des Films endet mit dem Besuch Glorinhas bei Dr. Camarinha. Glorinha weiß, warum der Arzt sie zu sich bestellt hat, möchte aber, daß dieser selbst das Thema *"Teófilo"* anspricht. Doch Camarinha weicht aus. In einer Rückblende wird der Streit gezeigt, den Camarinha mit seinem Sohn kurz vor dessen Tod hatte. Der Sohn legt weinend den Kopf an seine Schulter, anstatt, wie Camarinha es erwartet hat, auf den Vater loszuprügeln. Glorinha will erneut wissen, warum er sie hergebeten hat. Camarinha gibt vor, nur wissen zu wollen, ob sie glücklich sei und ihren Verlobten liebe. Eine Nahaufnahme von Glorinha folgt und sie sagt: *"Gosto"*, *"muito"* und enthebt ihn damit seiner Sorgen. Doch Glorinha bringt ihr Anliegen selbst zur Sprache, indem sie sich auf ihre Jungfräulichkeit untersuchen läßt. Sie forciert Camarinha, sie zu fragen, warum sie eine gesellschaftliche Konvention, ihre Jungfräulichkeit zu wahren, verletzt habe.

Sie erklärt dem Arzt, daß sein Sohn Antônio Carlos sie defloriert habe und sie ihn seit dessen Tod liebe. Sie wisse, daß Teófilo homosexuell ist. Und sie selbst ist in den gesellschaftlichen Konventionen verhaftet, so daß sie die Hochzeit nicht absagen möchte.

Glorinha hat in dieser Szene eine größere Eigenständigkeit als im Roman. Sie kann entscheiden, ob sie die geplante Hochzeit akzeptiert oder nicht und ist insofern selbständiger und unabhängiger von Sabino als im Roman. Die Szene, die Glorinha auf dem gynäkologischen Stuhl zeigt, wie sie von Camarinha untersucht wird, beendet die Exposition des Films.

4.3.2.2.4. Entwicklung der Handlung

Sabino liegt wieder als Bauarbeiter gekleidet zwischen dröhnenden Preßluftbohrern. Mit diesem Bild wird sein Alptraum vom Beginn des Films wiederholt. Er ruft verzweifelt *"homem de bem"*, und in der nächsten Einstellung sieht ihn der Zuschauer beim Priester, dem er seine traumatischen Kindheitserlebnisse erzählt. Dazu gehören die letzte Bitte seines Vaters, der ihn in die Position eines wohlhabenden Mannes wünscht und der Ekel vor seiner Mutter, der er beim Masturbieren zugesehen hat. Der Priester soll ihm bestätigen, daß er wirklich ein *"homem de bem"* ist. Mit seinem Geständnis versucht Sabino, den Ekel vor seiner Vergangenheit loszuwerden. Der Priester empfiehlt Sabino, seine eigene "Lepra" anzunehmen. Doch das kann Sabino nicht, denn er hat aufgrund seines Aufstiegswillens sein Leben lang die eigenen Interessen diesem Streben untergeordnet. Die Hochzeit Glorinhas ist ein gesellschaftliches Ereignis und kann nicht verschoben werden. Dabei spielt es keine Rolle, ob Glorinha glücklich wird oder nicht.

Sabino setzt zudem alle Personen aus seiner Umgebung seinen Interessen gemäß ein: Dazu zählt auch seine Sekretärin Noêmia.

Jabor inszeniert die Dekadenz der Beziehung zwischen Noêmia und Sabino durch die Schauplätze ihrer Treffen: Aus einer schmierigen Eckkneipe ruft Sabino an und bittet Noêmia zum Stelldichein. Der Ort des Zusammentreffens ist ein verkommenes Zimmer ohne fließendes Wasser. Das Waschbecken starrt vor Schmutz, Unterwäsche hängt zum Trocknen vor dem Fenster. In dieser Umgebung, die Sabino gegenüber seiner Sekretärin als seriös aufwertet, kann Sabino seine als "schmutzig" empfundenen sexuellen Phantasien ausleben.

Parallel zu dem Treffen von Noêmia und Sabino werden Momente aus Glorinhas Leben gezeigt. Mit Rückblenden wird ihre Geschichte aufgearbeitet. Diese Rückblenden sind nicht immer filmisch eingeführt, sondern Ort der Handlung und Geschehen wechseln manchmal abrupt. Sie erinnert sich an ihren 17. Geburtstag, als sie Antônio Carlos kennenlernt, und an ihre Freundin Maria Inês, die ihr ihre Liebe zu Antônio Carlos gestand. Sie erinnert den ersten Ausflug in den Norden der Stadt. Glorinha befindet sich in einer Umkleidekabine in einer Boutique, wo sie Kleider anprobiert. Die Kamera zoomt auf ihren Kopf und leitet eine Rückblende ein. Glorinha erinnert sich an die Fahrt mit Antônio Carlos und Maria Inês in den Norden der Stadt. Aus der vornehmen Südzone geht es über die Avenida Brasil in den Norden der Stadt, wo Zé Honório, der Angestellte Dr. Camarinhas, zu einem Fest geladen hat. Als Antônio Carlos mit den Frauen auftaucht, ist er betrübt. Vor den drei Gästen und seinem Freund Romário inszeniert er seine Lebensgeschichte. An seinem Vater, der ihn sexuell mißbrauchte, will er sich rächen und lädt die Gäste ein, diesen in seinem Zimmer aufzusuchen. Der Alte sitzt bewegungslos im Rollstuhl und weint, als sein Sohn ihm seinen Geliebten Romário vorstellt. Glorinha ärgert sich über Zé Honório, beschimpft ihn als grausamen Schwulen und schlägt wütend auf Antônio Carlos ein, bis ihr Widerstand bricht und sie mit ihm engumschlungen zur einsetzenden Tangomusik diagonal durch den Raum tanzt. Carlos schiebt den Rollstuhl an, so daß der Vater Zé Honórios durch den Raum rollt und trägt Glorinha auf dem Arm zum Bett im anderen Raum. In der zerrütteten Umgebung ist Liebe die Errettung von der grausamen Wirklichkeit. Schnitt. Eine Nahaufnahme zeigt sie wieder in der Umkleidekabine. Tränen rollen über ihre Wangen. Dann wird die Rückblende fortgesetzt. Glorinha schläft mit Antônio Carlos. Zé Honório bricht plötzlich in Geschrei aus, weil sein Vater gestorben ist. Die Gäste verlassen das Haus. Glorinha steht immer noch in der Umkleidekabine. Ohne sie filmisch einzuführen, bringt Jabor noch eine Rückblende, die Zé Honório zeigt, wie er versucht, die Gäste zum Bleiben zu bewegen, um nicht allein bei dem Toten verweilen zu müssen. Die Rückblende zeigt auch Glorinha, die nach Hause kommt und mit ihrer Mutter spricht. Antônio Carlos ruft an und gesteht ihr seine Liebe. Sie erklärt ihm, daß sie nichts mehr mit ihm zu tun haben möchte. Er erklärt ihr, sie könne schwanger von ihm sein.

Nachts träumt sie von der Abtreibung. Die Kamera in Fahrt zeigt sie auf einer Bahre liegend. Camarinha und ihre Mutter begleiten sie auf dem Weg zum Operationssaal. Sie erwacht aus dem Traum, als ihre Mutter in ihr Zimmer kommt, die Vorhänge aufzieht und ihr mitteilt, daß Antônio Carlos gestorben ist. Es folgen dramatische Gefühlsausbrüche und die Beerdigungsfeier. Glorinha wohnt der Feier mit tränenüberströmtem Gesicht bei. Die Rückblende endet. Glorinha steht noch in der Umkleidekabine.

Jabor bringt durch die parallele Montage die beiden Liebesverhältnisse in einen Zusammenhang. Vater und Tochter haben beide Verhältnisse mit Personen, von denen die Familie nichts weiß.

In der anschließenden Sequenz im Büro beschuldigt Sabino Noêmia, eine Prostituierte zu sein. Sabino glaubt ihr nicht, daß sie ihn wirklich verehrt und kündigt ihr angeblich deshalb. Sabino gibt aber nicht zu, daß er ihr aus Angst vor einer Diffamierung kündigt, sondern leugnet seine Befürchtungen ab.

Die parallele Inszenierung der aussichtslosen Liebesgeschichten dient dazu, die Kontinuität und Tradierung von zerstörerischem Verhalten in verschiedenen Generationen der Familie Glorinhas zu zeigen. Im Gegensatz dazu wird die Liebesgeschichte zwischen Noêmia und Xavier und die Ehe von Xavier und der leprakranken Frau behandelt. Noêmia fährt zur Verabredung mit Sabino. In einer Rückblende erfährt der Zuschauer von ihrer Geschichte mit Xavier. Dieser hat ihr geholfen, in der Stadt seßhaft zu werden und sie nach seinen Kräften unterstützt. Xavier klärt Noêmia über seine Ehe auf. Noêmia bleibt bei ihm. Als Sabino sie zu einem Rendevous einlädt, ist sie sofort gewillt, Xavier zu verlassen. Sie bewundert Sabino und möchte die Gelegenheit nutzen, die Geliebte eines reichen Mannes zu werden. Sie trennt sich von Xavier, weil dieser sie nicht heiraten kann. Xavier meint, nicht ohne Noêmia weiterleben zu können.

4.3.2.2.5. Konflikt und Lösung

Sabino und Glorinha treffen sich. Sabino hegt eine inzestuöse Erwartung der Tochter gegenüber. Beide fahren auf den Wunsch Glorinhas in der Limousine durch den Süden der Stadt an den Strand. Während der Fahrt fragt Glorinha ihren Vater, ob er ihre Mutter liebt. Sie könne es sich nicht vorstellen, daß er sie liebe, weil sie selbst die Mutter ablehne. Sabino fragt nach dem Grund ihres Verhaltens.

Sabino meint, daß Glorinha seine inzestuösen Wünsche teilt. Am Strand wirken beide wie ein verliebtes Hochzeitspaar. Sabino trägt einen dunklen Anzug mit Krawatte und Glorinha ein weißes Kleid. Glorinha fordert ihren Vater auf, endlich einmal die Wahrheit zu sagen. Sie erklärt ihm, daß sie niemanden liebt, weder ihre Mutter noch ihre Schwestern, noch ihren Verlobten. Sie liebt jemand anderes. Sabino möchte wissen, um wen es sich handelt. Glorinha will nicht antworten, weil sie Sabino vorwirft, daß er selbst nie etwas von sich erzählt.

Er gesteht, mit ihrer Mutter aus Mitleid zusammen zu leben. Sie gesteht ihm, daß sie jemanden liebt, den sie nicht lieben darf. Die Kamera zeigt das Meer und sie fragt Sabino im Off, ob er sie liebt. Sabino antwortet, er bete sie an, ebenfalls im Off. Im entscheidenden Moment kann der Zuschauer die Reaktion in den Gesichtern der Protagonisten nicht sehen. Auch Sabino gesteht ihr seine Liebe zu einer Person, die für ihn heilig sein sollte.

Die Kamerapositionen wechseln von Nahaufnahmen zu Halbnahaufnahmen und Totalen am Strand. Die Gesichter der Protagonisten werden abwechselnd eingegrenzt, dann wieder im Kontext der Umgebung gezeigt.

Er nimmt an, daß seine inzestuösen Wünsche von ihr geteilt werden, und versucht, sie zu küssen. Entsetzt über diesen Vertrauensmißbrauch rennt sie weg.

Im Anschluß an die Strandsequenz wird Xaviers Mord an Noêmia gezeigt. Er tötet sie durch Messerstiche in ihrem Büro und erschießt dann seine leprakranke Frau und sich selbst. Seiner Frau versichert er zuvor, niemals eine andere Frau geliebt zu haben.

Bei beiden Sequenzen spielt die Musik eine entscheidende Rolle. Das Zusammensein von Sabino und Glorinha ist untermalt von Mahlers Fünfter Sinfonie, die zu Beginn des Films einsetzte, als Sabino morgens aufsteht und das Hochzeitskleid anschaut.

Nach diesem Vorfall ist das Verhältnis von Glorinha und Sabino gestört; Glorinha lehnt es ab, mit ihm über den Vorfall zu sprechen. In der Nacht vor Glorinhas Hochzeit erkennt Sabino, daß er Noêmia liebt. Er versucht, sie im Büro anzurufen, doch der blutüberströmte Körper liegt auf dem Fußboden, und das Telefon auf dem Schreibtisch klingelt.

Jabor wiederholt eine Sequenz aus dem Vorspann des Films: ein Toter wird aus Trümmern geborgen und auf einer Bahre abtransportiert. Im Anschluß daran sitzt Sabino - diesmal als Erwachsener - am Totenbett seines Vaters in einer weißen Uniform. Er erhält vom sterbenden Vater den Auftrag, ein wohlhabender Mann, ein *"homem de bem"* zu werden.

Am folgenden Hochzeitsmorgen wird Glorinha angekleidet. Als Sabino an ihr vorbeigeht, bekommt ihr Gesicht einen angespannten, ängstlichen Ausdruck. Er wahrt die Distanz. Die zu Beginn des Films angerissene Dramatik ist bestehen geblieben: Alptraum, Altern und Hochzeit. Im Verlauf des Films wurden nur die Koordinaten ein wenig verschoben.

Das Telefon klingelt, und Eudóxia überbringt die Nachricht vom Tod Noêmias. Glorinha wirft dem apathischen Sabino vor, kein Herz zu haben. Sabino besteht Mutter und Tochter gegenüber auf der Hochzeit. Als er sich von den beiden abwendet, steht bereits die Polizei in seiner Wohnung, die mit ihm sprechen will. Jabor übernimmt die Rolle des Polizeikommissars und fragt ihn nach Noêmia. Es folgt die Hochzeit in der Kirche, wo Teófilo zum erstenmal auftritt. In der Predigt betont der Priester, jeder Mensch müsse die eigene Unzulänglichkeit anerkennen, um sein Leben zu meistern. Sabino verläßt sofort nach der Trauung die Kirche, wie in Trance, und läßt sich auf der überfüllten Polizeiwache als Mörder Noêmias festnehmen. Die Hände in Handschellen gelegt, schreitet er wie ein Sieger die Treppe empor und jubelt, daß er ein Mörder sei.

Der Regisseur selbst spielt die Rolle des fassungslosen Polizisten, der ihm Handschellen anlegt. Der Film endet mit einer Wiederholung der Szene, die Sabino in Bauarbeiterkleidung zwischen Preßluftbohrern zeigt, an die im Anschluß die Bilder der zu Beginn des Films gezeigten Überschwemmung der Stadt anschließen.

"On a personal level, as Sabino has become wealthy, he has released the negative forces within himself. His construction is simultaneously his distruction." [141]

Der Film unterstreicht die Dialektik durch seine Form, eine Mischung aus Tragödie und *Opera bouffe*. Jabor provoziert nicht nur durch den Inhalt des Dargestellten, sondern auch durch die Form. Er meldet gegenüber dem Roman von Rodrigues eigene Autorenschaft an, weil er die Verknüpfung von gesellschaftlichem Aufstieg, Korruption und Selbstzerstörung visualisiert.

Das Drehbuch ist wie im Falle von *São Bernardo* nicht detailliert ausgearbeitet. Es besteht aus 33 Sequenzen, die nicht in Szenen und Kameraeinstellungen unterteilt sind. Die Sequenzen sind im Verlauf an den Episoden des Romans orientiert. Jabor strafft sie im Film und akzentuiert das Phänomen Zerstörung als Gegenwirkung von Karriere.

4.3.2.2.6. Metasprache

Jabor beabsichtigt, Filme zu drehen, die ein Gegengewicht zur *"pornochanchada"* und den amerikanischen Film setzen. Der Film führt einen metasprachlichen Diskurs mit der zweiten Phase des *Cinema Novo* und mit dem Pessimismus in der brasilianischen Literatur in bezug auf die Entwicklung Brasiliens. Auch trägt er zur Diskussion über die Rolle des Regisseurs bei.

Jabor selbst übernimmt die Rolle eines Polizisten, d.h. er überführt Sabino, der den Aufbau und den Fortschritt Brasiliens und den moralischen Verfall in seiner Person verkörpert. Die Aufgabe eines Regisseurs in einem politisch repressiven Kontext und einer eingeschränkten Produktionsstruktur sollte, laut Jabor, darin bestehen, ein Dokument der Zeit zu erstellen. Der Film hat im Gegensatz zu Rodrigues' Roman, über das Familiendrama hinaus, einen gesellschaftskritischeren Akzent und ist damit politisch. Jabor wendet sich gegen die propagierte Ideologie von Ordnung und Fortschritt, indem er Sabino als Protagonisten der Zerstörung darstellt. Jabor verweist auf zahlreiche Tabuthemen, die Rodrigues bereits angesprochen hat. Der Film behandelt Themen, die in der Tradition des *Cinema Novo* stehen, in dessen zweiter Phase die Auseinandersetzung des Intellektuellen stattfand, der die Frage nach seinen Möglichkeiten, die Gesellschaft zu verändern, aufwarf. Formal bezieht sich Jabor mit *O Casamento* auf das Autorenkino und die Musikkultur Europas. Insofern versucht er, den Interessen des Publikums in stärkerem Maße entgegenzukommen.

4.4. Lebenssituation städtischer Unterschichten, Roman und Film A Hora da Estrela

Ab Mitte der 70er Jahre gewinnt die Auseinandersetzung mit der urbanen Realität und der Situation städtischer Unterschichten in der Literatur Brasiliens zunehmend an Bedeutung. Autoren wie Ignácio de Loyola Brandão, Ivan Ângelo, Rubem Fonseca u.a. beschreiben den Antihelden, der in der Großstadt mit allen Mitteln um sein Überleben kämpft. Auch José Louzeiro zeichnet mit seinen Polizeiromanen ein Porträt städtischer Unterschichten, wenn er beispielsweise in *Infância dos Mortos* (*Pixote*) das Problem der Straßenkinder darstellt. Clarice Lispector[142] beschäftigt sich im Roman *A Hora da Estrela* mit einem Migrantenmädchen aus dem Nordosten Brasiliens, das in Rio de Janeiro ein gesellschaftliches Schattendasein führt.

A Hora da Estrela ist ein repräsentatives Werk in der brasilianischen Literatur der 70er Jahre, wo der spielerische Umgang mit konstitutiven Elementen aus nicht literarischen Bereichen üblich ist[143]. Clarice Lispector beschreibt nicht den Antihelden, der mit Gewalt gegen seine Lebensumstände ankämpft, wie es die Helden in Fonsecas Kurzgeschichten *O Cobrador* (1979), *Feliz Ano Novo* (1975), im Roman *Zero* (1974) von Ignácio de Loyola Brandão, in Renato Tapajós' Roman *Em Câmera Lenta* (1974) und in João Antônios Geschichten *Leão de Chácara* (1975)zu tun pflegen. Sie stellt diesen "Antihelden" eine "Antiheldin" gegenüber, die sich, im Gegensatz zu ihnen, nicht wehren kann.

A Hora da Estrela ist der letzte Roman im Werk von Clarice Lispector[144]. Im Gegensatz zu ihren früheren Texten handelt es sich um einen sozialkritischen Kurzroman. Er setzt sich wie zahlreiche Werke der modernen Literatur Brasiliens mit den Lebensverhältnissen der städtischen Unterschichten auseinander.

Die Analyse von Film und Kurzroman wird die medienspezifischen konstruktiven Elemente aufzeigen und den Unterschied der Aussagen des literarischen und des filmischen Textes darstellen.

Für den Unterschied zwischen geschriebenem und visuellem Text von *A Hora da Estrela* kann folgende Hypothese aufgestellt werden:

Im literarischen Text geht es um die Analyse des schriftstellerischen Handwerks und der Motivation, die es vom Schreibenden erfordert. Das Nachdenken über das Schreiben und seine Bedeutung steht im Vordergrund wie die Frage, inwiefern der Ich-Erzähler Rodrigo S.M. überhaupt eine Verbindung zu seiner Gestalt hat. Er bemüht sich, sein schriftstellerisches Projekt zu verwirklichen, d.h. er schreibt die Geschichte von Macabea. Sie ist eine Protagonistin, die keine Berührungspunkte mit der Welt des Schriftstellers hat. Rodrigo S.M. kennt ihre Welt nicht, er kann sich darin nicht bewegen. Nur über seine Beobachtungen ist er in der Lage, sich ihr Leben und ihr

Handeln vorzustellen. Diese Erkenntnis über die Gestalt Macabeas veranlaßt Rodrigo S.M. zu philosophischen, gesellschaftspolitischen und religiösen Betrachtungen.

Drehbuch und Film sehen keinen Rodrigo S.M. vor, der die Gestalt Macabea erfindet und beschreibt. Die Regisseurin Suzana Amaral fragt nicht, ob es möglich ist, Macabea zu zeigen oder nicht. Macabea steht vor dem Objektiv der Kamera und ist darstellbar.

Der Zweifel, den der Protagonist Rodrigo S.M. beständig äußert, ob es möglich ist, eine Gestalt wie Macabea glaubwürdig zu beschreiben, wird im Film gegenstandslos.

Suzana Amaral beabsichtigt nicht, einen werktreuen Film zu drehen. Das bedeutet nicht, daß sie dem Text gegenüber keine Reverenzhaltung einnimmt; sie kommt aber zu einer eigenen Aussage. Von Clarice Lispector hatte Maurício Rittner bereits den Roman *Perto do Coração Selvagem* in seinem Kurzfilm (1968) gleichen Titels umgesetzt.

4.4.1. Der Roman A Hora da Estrela

A Hora da Estrela ist ein "simultaner Roman", in dem die Autorin auf einen streng zeitlich ausgerichteten Handlungsablauf verzichtet. Es geht Clarice Lispector darum, mit verschiedenen aus Bewußtsein und Unterbewußtsein genährten Einzelheiten dem Leser einen Gesamteindruck von ihrer Protagonistin zu vermitteln[145].

Der Roman hat drei Erzählstränge. Diese scheinen auf den ersten Blick unabhängig voneinander zu sein, sind aber bei genauerer Betrachtung eng miteinander verbunden.

Es gibt die genannte *"Dedicatória do Autor"*, eine Sammlung von 13 Überschriften für die Geschichte, die als Arbeitstitel aufgefaßt werden können. Der Protagonist des Prosatextes ist Rodrigo S.M., ein Schriftsteller, der seine Motivation für das Schreiben analysiert, die ihn dazu führt, die Geschichte eines Mädchens aus dem Nordosten zu erzählen.

Dieser Roman läßt erkennen, daß es sich um einen Text über das Schreiben handelt: Er enthält Vorüberlegungen zum Schreiben (bis S. 27), eine Gegenwartsanalyse (bis S. 28), bis die Geschichte beginnt (ab S. 28) und das Leben Macabeas und ihre Beziehungen (S. 90) werden beschrieben, bis sich Macabea über sich selbst bewußt wird und stirbt (bis S. 96). Es folgt eine Meditation von Rodrigo S.M. (bis S. 98). Wie Widmung, Überschriftensammlung und Erzählung zusammenhängen, wird analysiert werden.

4.4.1.1. Inhalt und Analyse des Kurzromans

Die Autorin beschreibt das Phänomen Migration in Brasilien und den Konflikt des Intellektuellen. Er besteht darin, für eine gesellschaftliche Gruppe Partei zu ergreifen, mit deren Leben für ihn überhaupt keine Berührungspunkte bestehen.

Die Protagonistin des Romans ist aus dem Nordosten in eine Metropole Brasiliens gekommen. Die Autorin beleuchtet die tatsächlichen Lebensangebote, die sie dort vorfindet. Lispector charakterisiert die Gestalten in ihrem Wesen, ihrem Verhaltens- und Sprachcode. Parallel dazu beschreibt sie im Roman den Prozeß der schriftstellerischen Arbeit und die Motivation, die zum Schreiben führt. Eine dritte Komponente des Textes stellt die Analyse des Schreibprozesses dar. Schreiben im Angesicht des Todes ist das existenzielle Anliegen der Autorin.

4.4.1.1.1. Widmung

"E uma história em tecnicolor para ter algum luxo, por Deus, que eu também preciso." (LISPECTOR , 1984, 8)[146]

Die Geschichte in Technicolor ist einer Photographie oder einem Stilleben verwandt. Die drei Ebenen des Romans haben die Funktion, die Gestalt Macabea aus drei verschiedenen Blickwinkeln zu zeigen. Auf diese Ebenen wird bereits in der Widmung hingewiesen. Sie enthält eine sozialkritische Komponente

"Esta historia acontece em calamidade pública"; und erzählt etwas: "trata-se de livro inacabado porque lhe falta a resposta" und stellt eine Sinnfrage: "Resposta esta que espero que alguém no mundo ma (me) dê." (LISPECTOR, 1984, 8)

Diese Ebenen ergeben eine Geschichte, einen Film oder ein Bild. Durch seine Gedankensprünge unterbricht der Schriftsteller Rodrigo S.M. den Erzählfluß seiner Geschichte. Sein ganzes Leben richtet er auf die Gestalt aus, die er beschreiben will: Figur und Schriftsteller leben in einer Symbiose. Der Schreibprozeß kommt nur schleppend voran.

Der literarische Text steht im Zusammenhang mit sinnlichen Erfahrungen. Musik, Farbe und Phantasien fließen in seine Konzeption mit ein. Das Motiv "Tod und Verklärung" spielt in der Gedankenwelt des Rodrigo S.M. eine dominante Rolle. Die Musik ist bedeutungstragend.

"A 'Morte e Transfiguração' em que Richard Strauss me revela um destino?" (LISPECTOR, 1984, 7)

Das Thema "Tod und Verklärung" wird aus der Musik übernommen und zum Leitmotiv des Romans. Es wird auf den schriftstellerischen Arbeitsprozeß bezogen: Jedes Werk erfordere, daß sein Autor stirbt, um wie ein Phönix aus der Asche ersteigen und mit neuen Prämissen weiterleben zu können. Dieser Prozeß muß vom Individuum selbst ausgehen. Als Auslöser dienen äußere Reize; durch die schrillen Klänge der Musik und die Orientierung des erzählenden Ich an seinen Lesern gerät das Leben in

Bewegung. Der Autor ist an sich ein ruhender Pol, ein meditierendes Wesen, dessen Leben nur durch das Schreiben gestört wird:

> "Eu medito sem palavras e sobre o nada. O que me atrapalha a vida é escrever." (LISPECTOR, 1984, 8)

Das Schreiben unterbricht das So-Sein, es bringt die Widerstände zutage, die überwunden werden müssen, und stellt neue Anforderungen an den Schreibenden. Dieses Problem wird in der Entwicklung der Romanhandlung aufgegriffen.

4.4.1.1.2. Arbeitstitel

Für die Geschichte *A Hora da Estrela* entwirft die Autorin weitere zwölf Arbeitstitel, die im Text angewandt werden. Sie werden mehrere Male wiederholt. Die Überschrift *"O direito ao grito"* weist den Leser auf die Motivation für das Schreiben hin. Die Protagonistin von Rodrigo S.M. kann weder aufschreien noch sich wehren. Allein er kann diese Aufgabe an ihrer Stelle wahrnehmen, indem er ein Zeugnis ihres Lebens abgibt.

> "E dever meu, nem que seja de pouca arte, o de revelar-lhe a vida. Porque há o direito ao grito. Então eu grito." (LISPECTOR, 1977, 19)

Im Text selbst ist die Rede von Arbeitstiteln:

> "História exterior e explícita, sim, mas que contém segredos- a começar por um dos títulos, "Quanto ao futuro", que é precedido por um ponto final e seguido de outro ponto final." (LISPECTOR, 1977, 19)

Die Liste Arbeitstitel enthält eine dramatische Steigerung, wobei der letztgenannte als Höhepunkt zu werten ist: *"Saída discreta pela porta dos fundos"* .

Damit beschreibt die Autorin Aufgabe und Grenzen des schriftstellerischen Berufs. Es geht nur darum, ein Dokument zu erstellen, das über die Person des Schriftstellers hinausgeht und für sich selbst sprechen muß. Es bedeutet auch, daß der Schriftsteller nur Phänomene aufzeigen kann, zu gesellschaftspolitischen Aktionen aber nicht in der Lage ist. Er muß rechtzeitig den Schlußstrich ziehen, um sich zurückzuziehen.

> "Mas preparado estou para sair discretamente pela saída da porta dos fundos. " (LISPECTOR, 1977, 28)

Die Widmung und die Überschriften eröffnen dem Leser den Zugang zum Text und ermöglichen ihm, den Ich-Erzähler bei der Annäherung an den Gegenstand zu begleiten.

4.4.1.1.3. Der Roman

Drei Erzählebenen fließen im Kurzroman zusammen; die Intention, eine Geschichte in Technicolor zu schreiben, wird umgesetzt.

Die erste Ebene zeigt den Protagonisten Rodrigo S.M., der den Entstehungsprozeß einer Geschichte und die Schwierigkeiten für einen Schriftsteller beschreibt, sich ihm unterzuordnen. Der Prozeß zwingt zu formalen Schritten der Textkonstitution und zu neuen Verhaltensweisen.

Auf der zweiten Ebene stellt Rodrigo S.M. als Beobachter seiner selbst in einer Meta-Ebene Überlegungen zum Schreiben und zur Motivation für das schriftstellerische Handwerk an. Er stellt sich Fragen zur Religion und zur Urgeschichte[147].

Auf der dritten Ebene zeigt sich, daß es keine Gemeinsamkeiten im Leben des Ich-Erzählers und seiner Protagonistin Macabea gibt. Rodrigo S.M. skizziert ihre Verhältnisse: ihre Herkunft, ihre Erziehung, ihre Lebensumstände, ihre Arbeit, ihre Liebe. Das Mädchen besitzt nur dann ein Eigenleben, wenn es im Dialog mit anderen Romanfiguren steht, die Rodrigo S.M. konzipiert. Ansonsten werden Gedanken und Gefühle Macabeas durch das Auge des Schriftstellerprotagonisten wiedergegeben. Rodrigo S.M. versteht sich als ihr Sprachrohr.

Auf diese Weise zeigt er die Distanz auf, die zwischen einem Schriftsteller und seiner Romanfigur besteht. Dieser Erzählstrang enthält auch Verweise auf die emotionale Verflechtung von Autor und Figur.

Eine Besonderheit des narrativen Textes, auf die u.a. auch Benedito Nunes[148] und Hélène Cixous[149] verweisen, besteht darin, daß Clarice Lispector einen Mann wählt, der die Rolle des Schriftstellers übernimmt. Im Gegensatz zu einer Frau soll er geeigneter sein, diese Geschichte zu erzählen. Würde eine Frau diese Geschichte schreiben, wäre sie larmoyant.

> "Alias - descubro eu agora - também escrevo o que um outro escreveria. Um outro escritor, sim, mas teria que ser homem porque escritora mulher pode lacrimejar piegas." (LISPECTOR, 1977, 20)

Zum ersten Mal in ihrem Werk wählt Clarice Lispector einen Mann aus, der die Rolle des Ich-Erzählers übernimmt. Der Übergang zum Maskulinen sei als Verarmung und als Form der Askese zu verstehen, kommentiert Hélène Cixous diese Entscheidung von Clarice Lispector. Die Autorin ziehe die Kargheit und die Einfachheit vor. Dies werde im Text durch den Schriftsteller gespiegelt, der bereit sei, sich selbst Beschränkungen aufzuerlegen, sich seiner Hobbies und der Gesellschaft anderer zu entziehen. Er sei in der Lage, diese Geschichte ohne Mitleid, aber voller Respekt zu erzählen, was nicht in den Kräften einer Frau stünde:

"Pour Clarice la valeur suprême c'est le sans pitié, mais un sans pitié plein de respect." (CIXOUS, 1987, 16)

Für die Textinterpretation werden die Inhalte der drei Textebenen zusammengefaßt: Der Protagonist gibt dem Leser auf den ersten Seiten des Romans sozusagen Puzzlestücke in die Hand, die als Elemente einer Stoffsammlung für eine noch unfertige Geschichte zu werten sind. Sein Vorhaben sei eines von unzähligen universalen Entstehungsprozessen. Damit greift er die Thematik von Leben und Tod, Eros und Thantanos auf. Zweieinhalb Jahre hat er gebraucht, um sich mit seinem Sujet vertraut zu machen, und hat die Gründe erforscht, warum er sich damit auseinandersetzt:

"Como eu irei dizer agora, esta história será o resultado de uma visão gradual - há dois anos e meio venho aos poucos descobrindo os porquês."
(LISPECTOR, 1977, 18)

Der Auslöser für die Auseinandersetzung mit dem Thema war eine Begegnung, die ihn beeindruckt hat. Lange stand er vor dem Problem, aus Angst nicht in der Lage zu sein, die Geschichte schreiben zu können.

"É que numa rua do Rio de Janeiro peguei no ar de relance o sentimento de perdição no rosto de uma moça nordestina. Sem falar que eu em menino me criei no Nordeste."
(LISPECTOR , 1984, 18)

"Mas desconfio que toda essa conversa é feita apenas para adiar a pobreza da história, pois estou com medo."(LISPECTOR, 1984, 23)

Die Geschichte drängt sich ihm auf, er unterliegt einem Zwang, schreiben zu müssen. Das Schreiben unterbricht seine Lebensordnung, zwingt ihn, unbekannte Grenzen zu überschreiten:

"Antes de ter surgido na minha vida essa datilógrafa, eu era um homem até mesmo um pouco contente, apesar do mau êxito na minha literatura. As coisas estavam de algum modo tão boas que podiam se tornar muito ruins porque o que amadurece plenamente pode apodrecer. Transgredir porém os meus próprios limites me fascinou de repente. E foi quando pensei em escrever realidade, já que essa me ultrapassa."
(LISPECTOR, 1984, 23)

Der Zwang ist so stark, daß er die Geschichte schreiben muß, sonst würde er an dem Mädchen aus dem Nordosten zugrunde gehen. Er nimmt in Kauf, daß er seine Schreibweise ändern muß.

"Ela me acusa e o meio de me defender é escrever sobre ela. Escrevo em traços rispidos de pintura" (LISPECTOR, 1984, 23)

Also beginnt der Schriftsteller Rodrigo S.M. dem Leser die Konzeptionen vom Bau der Geschichte zu erläutern. Über die Arbeitstitel tritt er in einen Dialog mit dem Leser, von dem er sich richtig verstanden wissen möchte[150]. Er erläutert sein Vorhaben, einen Bericht über das Mädchen aus dem Nordosten zu verfassen, der sich mit der Frage beschäftigt, ob diese Gestalt eine Zukunft hat.

"a começar por um dos títulos,'Quanto ao futuro', que é precedido por um ponto final e seguido de outro ponto final" und: "Se em vez de ponto fosse seguido por reticências o título ficaria a possíveis imaginações vossas, porventura até malsãs e sem piedade. Bem é verdade que também não tenho piedade do meu personagem principal, a nordestina: é um relato que desejo frio." (LISPECTOR , 1984, 19)

Seine Konzeption sieht vor, das Mädchen aus dem Nordosten zwar darzustellen, ihm aber nicht den wichtigsten Platz einzuräumen.

"A história- determino com falso livre arbítrio - vai ter uns sete personagens e eu sou um dos mais importantes d eles, é claro. Eu, Rodrigo S.M. Relato antigo este, pois não quero ser modernoso e inventar modismos à guisa de originalidade." (LISPECTOR, 1984, 19)

Auch ist ihm bewußt, daß diese Geschichte in seinem Werk etwas Neues darstellt. Vor der endgültigen Niederschrift denkt er über den Text nach. Der Schreibende hat keine genauen Vorstellungen, wie er sein Thema entwickeln wird und ob es nicht am Ende seine Kräfte übersteigt. Er gewöhnt sich an einige neue Rituale und stellt Überlegungen zur Konzeption des Anfangs, des Stils und der Wörter an. Sein Ziel besteht darin, mit einfachen Worten eine einfache Geschichte zu erzählen:

"Estou esquentando o corpo para iniciar, esfregando as mãos uma na outra para ter coragem." (LISPECTOR, 1984, 20)

"Pretendo, como já insinuei, escrever de modo cada vez mais simples." (LISPECTOR , 1984, 20)

"- limito-me a contar as fracas aventuras de uma moça numa cidade toda feita contra ela. Ela que deveria ter ficado no sertão de Alagoas com vestido de chita e sem nenhuma datilografia, já que escrevia tão mal, só tinha até o terceiro ano primário." (LISPECTOR , 1984, 21)

"Escrevo em traços vivos e ríspidos de pintura." (LISPECTOR , 1984, 23)

Diese Rituale bestätigen ihn in seiner Rolle als Außenseiter der Gesellschaft, die ihm bewußt ist.

" Sim, não tenho classe social, marginalizado que sou. A classe alta me tem como um monstro esquisito, a média com desconfiança de que eu possa desequilibrá-la, a classe baixa nunca vem a mim."(LISPECTOR, 1984, 25)

Um sich in die Gestalt hineinversetzen zu können, muß er sich vorbereiten. Er zieht alte zerissene Kleider an, schläft wenig und rasiert sich nicht. Er verzichtet auf seine Hobbies, lebt sexuell enthaltsam, entzieht sich dem gesellschaftlichen Leben und verzichtet auch auf die Lektüre von Literatur. Diese neue Lebensweise widerspricht zwar konventionellen Vorstellungen vom Leben eines Intellektuellen; für ihn ist sie die Voraussetzung, um sein Projekt verwirklichen zu können.

"Para poder captar sua alma tenho que me alimentar frugalmente de frutas e beber vinho branco gelado pois faz calor..." (LISPECTOR, 1984, 29)

Der Protagonist sieht sich einer Macht ausgeliefert, die er nicht beherrscht:

"O fato é que tenho nas minhas mãos um destino e no entanto não me sinto com o poder de livremente inventar: sigo uma oculta linha fatal. Sou obrigado a procurar uma verdade que me ultrapassa." (LISPECTOR , 1984, 27)

Sein Schreiben wird nur aus einer engen Verbindung zu anderen künstlerischen Prozessen möglich. Rodrigo S.M. verweist auf die Verbindung der Künste Schreiben, Malerei und Musik und zeichnet das Mädchen zuweilen in groben Strichen oder will sie in abstrakten Farben malen. Die Geschichte wird untermalt von der Musik eines Geigenspielers und von Trommelschlägen (LISPECTOR, 1984, 29).

"Que não se esperem, então, estrelas no que se segue: nada cintilará, trata-se de matéria opaca e por sua própria natureza desprezível por todos. É que a esta história falta melodia cantabile." (LISPECTOR, 1984, 22)

Rodrigo S.M. erkennt, daß er seiner Romangestalt ausgeliefert ist. Daraufhin beginnt er, Macabea darzustellen. Die emotionale Bindung zu seiner Figur, die in ihrem Wesen so ganz anders ist als er, wird zunehmend intensiver. Auf der formalen Ebene drücken das die Einschübe aus, die in Klammern im Text auftauchen und Kommentare enthalten. Sie unterbrechen den Schreibprozeß und werfen den Schriftsteller auf sich selbst zurück. Der dramatische Höhepunkt ist in dem Moment erreicht, als er in dem Mädchen eine Ergänzung seiner selbst sieht:

"Mas parece-me que sua vida era uma longa meditação sobre o nada. Só que precisava dos outros para crerem si mesma... Meditava enquanto batia à máquina e por isso errava ainda mais." (LISPECTOR, 1984, 46)

"Eu medito sem palavras e sobre o nada.O que me atrapalha a vida é escrever." (LISPECTOR, 1984, 8)

Hier wird ein intratextueller Bezug zur Widmung des Autors hergestellt: Die Ruhe des Mädchens stört den Schriftsteller in seiner Ruhe.

Der Schriftsteller stellt die These auf, daß Leben immer aus dem Zusammenschluß zweier Moleküle entsteht. Daher hat es immer Leben gegeben. Die Frage stellt sich, ob es möglich ist, irgendetwas ganz von vorne zu beginnen, wenn es bereits alles gibt. Das Schreiben betrachtet er als Ergänzungsprozeß, der ihm hilft, Fragen zu beantworten.

"Enquanto eu tiver perguntas e não houver resposta continuarei a escrever." (LISPECTOR, 1984, 17)

Das Schreiben macht eine Verbindung von Denken und Fühlen möglich, die er benötigt, um mit sich selbst im Einklang leben zu können.

"Pensar é um ato. Sentir é um fato. Os dois juntos - sou eu que escrevo o que estou escrevendo. Deus é o mundo." (LISPECTOR , 1984, 17)

"Desculpai-me mas vou continuar a falar de mim que sou o meu desconhecido, e ao escrever me surpreendo um pouco pois descobri que tenho um destino. Quem já não se perguntou: sou um monstro ou isto é ser uma pessoa?"(LISPECTOR , 1984, 21)

Schreiben ist keine aus freien Stücken gewählte Tätigkeit. Es ist ein Zwang, zu dem ein hohes Maß an persönlichem Engagement gehört.

"Não, não é facil escrever. É duro como quebrar rochas. Mas voam faíscas e lascas como aços espelhados." (LISPECTOR, 1984, 25)

Es geschieht, um sich aus der Außenseiterposition zu lösen und um eine Aufgabe zu haben.

"Escrevo por não ter nada a fazer no mundo: sobrei e não há lugar para mim na terra dos homens. Escrevo porque sou um desesperado e estou cansado, não suporto mais a rotina de me ser e se não fosse a sempre novidade que é escrever, eu me morreria simbolicamente todos os dias."(LISPECTOR, 1984, 28)

Das Schreiben bietet eine Möglichkeit zur Selbsterkenntnis und persönlichen Veränderung:

"Experimentei quase tudo, inclusive a paixão e o seu desespero. E agora só queria ter o que eu tivesse sido e não fui." (LISPECTOR, 1984, 28)

"A ação desta história terá como resultado minha transfiguração em outrém e minha materialização enfim em objeto. Sim , e talvez alcance a flauta doce em que eu me enovelarei em macio cipó." (LISPECTOR, 1984, 27)

Der Schreibende situiert sich immer neu in der Welt, begreift das Heute als einen vergänglichen Tag und als Summe all dessen, was zuvor gewesen ist. Das Schreiben ist zudem ein Prozeß mit einer metaphysischen Komponente.

"Silêncio. Se um dia deus vier à terra haverá silêncio grande. O silêncio é tal que nem o pensamento pensa." (LISPECTOR, 1984, 97)

Der Schreibende kann dem Bewußtsein, alles sei vergänglich, entfliehen und im Heute leben:

"E agora - agora só me resta acender um cigarro e ir para casa. Meu Deus, só agora me lembrei que a gente morre. Mas - mas eu também?! Não esquecer que por enquanto é tempo de morangos. Sim."(LISPECTOR, 1984, 98)

Diese Ebene im Roman stellt die Probleme dar, mit denen ein Schriftsteller sich immer wieder auseinandersetzen muß. Hat Schreiben etwas mit Gott zu tun, gibt es eine göttliche Bestimmung oder nicht? Diese Frage bewegt den Autor Rodrigo S.M., und er weiß, daß er solange schreiben wird, bis er eine Antwort darauf findet.

4.4.1.1.3.1. Erschaffung Macabeas

Das Mädchen wird in den Vorüberlegungen mit seinen Wesensmerkmalen vorgestellt. Es zeichnet sich dadurch aus, daß es sich selbst nicht kennt und seinem Leben daher keine Richtung geben kann.

"Quero antes afiançar que essa moça não se conhece através de ir vivendo à toa." (LISPECTOR, 1984, 21)

Sie ist ungeschickt, unsicher und fällt nicht auf.

"A pessoa de quem vou falar é tão tola que às vezes sorri para os outros na rua. Ninguém lhe responde ao sorriso porque nem ao menos a olham."
(LISPECTOR, 1984, 22)

"E o seguinte: ela como uma cadela vadia era teleguiada exclusivamente por si mesma." (LISPECTOR, 1984, 25)

"De uma coisa tenho certeza: essa narrativa mexerá com uma coisa delicada: a criação de uma pessoa inteira que na certa está tão viva quanto eu."
(LISPECTOR, 1984, 25)

Es liegen Welten zwischen dem Alltag der Gestalt Macabea und dem Leben von Rodrigo S.M., der sich immer wieder die Frage stellt, warum er sich mit Macabea auseinandersetzt. Ihre Einfachheit und ihre Armut zwingen ihn, über sie zu schreiben. Dies bedeutet, er übersteigt seine Grenzen.

"Talvez porque nela haja um recolhimento e também porque na pobreza de corpo e espírito eu toco na santidade, eu que quero sentir o sopro do meu além. Para ser mais do que eu, pois tão pouco sou." (LISPECTOR , 1984, 27) und "Ela somente vive, inspirando e expirando, seu viver é ralo." (LISPECTOR, 1984, 30)

Als er feststellt, daß er die Gestalt gleich einem Christopherus auf dem Rücken trägt, fühlt er sich verpflichtet, sie zu schützen und will ihre Geschichte schreiben, obgleich er nicht genau weiß, wie er vorgehen soll.

"Pois a datilógrafa não quer sair dos meus ombros. Logo eu que constato que a pobreza é feia e promíscua." (LISPECTOR, 1984, 28)

Irgendwann kann er schreiben, seine grüblerischen Vorüberlegungen treten in den Hintergrund und Macabea nimmt Gestalt an.

"O jeito é começar de repente, assim como eu me lanço de repente na água gélida do mar, modo de enfrentar com uma coragem suicida o intenso frio."
(LISPECTOR, 1984, 31)

Macabea ist ungeschickt, sie ist inkompetent für das Leben; sie hat ein dümmliches Gesicht, das nach Ohrfeigen verlangt, den krummen Rücken einer Kunststopferin und vermittelt einen debilen Eindruck, der aber nicht zutrifft. Der Protagonist Rodrigo S.M. ist in seinen Gefühlen ihr gegenüber hin- und hergerissen; sie schwanken zwischen Wut und Liebe:

"(Ela me incomoda tanto que fiquei oco. Estou oco desta moça. E ela tanto mais me incomoda quanto menos reclama. Estou com raiva...)"(LISPECTOR, 1984, 33)

Er stellt die Figur mit ihren Eigenheiten dar, die er dann kommentiert:

"Assoava o nariz na barra da combinação. Não tinha aquela coisa delicada que se chama encanto. Só eu, seu autor, a amo." (LISPECTOR, 1984, 34)

Doch seine Gefühle zeugen von der engen Verbindung zwischen ihm und dem Mädchen:

"Eu não inventei essa moça. Ela forçou dentro de mim a sua existência. Ela não era nem de longe debil mental." (LISPECTOR, 1984, 37)

A moça que pelo menos comida não mendigava, havia toda uma subclasse de gente mais perdida e com fome. Só eu a amo." (LISPECTOR, 1984, 37)

Wie ein austauschbares Schräubchen im Getriebe der Großstadt, lebt Macabea in der Rua do Acre in Rio de Janeiro, teilt sich ein Zimmer mit vier Mädchen, die in einer Supermarktkette arbeiten. In der Anonymität der Großstadt fällt sie überhaupt nicht auf.

Quasi in Momentaufnahmen porträtiert Rodrigo S.M. das Mädchen aus dem Nordosten. Er zeichnet einen prototypischen sozialen Fall, in dem er ihre Kindheit, ihre aktuelle Situation als junge Frau wiedergibt. Ihre Vorlieben und ihre Träume von einer Partnerschaft, ihre Freude am Alleinsein und ihre erste Liebe sind einige dieser Bilder.

In ihrer Kindheit wurde sie als Waise von ihrer Tante aufgenommen und versorgt. Doch emotional blieb sie unterernährt.

"Pois até mesmo o fato de vir a ser mulher não parecia pertencer à sua vocação. A mulherice só lhe nasceria tarde porque até no capim vagabundo há desejo de sol." (LISPECTOR, 1984, 35)

"Embora os seus pequenos óvulos tão murchos. Tão, tão." (LISPECTOR, 1984, 41)

In Rio de Janeiro wird sie selbständiger und entwickelt persönliche Eigenheiten. Dazu gehören die Vorliebe für "Goiabada com queijo" und die Schaufensterbummel im Süden der Stadt. Sie begeistert sich für die Radiosendung "Radio Relógio" (LISPECTOR, 1984, 45). Ihre Arbeit als Schreibkraft gefällt ihr, weil sie mit Wörtern in Berührung kommt, die sie faszinieren. Sie hat Widerwillen vor dem Essen, weil sie als Kind gebratenes Katzenfleisch bekam. (LISPECTOR, 1984, 47) Der Protagonist deutet an, daß sie selbst nicht wahrnimmt, wie sie vom Mädchen zur Frau heranwächst. Eine biologische Entwicklung verläuft ganz normal und hat den Effekt, daß ein natürliches Bedürfnis nach einem Partner entsteht. Dieser Wunsch deutet sich durch drei Ereignisse an. Sie sieht einen Mann, den sie wunderschön findet:

"Por falar em novidades, a moça um dia viu num botequim um homem tão, tão, tão bonito que - que queria tê-lo em casa. Deveria ser, como - como ter uma grande esmeralda-esmeralda-esmeralda num estojo aberto." (LISPECTOR, 1984, 49)

Das zweite Ereignis ist ein freier Tag. Sie schwänzt ihre Arbeit und möchte ihre Einsamkeit genießen, ohne das Zimmer mit den vier Marias teilen zu müssen. Sie betrachtet sich im Spiegel.

Das dritte Ereignis ist die Begegnung mit Olímpico, ihrem ersten Freund, der wie sie aus dem Nordosten Brasiliens stammt:

"O rapaz e ela se olharam por entre a chuva e se reconheceram como dois nordestinos, bichos da mesma espécie que se farejam." (LISPECTOR, 1984, 51)

Erst nach dieser Begegnung gibt Rodrigo S.M. seiner Gestalt einen Namen. Sie stellt sich mit dem Namen Macabea vor, als Olímpico sie danach fragt. Im Kurzroman hat sie erst von diesem Moment an eine Identität.

"(Se estou demorando um pouco em fazer acontecer o que já prevejo vagamente, é porque preciso tirar vários retratos dessa alagoana. E também porque se houver algum leitor para essa história quero que ele se embeba da jovem assim como um pano de chão todo encharcado. A moça é uma verdade da qual eu não queria saber. Não sei a quem acusar mas deve haver um réu.)" (LISPECTOR, 1984, 47)

Mit den Momentaufnahmen von Macabea sucht Rodrigo S.M. nach den Schuldigen, die die Misere der unzähligen Macabeas auf dem Gewissen haben. Von dem Elend des Mädchens wollte er zunächst nichts wissen. In diesem Zusammenhang ist auch die Darstellung von Olímpico schwierig, denn auch er gehört einer ihm fremden Welt an.

"(Mas e eu? E eu que estou contando esta história que nunca me aconteceu e nem a ninguém que eu conheça? Fico abismado por saber tanto a verdade. Será que o meu ofício doloroso é o de adivinhar na carne a verdade que ninguém quer enxergar? Se sei quase tudo de Macabea é que já peguei uma vez de relance o olhar de uma nordestina amarelada. Esse relance me deu ela de corpo inteiro. Quanto ao paraibano, na certa devo ter lhe fotografado mentalmente a cara - e quando se presta atenção a cara diz quase tudo.)" (LISPECTOR, 1984, 66)

Olímpico de Jesus Moreira Chaves ist ehrgeizig, habgierig und übertrifft Macabea in alltäglichen Verhaltensweisen. Ihn zu beschreiben, fällt Rodrigo S.M. nicht schwer. Da er ein Mann ist, ist der Schreibprozeß einfacher.

"Tinha, descobri agora, dentro de si a dura semente do mal, gostava de se vingar, este era o seu grande prazer e o que lhe dava força de vida. Mais vida do que ela que não tinha anjo da guarda." (LISPECTOR, 1984, 56)

"Fora criado por um padrasto que lhe ensinara o modo fino de tratar pessoas para se aproveitar delas e lhe ensinara como pegar mulher." (LISPECTOR, 1984, 53)

Olímpico bestiehlt seine Kollegen. Er interessiert sich für gesellschaftlichen Aufstieg und für den Erwerb von Reichtum. Er hält gerne Reden, zeigt seinen Goldzahn vor, als wäre es ein Statussymbol. Alles, was mit Fleisch, Blut und Stierkampf zusammenhängt, liebt er:

"Não tinha pena de touro. Gostava era de ver sangue." (LISPECTOR, 1984, 54)

Macabea sieht in Olímpico den Partner für eine Lebensgemeinschaft. In der Ehe möchte sie sich den Wünschen Olímpicos anpassen und setzt sich daher aufmerksam mit seinen Lebensplänen auseinander.

"..., ela ficou boquiaberta e pensou: quando nos casarmos então serei uma deputada? Não queria, pois deputada parecia nome feio." (LISPECTOR, 1984, 55)

Der Moralkodex des Mädchens läßt es aus dem Wort "deputada" eine Wortverwandtschaft mit "puta" (Nutte) heraushören. Dieser Begriff ist für sie negativ besetzt.

Olímpico verbringt seine Zeit mit Macabea nur, weil er gerade frei ist. Beide haben ein ähnliches Schicksal: Sie kommen aus dem Nordosten Brasiliens, sie haben ähnliche Lebensgewohnheiten. Doch Olímpico kritisiert Macabea in allem und ist eher Feind als Freund. Das Zusammensein mit ihr bedeutet ihm nicht viel:

"A cara é mais importante do que o corpo porque a cara mostra o que a pessoa está sentindo. Você tem cara de quem comeu e não gostou, não aprecio cara triste, vê se muda de 'expressão'." (LISPECTOR, 1984, 61)

Olímpico zerstört Macabeas Träume und versucht, erzieherisch zu wirken. Ihre Kommentare akzeptiert er ebenso wenig wie ihre Wünsche und Phantasien.

"- A girafa é tão elegante, não é? - Besteira, bicho não é elegante."
(LISPECTOR, 1984, 64)

Er unterdrückt sie, denn alle ihre Interessen, die auf das Kennenlernen der Welt ausgerichtet sind, wie z.B. die Welt der Musik am Beispiel der Arie *Una furtiva lacrima* von Donizetti oder des Films, z.B. die Fotos von Greta Garbo oder Marilyn Monroe, lehnt er ab.

Als Olímpico Macabeas Arbeitskollegin Glória kennenlernt, die er wegen ihrer Körperfülle und ihrer blondgefärbten Haare als eine Frau mit höherem Status einstuft, trennt er sich von Macabea.

Der Schriftsteller Rodrigo S.M. sieht in Macabea eine Ergänzung seiner selbst. Ihre Bedürfnisse sind seinen eigenen ähnlich. Beispielsweise verlangt es ihn nach einigen Stunden Ruhe am Tag. Die enge Beziehung zwischen dem Schriftsteller und seiner Romangestalt definiert er als Liebe.

" ...sim, estou apaixonado por Macabéa, a minha querida Maca, apaixonado pela sua feiúra e anonimato total pois ela não é para ninguém. Apaixonado por seus pulmões frágeis, a magricela. Quisera eu tanto que ela abrisse a boca e dissesse: - eu estou sozinha no mundo e não acredito em ninguém, todos mentem, às vezes até na hora do amor, eu não acho que um ser fale com o outro, a verdade só me vem quando estou sozinha. Maca, porém, jamais disse frases, em primeiro lugar por ser de parca palavra." (LISPECTOR, 1984, 78-79)

Diese Reflexionen unterbrechen den Verlauf der Geschichte. Sie steigern die dramatische Spannung, insbesondere dann, wenn der Protagonist erklärt, daß er für einige Tage nicht an der Geschichte arbeiten kann.

"Estou absolutamente cansada de literatura; só a mudez me faz companhia. Se ainda escrevo é porque nada mais tenho a fazer no mundo enquanto espero a morte. A procura da palavra no escuro... O médico me enjoou com sua cerveja. Tenho que esta historia por uns três dias."(LISPECTOR, 1984, 80)

Doch er merkt, daß sein Leben ohne seine Romanfiguren leer wird.

"E agora emerjo e sinto falta de Macabéa. Continuemos:" (LISPECTOR, 1984, 81)

Als Rodrigo S.M. die Geschichte wieder aufgreift, möchte er, daß Macabea sich als autonome Existenz verstehen lernt, die ein eigenes Schicksal mit einer Vergangenheit und einer Zukunft hat.
Glória, die Arbeitskollegin Macabeas, spannt ihr Olímpico aus und schickt sie dann zu einer Kartenlegerin. Diese soll ihr Schicksal interpretieren und die Zukunft voraussagen. Macabea erkennt, daß sie ein unglückliches Leben führt.

"Macabéa estava espantada. Só então vira que sua vida era uma miséria. Teve vontade de chorar ao ver o seu lado oposto, ela que, como eu disse, até então se julgava feliz." (LISPECTOR, 1984, 89)

und

"Até para atravessar a rua ela já era outra pessoa. Uma pessoa grávida de futuro. Sentia em si uma esperança tão violenta como jamais sentira tanto desespero." (LISPECTOR, 1984, 90)

Macabea hat eine Sternstunde in ihrem Leben. Sie setzt ein, als ein Mercedes sie überfährt. Als sie in den letzten Atemzügen an der Bordsteinkante liegt, helfen die Passanten nicht. Rodrigo S.M. will seine Protagonistin nicht sterben lassen, denn er glaubt, daß sie gesund und stark genug sei, diesen Unfall zu überleben. In seinen Augen hatte sie nur ein unerfülltes Leben. Im Moment des Unfalls entdeckt sie ihre Identität.

"Hoje , pensou ela, hoje é o primeiro dia de minha vida: nasci!
(LISPECTOR, 1984, 91)

Rodrigo aber stellt sich Fragen, von denen er nicht weiß, ob Macabea sie sich stellen würde. Er fragt sich, ob sie jemals erkannt habe, daß sie in der Welt überflüssig sei, und er fragt sich, ob sie tatsächlich sterben wird. Er wünscht sich, daß sie nicht sterben wird.

"Acho com alegria que ainda não chegou a hora de estrela de cinema de Macabéa morrer." (LISPECTOR, 1984, 94)

"Acho que ela não vai morrer porque tem tanta vontade de viver" (LISPECTOR, 1984, 95)

Doch Macabea stirbt, und Rodrigo S.M. ist wieder mit sich selbst allein.

"O melhor negócio é ainda o seguinte: não morrer, pois morrer é insuficiente, não me completa, eu que tanto preciso." (LISPECTOR, 1984, 97)

4.4.1.1.3.2. Nachdenken über das Schreiben

Die Erzählebenen des Romans dienen nicht nur der Entwicklung einer Handlung, sondern enthalten den Diskurs des Autors über seine Auseinandersetzung mit einer Romanfigur und den metasprachlichen Diskurs der Schriftstellerin Clarice Lispector über die Arbeit des Schriftstellers und ihren Sinn.

Clarice Lispector zeigt dem Leser die Schwierigkeiten des schriftstellerischen Ethos auf. Es bedeutet, unvoreingenommen an ein Thema heranzugehen, um alle seine Facetten aufspüren zu können. Der Roman ist eine Kritik an der gesellschaftlichen Realität Brasiliens. Lispector dokumentiert die 70er Jahre und die Problematik künstlerischen Schaffens. Clarice Lispector stellt in diesem Roman ihre Überlegungen zum Schreiben, ihre Motivation zum Schreiben und die Möglichkeit des Lebens, seiner Bereicherung, die sich für den Schriftsteller durch den Prozeß der Kreation ergibt, in den Vordergrund.

Es ist ihr persönliches Vermächtnis an den Leser, das sie selbst im Angesicht des Todes schrieb. Sie zeigt die Dichotomie zwischen arm und reich in der brasilianischen Gesellschaft und die Distanz zwischen dem Intellektuellen und dem Volk. Dabei artikuliert Lispector die Unfähigkeit des Schriftstellers, politisch aktiv zu werden.

Clarice Lispector beschreibt eine Gesellschaft, die einem großen Teil der Bevölkerung in den Großstädten oder in ärmeren Landesteilen keine Angebote macht und sie dazu zwingt, in Traumwelten zu leben, ohne jemals einen Ausweg aus ihrer Lage entdecken.

Clarice Lispector beschreibt den Grund für die schriftstellerische Tätigkeit:

"Mas quem sou para censurar os culpados? O pior é que preciso perdoá-los. É necessário chegar a tal nada que indiferentemente se ame ou não se ame o criminoso que nos mata. Mas não estou seguro de mim mesmo: preciso perguntar, embora não saiba a quem, se devo mesmo amar aquele que me trucida e perguntar quem de vós me trucida. E minha vida mais forte do que eu, responde que quer porque quer vingança e responde que devo lutar como quem se afoga, mesmo que eu morra depois. Se assim é, que assim seja." (LISPECTOR, 1984, 92)

Dazu gehört die Bereitschaft für Schwache einzutreten, für sie zu kämpfen, selbst wenn es den eigenen Tod bedeutet.

4.4.2. Der Film A Hora da Estrela von Suzana Amaral

Die Regisseurin drehte zahlreiche Dokumentarfilme für das Fernsehen. In New York studierte sie an der Filmhochschule und beendete das Studium im Jahr 1978. Als sie nach Brasilien zurückkehrte, arbeitete sie zunächst für den Fernsehsender TV Cultura in São Paulo, wo sie Dokumentarfilme drehte[151], 1984 drehte sie ihren ersten Spielfilm *A Hora da Estrela*. Suzana Amaral hat in ihren Fernsehbeiträgen die Situation der Frau in den sozial schwachen Schichten Brasiliens beschrieben. Ein Beitrag, der Frauen zeigt, die in den Elendsvierteln der Metropole São Paulo leben, ist der Film *Minha Vida Nossa Luta* (1979). Insofern steht *A Hora da Estrela* im Rahmen des inhaltlichen Schwerpunktes ihrer Filmographie.

4.4.2.1. Vorgeschichte von Drehbuch und Film

Suzana Amaral und Clarice Lispector stimmen überein, daß sie die Protagonistin Macabea als Symbol für Brasilien begreifen.

"Living outside of Brazil, I discovered that Brazilians are anti-heroes. They are anti-heroes in the sense that heroes are those who make history, and Brazilians don't make history. Brazilians suffer history. The Brazilian does not act; he reacts. That interested me profundly, and I tried to tell about it in my film." [152]

Suzana Amaral beabsichtigt keine werktreue Wiedergabe des Romans. Sie will eine Frau darstellen, die in der Anonymität einer Metropole lebt und die dort üblichen Verhaltens- und Sprachcodes nicht beherrscht. Kritisch analysiert sie die Mechanismen dieser Gesellschaft, die den Außenseitern keine Aufstiegsmöglichkeiten bietet. Das Problem der Texterstellung und die Reflexion über den Schreibprozeß fehlen im Film. Dieser zeigt das Universum Macabeas. Diese Reduzierung des Erzählinhaltes vereinfacht die Drehbuchkonzeption und die Verfilmung wesentlich.

Die Konzentration der Regisseurin auf die Protagonistin Macabea ermöglicht eine detailliertere Darstellung der Figur und eine Ausarbeitung der zahlreichen im Text angegebenen dramaturgischen Elemente. Obwohl die Regisseurin erklärt, einen Film für das brasilianische und das internationale Publikum gedreht zu haben, sieht sie den Film in erster Linie als brasilianischen Film.

Es werden keine typischen Ansichten einer bestimmten Metropole wiedergegeben. Der Schauplatz der Handlung ist nicht Rio de Janeiro, wie es im literarischen Text der Fall ist. Die Dreharbeiten fanden in São Paulo statt. Für die Aussage des Films ist die Anonymität einer Großstadt maßgebend, in der Macabea sich bewegt.

Der Film spricht verschiedene Probleme an: Dazu gehören der urbane Verhaltenscode, die Stellung der Frau, die herrschenden Mythen in einer Metropole und die Lebensangebote dieser Gesellschaft für sozial schwache Bevölkerungskreise.

Die dramaturgischen Vorgaben von Clarice Lispector greift Suzana Amaral in ihrem Film auf. Die folgende Analyse von Drehbuch im Vergleich zum Film soll zeigen, welche Regieanweisungen (Drehorte, Musik, Farbigkeit, Verhalten, Verhaltensmuster, Zahl der Darsteller) im Text vorgegeben sind und wie sie im Film umgesetzt werden.

Wie sich der Film Suzana Amarals von anderen Literaturverfilmungen unterscheidet, wird untersucht. Auch wird es um die Frage gehen, ob Suzana Amaral eine der Atmosphäre des Romans entsprechende filmische Umsetzung erzielt, obwohl sie auf zwei Erzählebenen vollends verzichtet, die im Roman bedeutend sind: Die Ebene der Reflexion über das Schreiben und die Ebene, in der der Protagonist Rodrigo S.M. immer wieder die Fragwürdigkeit und die Schwierigkeiten dokumentiert, diese Person Macabea überhaupt darstellen zu können.

4.4.2.2. Drehbuch

Suzana Amaral konzipierte das Drehbuch als *Shooting-Script,* also als Vorlage für die Dreharbeiten. Auf 98 Seiten sieht es 106 Sequenzen vor, die wiederum in 405 Einstellungen unterteilt sind. Im Film fehlen einige der vorgesehenen Sequenzen; sie wurden gestrichen, weil sie im Grunde das Romangeschehen erweitern. In der Sequenz 5 fehlen die Einstellungen 14-18, die Macabea in der Anonymität der Großstadt zeigen, die aber in anderen Sequenzen inhaltlich enthalten sind. Suzana Amaral vermeidet Redundanz. Das gilt auch für die Einstellungen 34 und 35 in der Sequenz 9, die Szene 52 in der 12. Sequenz, die lediglich wiederholt, daß Macabea noch mehr Arbeit zugeteilt bekommt, die Einstellungen 93-95 in der Sequenz 19, weil das Element Creme im Film gar nicht auftaucht. Die Sequenz 26 wurde gestrichen, weil sie keinen nennenswerten Beitrag zum Pensionsleben der Mädchen leistet. Die Sequenz 46 wird im Film komplett gestrichen. Suzana Amaral verzichtet auf das religiöse Element des Katholizismus. Dadurch hebt sie die Bedeutung des Aberglaubens in der brasilianischen Gesellschaft stärker hervor. Auch die Sequenzen 56 und 57 fehlen. Olímpico ist ein *machista*. Diese Tatsache muß nicht noch durch den Besuch bei einer Prostituierten akzentuiert werden, zumal ein solcher Besuch im Roman nicht vorkommt. Insofern ist das Drehbuch zunächst weitschweifiger angelegt, und die Verfilmung konzentriert sich auf einen eindeutigen und stringenten Erzählverlauf. Das Drehbuch entwirft eine

Sequenzabfolge, die bis auf wenige Umstellungen beibehalten wird und hat demnach eine produktionsunterstützende Funktion.

Suzana Amaral überträgt der Kamera die Funktion des allwissenden Erzählers. Die im Roman gestellte Frage, ob es möglich ist, die Figur Macabea adäquat darzustellen, fällt schon im Drehbuch weg, wie auch die Reflexion über den künstlerischen Schaffensprozeß. Das Drehbuch stellt Macabea und die Beziehungen zu den Personen aus ihrem Umkreis in den Mittelpunkt. Olímpico und ihre Kollegin Glória werden auch in ihren Lebensumständen gezeigt. Glória nimmt im Drehbuch mehr Raum ein als Olímpico, der im Roman durch seine Vorliebe für Schlachtereien, Blutvergießen und Begräbnisbesuche von der Schriftstellerin porträtiert und von der Regisseurin weniger ausführlich vorgestellt wird. Exemplarisch an Glória wird das Problem des heimlichen Schwangerschaftsabbruchs zur Sprache gebracht. (Drehbuch, Sequenz 19, 20-21)

Die Protagonisten aus dem Roman von Lispector sind im Drehbuch vertreten. Der Chef der Firma Pereira Ramalho und sein Mitarbeiter Raimundo, die Zimmerwirtin und die Zimmergenossinnen werden übernommen. Das Gleiche gilt für die Wahrsagerin und den Mercedesfahrer, durch den Macabea schließlich umkommt. Nur der Arzt tritt nicht auf.

Lokalitäten aus dem Roman werden übernommen sowie Hinweise auf gestaltende Elemente, wie Blumen oder Spiegel. Einige visuelle Elemente wie die Katze werden hinzugefügt, die im Büro herumstreunt und kurz vor Macabeas Tod im Drehbuch eine tote Ratte frißt.

Im Gegensatz zum Drehbuch erhält der Film eine Stringenz in der Verwendung von Bildsymbolen, Dialogen, Aktualisierung von Dialogen auf umgangssprachlicheres Portugiesisch. Der Chef des Unternehmens kommentiert Macabeas häßliches Aussehen im Drehbuch mit *"Parece um cogumelo mofado."* Im Film lautet der Text: *"Parece um maracujá da gaveta."* Dieser Bildvergleich betont das verstaubte Aussehen Macabeas und bringt den Zuschauer zum Lachen. Der Chef provoziert dieses Lachen noch einmal, als er sich über einen verschmierten Brief Macabeas mit Tippfehlern aufregt: Macabea hat Brasilien mit einem kleinen b geschrieben und mit z und damit intuitiv die "Kolonisierung" durch die USA angesprochen, die dem Nationalbewußtsein der Brasilianer widerstrebt.

Einige Sequenzen sehen mehrere Szenen vor, beispielsweise erhält Glória von einem ehemaligen Liebhaber 80.000 Cruzeiros, um einen Schwangerschaftsabbruch durchführen zu können; im Drehbuch gibt es einen ausführlichen Dialog (Drehbuch, 1984, 13). Im Film dagegen gibt es diesen Dialog nicht; die beiden haben sich nichts mehr zu sagen, die Szene bekommt dadurch eine emotional eindringlichere Wirkung. Schweigen ist in diesem Fall ausdrucksvoller als Sprache.

Das Drehbuch sieht Protagonisten vor, die es im Roman nicht gibt. Sie fehlen später im Film. Z.B. soll laut Drehbuch ein Bettler auf der Parkbank liegen, wo Olímpico und

Macabea sich bei ihrem ersten Rendevous hinsetzen. (Drehbuch , Sequenz 31, Szene 146, 37) Er fehlt im Film.

Einige Regieanweisungen werden direkt aus dem Roman übernommen: "Maca escutando com olhar enorme, parado, saltado... Olhar de quem tem asa ferida. Ar de quem se desculpar por ocupar espaço." (Sequenz 2, Szene 7, Drehbuch, 3) Einige Szenen des Romans werden im Drehbuch und später im Film ironisch dargestellt: Beispielsweise sieht Macabea einen wunderschönen Mann mit Sonnenbrille, von dem sie sich in einer Bar beobachtet fühlt, der sich als Blinder entpuppt, als er die Bar verläßt, weil er sich mit einem Blindenstock den Weg bahnt. (Drehbuch, 27)

An dieser Konzeption wird deutlich, daß die Drehbuchautoren beabsichtigen, ein Mädchen aus dem Nordosten darzustellen, das neben vielen Anpassungsschwierigkeiten auch Probleme mit einem strengen Moralkodex hat.

Ana Rita Mendonça Lima stellt in ihrer Arbeit *O Personagem Invisível, a Narração Neorealista* bei ihrer Analyse von *A Hora da Estrela* von Suzana Amaral fest:

> "A Hora da Estrela não explica contextos sociais, não tem um "humanismo fundamental" e nem persegue a realidade." (MENDONÇA LIMA, 1988, 55)

Sie kritisiert an dem Film die fehlende Beschäftigung mit den Lebensumständen, die Macabea prägten, bis sie in die Großstadt kam, in der der Zuschauer sie sieht.

Demgegenüber ist vom Standpunkt der Werktreue erwähnenswert, daß im literarischen Text das Leben Macabeas im Nordosten kaum beschrieben wird. Der Leser sieht die Figur schon in Rio de Janeiro angesiedelt, lediglich in Rückblenden wird der Einfluß der Tante auf die Erziehung und die Gefühlswelt Macabeas besprochen. Dadurch, daß die Figur in der Stadt, im Büro an der Schreibmaschine gezeigt wird, erzielt die Regisseurin eine getreue Umsetzung der literarischen Vorlage, denn auch im literarischen Text beginnt die Geschichte in genau diesem Moment. Das Elend muß nicht erklärt werden, es ist präsent in diesen Gestalten, die in der Großstadt leben und auf die Lebensangebote reagieren müssen, ohne selbst eigene Interessen verfolgen und durchsetzen zu können.

4.4.2.3. Film

Im Film wird der Zuschauer mit einer Auswahl von Bildern und Geräuschen konfrontiert, die ihn gefühlsmäßig zunächst stärker involvieren, weil verschiedene Sinneseindrücke auf ihn einwirken. Die folgenden Ausführungen sollen zeigen, welche Elemente das Drehbuch und der literarische Text vorgeben, die der Film umsetzt.

Im Kurzroman wird Macabea vom Protagonisten Rodrigo S.M. erschaffen, bis er meint, nicht mehr ohne sie leben zu können. Der Leser wird mit Eigenheiten der Figur vertraut, die sukzessive entsteht, lebt und stirbt. Der dramaturgische Ablauf des

Romans wird im Film *en gros* beibehalten, lediglich die Kindheit im Nordosten wird nicht in autonomen Sequenzen, sondern nur in Dialogen erwähnt.

4.4.2.3.1. Visuelle Vorgaben des literarischen Textes

Der Roman gibt Hinweise zur Affinität des Textes zu Bildern, Fotografien und Aufnahmetechniken. Auch werden Bezüge zur Malerei entwickelt, denn Rodrigo S.M. entwirft seine Figur in groben Zügen *"traços ríspidos de pintura"*, der Autor Rodrigo S.M. macht Momentaufnahmen, bzw. verweist darauf, daß der Text als Ganzes eine Fotografie ist. Ferner bezeichnet Clarice Lispector den Kurzroman als Geschichte in Technicolor *"é uma história em tecnicolor"*, eine Fotografie *"esse livro é uma fotografia, é um silêncio"*, eine Momentaufnahme. Oder der Protagonist verweist darauf, daß bei genauer Betrachtung, ohne irgendein persönliches Vorurteil, das Gesicht einer Person alles sagen kann. Die unzeitgemäße Langsamkeit der Protagonistin Macabea wird im Zeitlupentempo besonders auffällig:

> "Acabo de descobrir que para ela, fora Deus, também a realidade era muito pouco. Dava-se melhor com um irreal cotidiano, vivia em câmera lenta, lebre pulando no ar sobre os outeiros, o vago era o seu mundo terrestre, o vago era o de dentro da natureza." (LISPECTOR, 1984, 42)

Auch die Farbigkeit wird im Roman vorgegeben, es handelt sich um eine Geschichte in regengrau. Der Film übernimmt alle diese "Regieanweisungen": In seiner Farbe ist der Film gedämpft, die Außenaufnahmen sind bei bedecktem Himmel gedreht, es regnet, die Sonne scheint matt. Die Abwesenheit von Gelb und Goldtönen bewirkt eine Farbigkeit in Blau-, Grau- und Brauntönen.

Das Gesicht der Protagonistin Macabea wird häufig mit längeren Nahaufnahmen festgehalten. Es sind fast Photographien. Ihr Temperament ist sehr ruhig und langsam. Sie braucht für alles sehr viel Zeit. Auf den Zuschauer wirkt es irritierend, wenn sie langsam mit zwei Fingern die Wörter in die Maschine tippt.

Suzana Amaral bezieht sich mit ihrem Filmtitel und dem Finale auf eine Betrachtung des Schriftsteller-Protagonisten im Roman:

> "Pois na hora da morte a pessoa se torna brilhante estrela de cinema, é o instante de glória de cada um e é quando como no canto coral se ouvem agudos sibilantes." (LISPECTOR, 1984, 36)

Das Ende des Films wird als Höhepunkt in Macabeas Leben inszeniert, die Stunde ihres Todes ist der Moment, indem sich ihre Träume realisieren, denn sie läuft ihrem Märchenprinzen in die Arme.

Diese visuellen Vorgaben sind wie o.a. für die Drehbuchkonzeption wichtig, wie auch für die Auswahl der Farbigkeit. Allerdings kann der literarische Text nur Anregungen vermitteln, die von der Regisseurin inszeniert werden mußten.

4.4.2.3.2. Musikalische Vorgaben

In der Widmung der Autorin an den Leser werden Komponisten wie Schumann, Strawinsky, Bach und Chopin erwähnt. Im Film beispielsweise ist eine der immerwiederkehrenden musikalischen Leitmotive der Titel *An der schönen blauen Donau* von Richard Strauss. Diese Musik wird elektronisch verfremdet und unterlegt, wenn auf die Phantasiewelt Macabeas verwiesen wird. Beispielsweise hört sie in ihrem Zimmer allein den Donauwalzer, zu dem sie tanzt und sich im Spiegel betrachtet, wobei der geschliffene Spiegel sie zweifach wiedergibt. Er ist visueller Index für ihre zwei Bewußtseinsebenen: für die Realität , in der sie lebt und den Traum, den sie von ihrer Zukunft hat. Die nächste Sequenz zeigt sie vor einer Schaufensterpuppe im Hochzeitskleid, Index für ihre geheimen Wünsche, der mit der elektronischen Variante unterlegt ist. Beide Melodien werden im Film mehrere Male aufgegriffen. Ferner spielt der Titel *Una furtiva lácrima* von Donizetti eine bedeutende Rolle, mit dem die Distanz ihrer Realität von gesellschaftlich existenten Lebensangeboten verdeutlicht wird. Macabea besitzt die Sensibilität, diese Musik als etwas Außergewöhnliches zu begreifen, sie weint sogar, kann aber diese Melodie nur atonal wiedergeben.

Eine weitere Vorgabe ist die Erkennungsmelodie des Rádio Relógio. Mit diesem Sender erhält Macabea Informationen aus einer anderen Welt, die sie faszinieren, aber nicht in ihren Erfahrungshintergrund hineinpassen, und die sie deshalb nicht richtig verwerten kann. Sie stellt zahlreiche Fragen, die sie sich selbst nicht beantworten kann. Die Kommentare aus dem Radio entstammen Welten, die ihr nicht zugänglich sind. Mathematik, Algebra, Kultur, Oper, Leben der Tiere. Es handelt sich um Informationen, die nichts aussagen, kein Hintergrundwissen vermitteln, für Macabea aber die einzige Quelle darstellen, Stoff zum Erzählen zu sammeln. Sie interessiert sich deshalb für alle Nachrichten des Radios, auch wenn sie stereotyp wiederkehren. Aufgrund der Fragmentierung von Informationen durch das Medium selbst, ist kein Zugang zu den Hintergrundinformationen möglich.

4.4.2.3.3. Lokale Vorgaben

Schauplätze der Handlung im Roman und später im Film sind U-Bahnzüge und U-Bahnhöfe, das Pensionszimmer, das Macabea sich mit den drei Marias teilt (im Roman sind es vier Marias), das Büro der Firma Pereira Ramalho & Companhia, Straßen und Brücken, ein Park und der Zoo sowie einige Stehbars und Geschäftsauslagen. Es sind städtische Lokalitäten, die allerorts zu finden sind. Im Drehbuch wird besonders der anonyme Charakter betont:

> "Maca deve sempre ser vista através do lixo industrial da grande cidade. É um universo urbano sem identificação específica de "qual" cidade. É qualquer cidade de qualquer lugar do mundo." (Drehbuch, S.5)

4.4.2.3.4. Exposition

Macabea lebt am Rande der Gesellschaft, und sie lebt nicht wie ein Mensch, sondern wie ein Zwitterwesen zwischen Mensch und Tier. Sie ordnet ihr Leben keinem Ziel unter. Sie arbeitet als unterbezahlte Sekretärin in einem Büro, wo sie über Glória, ihre Kollegin, langsam lernt, wie eine Frau sich in der Stadt bewegt. In der Exposition des Films werden die Lebensverhältnisse der ungeschickten Macabea gezeigt, die sich immer für ihre Fehler und vermeintlichen Fehler entschuldigt.

Sie duscht nicht, tippt mit schmierigen Fingern, so daß ihr Vorgesetzter Senhor Raimundo ihr sagen muß: *"Mas por favor, lave as suas mãos."*

Aus Puritanismus kleidet sie sich unter der Bettdecke an und aus. Sie entwickelt sich zur Frau, hat im Schlaf erotische Träume und Orgasmen. Sie hat keine Ansprüche. Doch interessiert sie sich für ihre neue Umgebung und verfolgt fasziniert die Übertragungen des Radio Relógio, das auch von "Alice im Wunderland" erzählt. Genauso ergeht es Macabea. Wie durch ein Loch gefallen, lebt sie nun in einer völlig anderen Welt, in der sie lernen muß, sich zu behaupten.

Sie denkt nicht über sich nach, bis sie eines Tages bei ihrer Arbeitskollegin Glória sieht, daß diese sich unter einem Vorwand freinimmt. Von diesem Moment an besinnt sie sich auf sich selbst und versucht, auch für sich Freiräume zu erwirken.

In diesem Teil des Films wird Macabea in Aktion gezeigt: Sie tippt auf der Schreibmaschine, sie sucht sich ein Zimmer, überquert die Straßen der Metropole. Für sich selbst hat sie nur wenig Zeit; sie verbringt sie, meistens vor einem Spiegel. Doch sie nimmt sich nur verschwommen war, denn die Spiegel sind fast blind, oder es sind schmutzige Fensterscheiben. Die einzige Person, durch die sie eine Verbindung zur Außenwelt aufnimmt, ist ihre Arbeitskollegin Glória. Zu ihren Zimmergenossinnen hat sie weniger Kontakt. Sie geht nicht mit ihnen aus, sondern fährt lieber mit der U-Bahn spazieren. Macabea paßt sich an die neue Umgebung an, indem sie von den anderen lernt. Das sind die Zimmergenossinnen und ihre Kollegin Glória, die für Macabea Ansprechpartnerin und Vorbild ist. Glória unterhält sich mit Macabea über Männer, Ernährung, Abtreibungen und Liebe.

4.4.2.3.5. Entwicklung der Handlung

Nach der ersten Notlüge ändert Macabea ihr Verhalten. Sie beginnt, sich selbst zu erforschen. Im Zimmer der Pension feiert sie ihren ersten freien Tag. Sie stellt sich vor den Spiegel und gibt eine Situationsbeschreibung: *"Sou datilógrafa, virgem e gosto de Coca-Cola."* Im Spiegel wird sie zweifach abgebildet; ein Index für die zwei Welten, in denen sie lebt, wobei die Welt der Gedanken wichtiger ist, als die Realität.

Sie verbringt den Tag in den Einkaufsstraßen der Stadt und geht im Park spazieren, wo sie Olímpico kennenlernt. Olímpico kommt wie sie aus dem Nordosten Brasiliens. Dadurch besteht sogleich eine Gemeinsamkeit, denn beide sind fremd in der Stadt. Sie treffen sich häufiger, es kommt sogar soweit, daß Olímpico ihr einen Kaffee spendiert.

Doch nach kurzer Zeit entspricht sie nicht mehr seinen Erwartungen von einer Frau. Sie stellt zuviele Fragen, die er nicht beantworten kann, weil er wie sie keinen Anteil am kulturellen Leben der Stadt hat. Auch ihr Äußeres entspricht nicht seinen Vorstellungen. Glória verfolgt die Liebesgeschichte ihrer Kollegin, bis sie den Anweisungen ihrer Wahrsagerin folgt und, um glücklich zu werden, Macabea den Freund ausspannt. Macabea bleibt gänzlich allein. Ihre Existenz ist bedroht, denn ihr Arbeitsplatz ist gefährdet, und sie hat keinen Rückhalt.

4.4.2.3.6. Konflikt und Lösung

"Você é um cabelo na minha sopa", damit beendet Olímpico die Beziehung. Macabea schickt ihn fort. Wie ein verwundetes Tier will sie in ihrem Schmerz nichts mehr mit ihm zu tun haben.

Von diesem Moment an geht in ihrem Leben alles schief: sie steht kurz vor der Kündigung. Sie geht zur Wahrsagerin, die ihr Glück für die Zukunft verspricht. Sie kauft sich ein schönes Kleid, mit dem sie ihrem Glück entgegengehen will und wird von einem Mercedes überfahren. Kurz bevor sie stirbt, träumt sie, ihrem Märchenprinzen in die Arme zu laufen. Dies wird durch den Weichzeichner und die Zeitlupe angedeutet.

Macabea, die nur reagiert und ihrem Leben keine Richtung geben kann, hat keine Möglichkeit, die Angebote des kulturellen Lebens für sich in Anspruch zu nehmen. Sie ist auf ihre Vorstellungswelt, auf ihre Träume angewiesen. Suzana Amaral zeigt mit ihrem Film die gesellschaftliche Dichotomie auf, die Macabea verkörpert. Der europäische oder amerikanische Reichtum, von dem Brasilien träumt, hat für Brasilien lediglich eine zerstörerische Wirkung und wenn er den Platz der Phantasiewelt einnimmt, wirkt alles Eigene häßlich und abstoßend. Der Film setzt diesen Gedanken durch die Darstellung von Macabea um. Neu ist die in allen Zügen von ubiquitären Frauendarstellungen differierende Protagonistin. In ihrer Studie haben Elice Munerato und Maria Helena Darcy de Oliveira (1982) nachgewiesen, daß die Regisseurinnen in der brasilianischen Filmgeschichte bis 1982 ununterbrochen konventionellen Idealen von weiblicher Schönheit anhängen. Suzana Amaral distanziert sich mit der Hauptdarstellerin in *A Hora da Estrela* von den bis dato von allen brasilianischen Regisseurinnen vorgenommenen Anpassungen an gesellschaftliche Vorstellungen von Feminität. Sie zeigt eine Frau, die überhaupt nicht mit den herrschenden Schönheitsidealen korreliert und setzt in ihrem Film einen thematischen Schwerpunkt, der die Konventionen der Massenmedien am Beispiel des weiblichen Schönheitsideals zur Debatte stellt.

4.4.2.3.7. Indices

Im folgenden sollen die Elemente aufgegriffen werden, die Suzana Amaral dazu verwendet, um die Aussage des Films stringent zu konzipieren. Dabei haben wiederkehrende Indices bildmetaphorische Funktion: Katze und Ratte, Spiegel und Fensterscheiben, Schmutz, die Hibiskusblüte, Schaufenstervitrinen, Brautkleider und der Mercedesstern sind Indices für die Aussage des Films und schaffen eine Distanz zum Roman: Der Film beginnt mit einer Szene, in der eine Katze in einem kellerartigen Raum herumstreunt auf der Suche nach Futter. Dazu hört der Zuschauer im Off das Geklapper unbeholfener Hände auf einer Schreibmaschine. Die Katze taucht später wieder auf, spielt mit einer toten Ratte, bevor sie sie frißt.

Dieses Element vermittelt im Film die Konnotation zum Thema Fressen oder Gefressenwerden. Macabea befindet sich in der Position der Ratte, denn sie hält den Anforderungen der Stadt nicht stand. Auch Padilha in São Bernardo tappt in die Rattenfalle des besitzgierigen Paulo Honório, als er den Verkaufsvertrag der Fazenda unterschreibt. Es handelt sich um eine Visualisierung eines nicht nur brasilianischen Problems, das Nelson Rodrigues anspricht, wenn er sagt: *"O único problema do brasileiro é ser ou não ser traído."* Macabea läuft Gefahr, in der ihr fremden Umgebung unterzugehen.

Im Film wird der Spiegel als Index verwendet. Immer wieder steht Macabea vor Spiegeln: Zuerst im Büro, als sie erfährt, daß sie vielleicht gekündigt wird. Sie geht in das Bad und tastet ihr Gesicht vor dem fast blinden, fleckigen Spiegel ab. Im Pensionszimmer steht sie vor den dunklen Fensterscheiben, in denen sie sich diffus erkennen kann, um sich zu kämmen. Als sie zum erstenmal die Arbeit schwänzt, dreht sie das Radio laut auf, tanzt zur Musik *An der schönen blauen Donau* und betrachtet sich im Spiegel, und formt aus ihrem Bettuch ein brautschleierartiges Gebilde. Wie eine Braut steht sie vor dem Spiegel, dessen Ränder geschliffen sind, so daß sie zweifach gespiegelt wird. Diese doppelte Darstellung steht in der Ikonographie des Films für Schizophrenie und nicht eindeutig Faßbares. Im Film könnte der Prozeß der Selbstentdeckung gemeint sein. Insbesondere scheint es sich um die Wahrnehmung von Wünschen zu handeln, die sie zuvor nicht kannte. Auch könnte ihre Bewußtseinsspaltung angesprochen sein, denn die Phantasiewelt in der sie eigentlich lebt, wird gezeigt. Visuell werden die zwei Welten der Macabea angesprochen: in der Welt ihrer Träume und ihrer Hoffnungen und in der Welt der Realitäten, die sie nicht einzuschätzen vermag.

Die Spiegel und Fensterscheiben haben im weiteren Verlauf des Films die Bedeutung, den Prozeß der Selbsterfahrung zu verdeutlichen, denn Macabea lernt, sich genauer zu sehen. Beispielsweise tritt Macabea nach ihrem ersten Rendevous mit Olímpico abends vor das Fenster. Draußen tobt und donnert ein Gewitter. In der Dunkelheit, die durch Blitze kurz erhellt wird, spiegelt sich ihr Gesicht im Fenster und zeigt darin ihre Aufregung. Der Blick aus dem Dunkel in den Spiegel zeigt einmal mehr, daß Olímpico eine ihr bislang verborgene Seite ihres Seins angesprochen hat. Als Olímpico sich von ihr getrennt hat, steht Macabea im Büro vor dem fast blinden Spiegel und malt sich ihre Lippen übertrieben scharlachrot an. Sie hat Sehnsucht nach Liebe und wünscht sich Aufmerksamkeit.

Ein anderer Index ist die Hibiskusblüte. Sie steht durch ihre auffallende Farbe für eine andere als die graue Großstadtwelt und symbolisiert, daß Macabea sich etwas Neuem öffnen möchte. Zunächst steht die Blüte in einem Wasserglas auf ihrem Schreibtisch. Glória nimmt sie und steckt sie in ihr Dekolleté, um sich für ein Rendevous zu schmücken. Später sitzt Macabea mit einem blühenden Hibiskuszweig auf einer Parkbank, bevor sie Olímpico kennenlernt. Olímpico schneidet die Blätter ab und kürzt den Stiel. Er überreicht ihr die Blüte als wäre sie sein Geschenk. In diesem Index der von den Blättern befreiten Blüte liegt die Dramatik der Geschichte von Macabea und Olímpico. Er nimmt ihr die Luft zum Atmen, läßt sie wehrlos, läßt sie nicht wachsen, er versteht sie nicht, fügt ihr Leid zu.

Schmutz ist ein weiterer Index. Die Umgebung Macabeas ist verrottet. An den Fensterscheiben im Pensionszimmer tummeln sich die Fliegen. Macabea hat kein Verhältnis zur Reinlichkeit oder zur Grazie. Das zeigt sich zum einen daran, daß sie niemals duschen möchte, entweder, weil sie die Notwendigkeit nicht einsieht oder sich gerade ihre abgeknabberten Fingernägel mit Nagellack bemalt hat und diesen nicht beschädigen will. Sie kleidet sich unter der Bettdecke an, pinkelt in den Nachttopf und ißt gleichzeitig ein Hühnerbein. An das Händewaschen ist sie nicht gewöhnt, selbst ihr Vorgesetzter Senhor Raimundo muß sie zum Händewaschen auffordern, damit sie die Papiere nicht immer verfettet. Sie kennt keine Trennung von sauber und unsauber, von Arbeits- und Eßplatz. Beispielsweise verspeist sie ihren Hot Dog über der Schreibmaschinentastatur.

Schaufenster mit Auslagen von Eisenwaren und brautkleidähnlichen Kleidern faszinieren Macabea. Vor einem Hochzeitskleid imitiert sie die Pose der Schaufensterpuppe. Dazu wird elektronisch verfremdet das Thema *An der schönen blauen Donau* aufgegriffen, die Melodie also, die im Film ihre Traumwelt ankündigt.

Ein zusätzlicher Index ist der Mercedesstern. Er steht für Ausländer mit Geld oder auch die Brutalität der Wohlstandsgesellschaften im Hinblick auf die im Film dargestellte Problematik der Mädchen und Männer, die aus dem Nordosten in die Metropolen abwandern und dort am Rande der Gesellschaft ihr Dasein fristen[153].

Die Musik hat interpretative Funktion: Themen wie *An der schönen blauen Donau* von Richard Strauss und *Una Furtiva Lácrima* von Donizetti werden in der Originalversion gespielt und auch elektronisch verfremdet zu akzentsetzenden Elementen: *Una furtiva Lácrima* rührt Macabea zu Tränen. Sie kann die Melodie nur falsch nachsingen.

In den Augen von Olímpico und Glória wird Macabea reflektiert. In den Augen der beiden und in den Augen der übrigen Darsteller scheint Macabea sonderbar zu sein, niemand versteht sie, niemand beachtet sie. Bildhaft wird diese Andersartigkeit Macabeas verschiedentlich angesprochen:

Einmal durch ihre Vorliebe für das U-Bahnfahren. Zum zweiten durch ihre Vorliebe für Schrauben, die sie Olímpico gesteht. Drittens durch ihre Bewegungen. Sie kuschelt sich in Fötusstellung ins Bett. Bevor sie sich auf den Nachttopf setzt, dreht sie sich. Gleich einem Tier sucht sie sich einen Platz, und es wird die Assoziation erweckt, als würde sie hochstehendes Gras niedertrampeln, um sich schlafen legen zu können.

Im Roman werden die Beziehungen zu verschiedenen Personen und Schauplätzen ausgebaut, die im Film später fehlen: Dazu gehören der Besuch beim Arzt, der Macabea rät, Spaghettis zu essen, um kräftiger zu werden, die Szene im Schlachthof und die Vorlieben Olímpicos für Blut und Stierkämpfe.

Der Film *A Hora da Estrela* will das Bild eines prototypischen Mädchens aus dem Nordosten des Landes vermitteln, das in Unkenntnis der kulturellen Codes der Metropole lebt und von der Hochzeit träumt. In der Darstellung einer ambivalenten Figur, die Haß und Sympathie, Abscheu und Mitleid erregt, ist Suzana Amaral konsequent und erzielt eine mit neuen filmischen Mitteln geprägte Interpretation und Visualisierung des gleichnamigen Romans von Clarice Lispector. Macabea lebt und ist gegenwärtig. Insofern ist der Film betont sozialkritischer als der Roman. Über die Problematik der Umsetzung eines literarischen Textes in einen visuellen Text befragt, antwortet die Regisseurin:

> "Você cria uma nova linguagem a partir de uma linguagem. Você tem a literatura. Trabalho assim: eu leio, depois me baseio, vejo se gosto ou se não gosto, depois mando o modelo para casa. Esqueço o livro e trabalho como se fosse cinema, trabalho, respeitando o medium cinema... Acho que você tem que respeitar o espírito do cinema. Você não precisa respeitar os fatos, mas é importante respeitar o estilo, o espírito. Não vejo necessidade de respeitar fatos, nomes, detalhes concretos; a alma do livro tem que ser respeitada." [154]

Zusammenfassung und Schluß

Das Engagement des brasilianischen Staates in die Filmindustrie setzte erst ein, als dieser sich eine Funktionalisierung des Mediums für seine Interessen versprach. Besonders deutlich wurde dieses Interesse durch die Gründung des Unternehmens *Embrafilme* gezeigt. Die Entwicklung der Unternehmenspolitik entsprach der Zielsetzung der Regierung, die brasilianischen Filme im In- und Ausland bekannt zu machen. Die Filme nach der Literatur, die in der Blütezeit der brasilianischen Filmproduktion von 1973 bis 1985 entstanden, kamen diesem Anspruch nach. Der langjährige Zwist zwischen Universalisten und Nationalisten ging zugunsten der Nationalisten aus. Ihre Filme nach der Literatur kondensieren Aussagen zur Politik und zur Literatur. Doch das beständige Aufeinandertreffen von Autorenfilmanspruch und politischer Repression führte dazu, daß keine effiziente Organisation des vertikalen Sektors zustande kam und die Filme sich nicht deutlich vom Modell des *Cinema Novo* Films absetzen konnten. Die Regisseure des *Cinema Novo* konnten sich ideologisch nicht in die staatliche *Embrafilme* integrieren und ihre gesellschaftskritische Position nur verschleiert vermitteln. Nur in den Filmen nach der Literatur melden die Regisseure eigene Autorenschaft an und behalten Invarianten bei, wenn sie ihren Aussagen zum Text entsprechen.

Für ihre Stoffauswahl spielen kompositorische Elemente in der Literatur eine Rolle. Die untersuchten literarischen Werke haben in den drei Fällen *São Bernardo*, *Memórias do Cárcere* und *A Hora da Estrela* einen Ich-Erzähler, der sich im Text mit der Problematik des Schreibens und der Position des Schriftstellers in der brasilianischen Gesellschaft auseinandersetzt. Er versucht, sich selbst durch den selbstquälerischen Prozeß der Textkonstitution zu definieren.

In den beiden zuerst genannten Werken drückt Graciliano Ramos die Distanz des Schreibenden zu dem Beschriebenen durch den Diskurs des Ich-Erzählers aus. Er beschreibt die Distanz des Intellektuellen zu sämtlichen herrschenden Gruppen der brasilianischen Gesellschaft und außerdem seine weitgehende politische Ohnmacht gegenüber der breiten Bevölkerung.

Im Fall von *A Hora da Estrela* führt die Autorin Clarice Lispector einen indirekten Feldzug gegen die zeitgenössische brasilianische Literatur der 70er Jahre, wo Schriftsteller wie Rubem Fonseca die Distanz zwischen Intellektuellen und Marginalen aufzuheben versuchen, indem sie als Ich-Erzähler deren Rolle übernehmen. Indem Clarice Lispector einen Mann als Protagonisten wählt, zeigt sie die festgefügten literarischen Strukturen und den fehlenden Bezug des Intellektuellen zur Welt der Migrantin aus dem Nordosten auf. Sie enthüllt die Arbeitsbedingungen des Schriftstellers und erklärt seine Schwierigkeiten, über das Schreiben hinaus eine gesellschaftsverändernde Funktion wahrzunehmen.

Der vierte Text, der Roman *O Casamento*, von Nelson Rodrigues, ist ein pessimistisches, sozialkritisches Porträt der prätenziösen brasilianischen Mittelschicht.

Die Regisseure transformieren die Botschaften der literarischen Texte auf unterschiedliche Weise:

Leon Hirszman, indem er den Ich-Erzähler im Off beibehält und das Porträt eines Mannes wiedergibt, der zerstörerische Auswirkungen des Modernisierungsprozesses personifiziert. Nelson Pereira dos Santos läßt den Ich-Diskurs des literarischen Textes fallen und nimmt auf diese Weise die masochistische und grüblerische Komponente der Konfessionen weg. Seine Intention besteht darin, den Schriftsteller und das Werk zu würdigen und die Notwendigkeit der Aufarbeitung von Geschichte zu zeigen.

Suzana Amaral verzichtet auf den Ich-Erzähler, weil es ihr darum geht, die "Antiheldin" als Prototyp für eine Gesellschaft zu zeigen, deren Individuen nur zur Reaktion fähig sind und nicht zur Aktion aus Eigeninitiative.

Arnaldo Jabor bringt durch den ästhetischen Filter des Romans von Rodrigues seine Kritik an den *pornochanchadas* und an der Gesellschaftsmoral nach dem Motto *"ordem e progresso"* zum Ausdruck. Er ebnet den Weg für Filme mit ähnlicher Thematik wie z.B. *A Guerra Conjugal* von Joaquim Pedro de Andrade nach Kurzgeschichten Dalton Trevisans. Außerdem greift Jabor auf formale Elemente des europäischen Films zurück, um dem Kriterium der Publikumswirksamkeit genüge zu tun und einen internationalen Film zu drehen.

Alle Filme nehmen Bezug auf die Zeitgeschichte Brasiliens, wobei die Filme der 80er Jahre sich mit der Bearbeitung einer brasilianischen Thematik zunehmend auf den kommerziellen Erfolg im In- und Ausland konzentrieren, um zur Konsolidierung einer stabileren Produktionsstruktur beizutragen.

Die analytisch qualitativen Untersuchungen zur Transformation von Literatur in das Medium Film ergeben, daß jeder Film die Themen der zeitgenössischen Filme kondensiert, die in der Kinematographie vorherrschen. Ebenso tauchen sämtliche Probleme der peripheren Filmproduktion Brasiliens im Mikrokosmos jedes Filmes nach der Literatur auf.

Die Regisseure führen durch ihre Auswahl der literarischen Stoffe einen metafilmsprachlichen Diskurs. Analog dem Modernismus in der brasilianischen Literatur hatte das *Cinema Novo* revolutionäre Bedeutung für den Film. Sie galt auch für Filme nach der Literatur.

Die Regisseure des *Cinema Novo* versuchten, ihre politischen Ideen auch nach der Gründung der *Embrafilme* durchzusetzen. Die Auswahl renommierter Klassiker der modernen brasilianischen Literatur, zu denen sie Affinitäten hegen, versetzt die Regisseure in die Lage, kritisch Stellung zur aktuellen Politik zu beziehen und eine pessimistische Zukunftsvision aufzuzeigen. Insofern schreiben sie die Literaturgeschichte seit dem Modernismus im Film neu. Sie erfüllen die Ansprüche, kommerzielles Kino zu machen, da die Namen der literarischen Klassiker in Verbindung mit den Namen renommierter Regisseure das Publikum anziehen. Besonders auf internationaler Ebene sind gerade die Regisseure des *Cinema Novo* bekannt.

Die restriktive Filmpolitik Brasiliens, die durch die Gründung von *Embrafilme* in eine umfassende staatliche Filmförderungspolitik ausgebaut zu werden schien, hat nie zu einer funktionierenden Filmindustrie mit aufeinander abgestimmten Bereichen im vertikalen Sektor geführt.

Bis auf Suzana Amaral haben alle übrigen Regisseure, die noch aus den Zeiten des *Cinema Novo* stammen, gemeinsam, daß sie sich durch die Gradwanderung nicht aus ihrer Situation des Eingebundenseins lösen können. Durch die staatliche Institution *Embrafilme* sind sie zur Anpassung an politische Spielregeln gezwungen, obwohl sie immer versuchten, den Autorenfilmanspruch beizubehalten. Die Opposition der *Cinema Novo* Regisseure zur Institution *Embrafilme* und ihr Bestreben, den Autorenfilmanspruch beizubehalten, haben der Konsolidierung einer Filmindustrie im Weg gestanden:

In Brasilien gibt es keine Adaptionstrias, so wie Karl Prümm sie aufzeigt. Die Abfolge der Prozesse ist eine andere: Von einer Adaptionsintention geht der Weg über eine Adaptionskonstellation zur Adaptionskonzeption; d.h. der Regisseur hat sein Projekt, sucht sich den Produzenten, vermarktet also das Interesse an der Produktion, und entwickelt dann erst seine endgültige Adaptionskonzeption. Der Regisseur bekundet, nach dem Kriterium der Literarizität, seine Affinität zu einem Werk und erschließt dann die Produktionsmöglichkeiten, um seine Absichten umzusetzen.

Die Betrachtung der Produktionsgeschichte zeigte den Widerspruch zwischen den Regisseuren der *Cinema Novo* Gruppe und der staatlichen *Embrafilme*. Den Anspruch, gesellschaftspolitisches Kino zu machen, mußten die Regisseure zurückschrauben. Ihre Botschaft schien zu verflachen. Die Analysen haben gezeigt, daß unter dem Deckmantel eines renommierten Autors der brasilianischen Literatur eine Auseinandersetzung mit gesellschaftlichen Mißständen nicht gescheut wurde. Analog den Autoren der zweiten Phase des Modernismus entwickeln die Regisseure eine pessimistische Zukunftsvision. Durch die Wiederholung von Literaratur schreiben sie die Literaturgeschichte im Film neu. Sie beziehen sich mit ihren Filmen auf Exponate der nationalen Kinematographie seit den 60er Jahren, können dem Pessimismus der literarischen Werke nicht widersprechen und lösen sich nicht von der Position des Intellektuellen in der Literatur, ebenso wie sie sich nicht gänzlich vom gesellschaftskritischen Filmmodell des *Cinema Novo* verabschieden wollen.

Der Film wird als Medium gewählt, die Brasilianer und auch das internationale Publikum mit eigener Literatur und Geschichte zu konfrontieren, auch wenn die Begegnung des Publikums mit der Literatur, durch das Medium bedingt, flüchtig verläuft. Selbst als die Koalition von *Embrafilme* und den Regisseuren des *Cinema Novo* in der Person Roberto Farias 1974 von Präsident Geisel institutionalisiert wurde, und die Blütezeit des Unternehmens anbrach, konnten die Produktionsbereiche nur ansatzweise aufeinander abgestimmt werden. Mit der Wirtschaftskrise und dem einsetzenden Mißmanagement der *Embrafilme* nach dem Rücktritt von Carlos Augusto Calil unter Präsident Sarney mußte die Filmproduktion zahlreiche Rückschläge hinnehmen.

Filme nach der brasilianischen Literatur der 60er,70er und 80er Jahre haben innerhalb der Filmkultur Brasiliens eine entscheidende Vorläuferrolle eingenommen. Jüngere Filmemacher wie Roberto Gervitz in *Feliz Ano Velho* (1988) oder Rodolfo Brandão in *Dede Mamata* (1988) stellen die Verarbeitung von Geschichte in das Zentrum ihrer Filme. Produktionen, wie *O Beijo* (1991) von Walter Rogério, befassen sich mit der Situation städtischer Unterschichten.

Der Wert von Filmen nach brasilianischer Literatur ist angesichts der ignoranten Kulturpolitik und der wirtschaftlichen Misere des heutigen Brasiliens nach dem Ende der Amtszeit von Präsident Collor de Mello nicht zu unterschätzen: Sie sind Rezeption der eigenen Kultur und zugleich Dokument von kreativen Möglichkeiten der brasilianischen Regisseure.

Anmerkungen

1) von Clarice Lispector sind erschienen: Die Nachahmung der Rose, Hamburg 1966, Eine Lehre oder das Buch der Lust, Reinbek bei Hamburg 1988, Nahe dem wilden Herzen, Frankfurt am Main 1981, Sternstunde, Frankfurt am Main 1985, Die Passion nach G.H., Frankfurt am Main 1990.
Einleitung, Seite 8
2) Klaus Kanzog: Wege zu einer Theorie der Literaturverfilmung am Beispiel von Volker Schlöndorffs Film *Michael Kohlhaas - Der Rebell*, in: Joachim Paech: Methodenprobleme der Analyse verfilmter Literatur, Münster 1983.
Einleitung, Seite 9
3) Franz Josef Albersmeier: Einleitung: Von der Literatur zum Film in: Franz Josef Albersmeier und Volker Roloff Hg.: Literaturverfilmungen, Frankfurt am Main 1989.
Einleitung, Seite 9
4) vgl. Klaus Kanzog: Einführung in die Filmphilologie, München 1991, S. 23
Einleitung, Seite 10
5) Kanzog, a.a.O., S. 17
Einleitung, Seite 10
6) Irmela Schneider: Der verwandelte Text, Tübingen 1981, S. 277
Einleitung, Seite 11
7) Karl Prümm: Extreme Nähe und radikale Entfernung, in: Franz-Josef Albersmeier und Volker Roloff Hg.: Literaturverfilmungen, Frankfurt am Main: Suhrkamp, 1989, S. 157 ff
Einleitung, Seite 11
8) Rainer Werner Fassbinder: Filme befreien den Kopf, Essays und Arbeitsnotizen, hrsg. von Michael Töteberg, Frankfurt am Main 1986, S.56
Einleitung, Seite 12
9) Jean-Claude Bernardet: Interview mit der Verfasserin, São Paulo, 8. August 1988.
Einleitung, Seite 13
10) Ana Maria Balogh Ortiz verfaßte eine semiologische Studie zum Roman *Vidas Secas* von Graciliano Ramos und dem gleichnamigen Film von Nelson Pereira dos Santos. Sie überprüfte die Übereinstimmung der narrativen Erzählfolge im Roman wie im Film mit der Syntagmentheorie von Christian Metz. José Tavares de Barros weist in seiner Dissertation an der Universidade de Belo Horizonte 1990 dem Film *Vidas Secas* nach, daß Nelson Pereira dos Santos eine vom literarischen Original abweichende Fassung entwickelt hat.
Einleitung, Seite 13

11) Heloísa Buarque de Hollanda hat das Verhältnis von Film und Text untersucht, ebenso wie Randal Johnson. Obwohl ihre Analysen in einigen Punkten divergieren, kommen beide zu dem Ergebnis, daß - mit Roland Barthes' Reflexionen über das Photogramm - den Bildern eine übergeordnete dritte Bedeutung zugewiesen werden kann. Auch Ismail Xavier analysiert *Macunaíma* unter dem Aspekt der *Alegorias do desengano,* des Versuchs also, oberflächlich gesehen den normativen Vorgaben der staatlich subventionierten Filmpolitik zu entsprechen. Die Regisseure beabsichtigten realiter mit ihren Filmen ihre Sonderstellung beizubehalten und ihre kritische Position zur Militärdiktatur und ihrer Kulturpolitik zu artikulieren.
Einleitung, Seite 13
12) Jurij M. Lotman: Die Struktur literarischer Texte, München: Wilhelm Fink Verlag, 1972, S. 41
Kapitel 1, Seite 15
13) Roland Barthes: Literatur oder Geschichte, Frankfurt am Main 1981, S. 13
Kapitel 1, Seite 16
14) Northorp Frye: Analyse der Literaturkritik, Stuttgart 1964, S. 345
Kapitel 1, Seite 17
15) zitiert nach Jochen Brunow: Eine andere Art zu erzählen, in: Schreiben für den Film. Das Drehbuch als eine andere Art des Erzählens, München 1988, S. 23-38,
S. 23
Kapitel 1, Seite 17
16) Pier Paolo Pasolini: Ketzererfahrungen "Empirismo eretico", Schriften zur Sprache, Literatur und Film, Frankfurt am Main, Berlin, Wien 1982.
Kapitel 1, Seite 17
17) Siegfried Krakauer: Theorie des Films, Frankfurt am Main 1964, S. 319
Kapitel 1, Seite 19
18) André Bazin: Qu'est-ce que le cinema? Paris: Editions du Cerf, 1959, S. 25
Kapitel 1, Seite 20
19) Zwar eröffnet 1897 der Kinobetreiber Pascoal Segreto das erste Kino in Rio de Janeiro und seit 1898 werden brasilianische Filme gedreht - zu den ersten brasilianischen Regisseuren zählt Affonso Segreto, doch seine Techniker und das Equipment kamen aus Europa und Amerika. Der Markt lag schnell in den Händen der ausländischen Verleih- und Vorführbetriebe, die ihre Filme in Brasilien zeigten.
Kapitel 2, Seite 21
20) Diesen Vorsprung konnten auch begabte brasilianische Regisseure wie Julio Ferrez, Antônio Leal oder Francisco Serrador nicht mehr aufholen.
Kapitel 2, Seite 21
21) Eine Ausnahme stellt Mario Peixotos Film *Limite* dar, ein avantgardistisches Stummfilmmonument mit einer vielseitigen Montagetechnik.
Kapitel 2, Seite 21
22) Die bis in die 30er Jahre im Land dezentral durchgeführten Filmaktivitäten konzentrieren sich bald in den Metropolen Rio de Janeiro und São Paulo.
Kapitel 2, Seite 21
23) BABEL - Broadcasting across the Barriers of European Language
Kapitel 2, Seite 22

24) Jorge A. Schnitman: Film Industries in Latin America, Norwood, New Yersey 1984, S. 2
Kapitel 2, Seite 23

25) Randal Johnson: Film Industry in Brazil, Pittsburgh 1987, S. 7
Kapitel 2, Seite 23

26) Randal Johnson weist nach, daß der amerikanische Film seit 1960 in Mexiko 40 Prozent, in Brasilien 70 Prozent und in Argentinien 50 Prozent der Bildschirmzeit belegte. Siehe: Randal Johnson,The Film Industry in Brazil, a.a.O., S. 7
Kapitel 2, Seite 23

27) Die besondere Vorliebe der lateinamerikanischen Kinobetreiber und Zuschauer für den nordamerikanischen oder den europäischen Film hängt auch damit zusammen, daß sich das Kinopublikum meist aus der Oberschicht oder der Mittelschicht und weniger aus der Arbeiterschicht oder vergleichbaren Niedriglohngruppen zusammensetzt.
Kapitel 2, Seite 23

28) Die Motion Picture Association ist dabei einer der größten und durchsetzungsfähigsten Konzerne.
Kapitel 2, Seite 23

29) Sie umfaßt Wechselkontrollen, Importquoten, Steueranreize für die lokale Industrieproduktion und Langzeitkredite zu niedrigen Zinssätzen. Zwischen 1931 und 1936 verdoppelte sich die Produktionskapazität der einheimischen Industrie.
Kapitel 2, Seite 26

30) Vargas verabschiedet 1934 eine neue Verfassung, die die Macht der Exekutive stärkt und in der verfügt wird, daß der Präsident eine maximale Amtszeit von 4 Jahren hat. (Schnitman, 1984, 51)
Kapitel 2, Seite 26

31) vgl. Kapitel 4.2
Kapitel 2, Seite 26

32) vergl. Hans Füchtner: Die brasilianischen Arbeitergewerkschaften, ihre Organisation und ihre politische Funktion, Frankfurt am Main 1984, S. 38 ff
Kapitel 2, Seite 26

33) Andere Studios waren die Brasil Vita Filmes von Carmen Santos, die mit eigenen Mitteln 1933 und 1958 insgesamt 13 Filme produzierte. Es gab auch die Alberto Byinton Sonofilmes, die von 1936 bis 1944 insgesamt 11 Filme produzierten.
Kapitel 2, Seite 26

34) Zuvor hat er als Filmjournalist u.a. bei der Zeitschrift *Cinearte* (1926) gearbeitet und bei Aufenthalten in Hollywood filmtechnische Kenntnisse erworben.
Kapitel 2, Seite 26

35) Randal Johnson schreibt, Cinédia habe jährlich 2 Filme und 1936 sogar 5 Filme produziert. Vgl. Randal Johnson: *Cinema Novo x 5*, Austin 1984, S. 4. Dagegen schreibt Paulo Antônio Paranagua, daß Cinédia nach der Einführung des US-amerikanischen Tonfilms nur noch "vegetiert" und die Produktionsrate sinkt: 18 Filme 1930, 17 im Jahr 1931, 14 im Jahr 1932, 10 Filme 1933, 7 Filme 1934 und 6 Spielfilme im Jahr 1935. Die Daten erscheinen m.E. schlüssiger, einmal wegen ihrer Genauigkeit, zum anderen, weil der Tonfilm den brasilianischen Film de facto vom Markt verdrängte. Vgl: Paulo Antônio Paranágua: Brésil, in: Hennebelle und Gumúcio Dragon Hg., Les cinémas de l'Amérique Latine, Paris 1981, S. 123
Kapitel 2, Seite 27

36) Das ist eine gesetzlich festgelegte Zahl von Tagen, an denen brasilianische Filme ausgestrahlt werden sollen. Heute, im Jahr 1991, liegt sie bei 144 Tagen im Jahr.
Kapitel 2, Seite 27

37) Sérgio Augusto, Este mundo é um Pandeiro, Rio de Janeiro 1989, S. 32
Kapitel 2, Seite 28

38) Beispielsweise möchte Adhemar Gonzaga ein Verhältnis von einem einheimischen Film auf 30 ausländische Filme im Gesetzestext festgehalten wissen, vgl. Sérgio Augusto, a.a.O., S. 32
Kapitel 2, Seite 28

39) Paulo Emílio Salles Gomes, Cinema e trajetória do subdesenvolvimento, Rio de Janeiro: Paz e Terra, 1986, S. 72
Kapitel 2, Seite 30

40) Weitere "chanchada"- Produzenten wie Herbert Richers und Oswaldo Massaini, etablierten sich in den 50er Jahren.
Kapitel 2, Seite 30

41) Carlos Augusto Calil: A Vera Cruz e o mito do cinema nacional, in: Projeto Memoria Vera Cruz, São Paulo: Museu da Imagem e do Som, 1987, S. 12
Kapitel 2, Seite 31

42) Lígia Chiappini Morães Leite: Vera Cruz: Cinema e Literatura, in: Almanaque 7, Cadernos de Literatura e ensaio, Ed. Brasiliense, São Paulo 1978, S. 62
Kapitel 2, Seite 31

43) Nelson Pereira dos Santos, damals Filmkritiker bei der kommunistischen Zeitschrift *Fundamentos* weist dem Film eine diskriminierende Darstellung der Bewohner *Caiçaras* nach sowie eine unerhörte Plattheit des Dramas.
Kapitel 2, Seite 32

44) Lígia Chiappini Morães Leite: Vera Cruz: Cinema e Literatura, in: Almanaque 7, Cadernos de literatura e ensaio, São Paulo: Brasiliense, 1978
Kapitel 2, Seite 32

45) Zuvor hatte er sich im Schatten der Ereignisse um Cavalcanti einen Namen als Dokumentarfilmer mit *O Santuário* gemacht, der in Venedig ausgezeichnet wurde. Daraufhin erhielt er erst die Erlaubnis, *O Cangaceiro* zu verfilmen.
Kapitel 2, Seite 32

46) In den 50-er Jahren entstehen in São Paulo weitere Produktionsgesellschaften, die Maristela (1950) und die Multifilmes (1952) und die Kinofilmes von Cavalcanti (1953). Sie produzieren keine herausragenden Filme. Nach dem Konkurs der Vera Cruz Studios werden diese unter dem Namen Brasil Cinematográfica weitergeführt und an andere Produzenten vermietet. Dort entstehen auch Literaturverfilmungen, einige andere Regisseure setzen literarische Vorlagen um: Rudolpho Nannis dreht *O Saci* (1951) nach Monteiro Lobato. Später dreht Walter George Durst den Film *O Sobrado* (1956) nach Erico Veríssimo unter Mitwirkung von Cassiano Gabus Mendes 1956 und *Paixão de Gaúcho* nach José de Alencar 1958. Galileu Garcia verfilmt den Roman *Cara de Fogo* von Afonso Schmidt 1958 in den Studios der *Brasil Cinematográfica Filmes*.
Kapitel 1, Seite 33

47) Maria Rita Galvão: Vera Cruz, A Brazilian Hollywood, in: Randal Johnson, Robert Stam: Brazilian Cinema, London, Toronto, East Brunswick 1982, S. 275
Kapitel 2, Seite 34

48) "It was clearly perceived that an industrial structure for film production was not itself sufficient to guarantee the development of Brazilian cinema." (Schnitman, 1984, 60)
Kapitel 2, Seite 34

49) Luiz Severiano Ribeiro ist der größte Aktionär der Atlântida-Filmstudios in Rio de Janeiro. Er betreibt den größten Filmverleih, die *União Cinematográfica Brasileira*, besitzt mehr als 70 Kinos in Rio de Janeiro. Überdies ist er verantwortlich für die Programmgestaltung weiterer 400 Kinos.
Kapitel 2, Seite 34

50) Nelson Pereira dos Santos: *O Problema do conteúdo no cinema Brasileiro*, Comunicação ao I Congresso Paulista do cinema Brasileiro, 1952 (transcrito por J.C. Bernardet assinado por Nelson Pereira dos Santos, 1991, S. 8)
Kapitel 2, Seite 35

51) Ein Motor für die gesteigerte Aktivität im Rahmen der Filmförderung ist das ideologische Argument, das die Diskussion der folgenden Jahre bestimmt: Antônio A. de Cavalheiro Lima, ein Ex-Mitarbeiter der Vera Cruz betont in seinem Artikel: "Cinema: Problema do Governo", das ein starkes lokales Kino eine gute Grundlage für eine Identifikation mit dem eigenen Land darstellt. Dieses Ziel müsse eine Regierung vertreten und er weist ihr die Aufgabe zu, die Maßnahmen dafür zu treffen. In diesem Zusammenhang sieht er die fehlenden Importbeschränkungen und die niedrigen Eintrittspreise als Schlüssel für die Schwäche der lokalen Filmindustrie.
Kapitel 2, Seite 37

52) Der Polizeichef der Abteilung Öffentliche Sicherheit findet keine Argumente mehr, das Verbot zu rechtfertigen außer dem, daß der Film ein falsches Bild von Rio de Janeiro entwerfe, weil es dort niemals 40 Grad heiß würde.
Kapitel 2, Seite 38

53) "um advogado que já orientara Moacir Fenelon neste sentido explicou para Nelson o sistema de cotas, muito usado no começo do cinema e na Itália no pós-guerra. (...) O capital necessário para a cobertura do orçamento do filme compõe-se então do trabalho dos técnicos e artistas (76 pessoas) e do dinheiro dos quotistas (59 amigos) que constiuem uma sociedade sui generis com direitos de participação na renda do filme. Esses direitos são proporcionais ao emprego de dinheiro ou trabalho de cada um."
(Fernão Ramos, 1987, 305)
Kapitel 2, Seite 38

54) Obwohl Randal Johnson die Darstellung von Nationalisten und Universalisten von José Mário Ortiz Ramos ablehnt, enthält der Ansatz einige Hinweise: Ortiz Ramos führt aus, daß der dem populistischen Staat verbundene nationalistische Block an Veränderungen glaubte, sofern die ökonomischen Bedingungen die wirtschaftliche Unabhängigkeit Brasiliens stärkten. Dieser Plan scheiterte durch eine Fehleinschätzung der strukturellen Bedingungen, denen Brasiliens wirtschaftliche Entwicklung unterlag. Die Nationalisten vertraten das ideologische Konzept einer nationalen Befreiung. Damit verdeckten sie Klassenwidersprüche zwischen ihnen und den Vertretern der Volkskultur. Man suchte - und das zeichnete die Besonderheit des historischen Moments aus - eine politisierte Annäherung an die populäre Kultur. Trotzdem blieb der Widerspruch zwischen den Intellektuellen und den "classes populares" bestehen. J.M. Ortiz Ramos betont, die Position des ISEB sei eine Halde für abzulehnende oder gar falsche Konzeptionen zur Volkskultur und zur Kulturpolitik gewesen. Er mißversteht, daß gerade diese Konzeptionen und die künstlerischen Resultate wegweisenden Charakter sowohl für die brasilianische Kulturproduktion wie für

den Kulturexport hatten. (J.M.Ortiz. Ramos, 1983, 43)
Kapitel 2, Seite 40

55) Stimmen aus der Reihe der *Cinema Novo* Regisseure sprachen sich gegen Produktionsabkommen mit ausländischen Produzenten aus, weil dadurch die Produktionskosten für die Brasilianer steigen würden.
Kapitel 2, Seite 41

56) "Brazilian film" is one that is produced by a Brazilian firm and spoken in Portuguese. Its technical crew and cast must be composed of at least two thirds Brazilians or foreigners residing in the country for mor than two years. All studio scenes must be shot in Brazil, and the film must be developed and mixed in the country." Dabei ist es nicht mehr notwendig, daß das Filmkapital zu 100 Prozent nationales Kapital ist.
Kapitel 2, Seite 41

57) Darunter fielen einige Literaturverfilmungen wie *Menino de Engenho, O Padre e a Moça* und *A Hora e a Vez de Augusto Matraga.*
Kapitel 2, Seite 41

58) Ricardo Cravo Albin trat in der Zeit der schärfsten Repression unter Emílio Garrastazu Médici und Jarbas Passarinho als Minister für Erziehung und Kultur sein Amt an. Als Rechtsanwalt verstand er nicht viel von der Filmproduktion. Er wollte Filme mit kommerziellem Erfolg fördern, die wie *Macunaíma* beim Publikum ankamen.
Kapitel 2, Seite 44

59) Randal Johnson zeigt, daß José Mario Ortiz Ramos ungerechtfertigterweise feststellt, die Filme der Universalisten seien in verstärktem Maße ausgezeichnet worden.
(JOHNSON, 1987, 114)
Kapitel 2, Seite 45

60) José M.O. Ramos: Cinema, Estado e Lutas Culturais, Rio de Janeiro 1983, S. 110
Kapitel 2, Seite 48

61) In dieser Kommission saßen Carlos Augusto Calil, Direktor der Embrafilme, Gustavo Dahl, Präsident der Concine, Leon Hirszman von der Vereinigung der brasilianischen Filmregisseure (Associação Brasileira de Cineastas), Hermano Penna von der Vereinigung der Regisseure aus São Paulo (Associação Paulista de Cineastas). Luiz Carlos Barreto als Produzent, Antônio Francisco Campos vom Nationalen Verband der Vorführbetriebe, Alvaro Pacheco als Verleiher, Roberto D'Usta Vaz von der Gruppe Valladares, Ana Thereza Meireles und Edson de Oliveira Nunes vom Planungsbüro des Präsidenten (Secretaria de Planejamento (SEPLAN).
Kapitel 2, Seite 55

62) Diese Entscheidung stieß auf erbitterten Widerstand bei Carlos Augusto Calil, der nach seiner Amtsübernahme ein Koproduktionsprogramm mit Kanada initiiert hatte, um die Fortbildung von Studiotechnikern und eine technische Verbesserung der Studiostandards zu fördern. Kanada zahlte zwei Drittel der Kosten dieses Projektes, *Embrafilme* war mit einem Drittel beteiligt.
Kapitel 2, Seite 56

63) vgl. Randal Johnson: The Nova República and the Crisis in Brazilian Cinema, in: Latin American Research Review, Band 24, Nr. 1, 1989, S. 125-139
Kapitel 2, Seite 56

64) Calil übernimmt die Leitung der Cinemateca Brasileira in São Paulo.
Kapitel 2, Seite 56

65) Die *Fundação Nacional de Arte* förderte Projekte in den Bereichen Bildende Kunst, Musik, Folklore und Graphik sowie sie ausserdem ein Fotolabor unterhielt und die Arbeit von Museen und Archiven unterstützte. Die Fundacen setzte sich aus vier Instituten zusammen: Oper, Zirkus, Tanz und Theater wurden verwaltet und betreut. In Rio de Janeiro, São Paulo und Brasília betreute sie ihre eigenen sechs Theater und zusätzlich das *Centro Nacional de Estudos* mit einer Bibliothek, einem Archiv und Ausstellungsräumen.
Kapitel 2, Seite 57

66) Carlos Augusto Calil, Interview mit der Verfasserin, São Paulo, 9. März 1991.
Kapitel 2, Seite 58

67) Jornal da Tarde 4. August 1990.
Kapitel 2, Seite 58

68) "Este banco como contou Carlos Augusto Calil, diretor da Cinemateca em São Paulo e antigo diretor-geral da *Embrafilme*," é o único mecanismo que pode substituir a *Embrafilme.*" Em 1986 técnicos do BNDES e da E atriculavam um plano de incentivo ao cinema nacional, mas esbarraram na recusa do então ministro da Cultura Celso Furtado", in: Daniel Benevides: A Hora do Pesadelo, Versão Brazil, Jornal da Tarde, 21. Juni 1990.
Kapitel 2, Seite 59

69) Nelson Pereira dos Santos ist der Meinung, daß der Inhalt der Filme wichtiger ist als die technische Finesse, da die Zuschauer in erster Linie mit guten Stories unterhalten werden wollen. Diese Aussage entspricht ebenfalls den Anforderungen der Neuen Welle, bei der die technische Qualität hinter dem Inhalt zurückstehen sollte.
Kapitel 3, Seite 61

70) Glauber Rocha: Revolução do *Cinema Novo*, Rio de Janeiro: Alhambra, Embrafilme, 1981, S. 101
Kapitel 3, Seite 61

71) 1968 bildete sich in Frankreich die Gruppe "Dziga Wertow", die nach den von Dziga Wertow formulierten Grundsätzen arbeitete und somit "altes" aus der Kinogeschichte in die Gegenwart hinüberholte. Der russische Regisseur lehnt den Begriff Filmkunst ab und erörtert, wie die Filmkamera sich tastend an der Realität orientierten soll, um sich in ihrer Umgebung zurechtzufinden. "Wir ziehen die trockene Chronik dem konstruierten Szenarium vor, wenn wir über die Lebensgewohnheiten und die Arbeit der Menschen berichten. Wir mischen uns niemals in das Leben ein. Wir nehmen Fakten auf, organisieren sie und bringen sie über die Filmleinwand in das Bewußtsein der Arbeitenden. Wir berücksichtigen, was die Welt erklärt, was uns klar macht, wie sie ist - das ist unsere Hauptaufgabe." Dziga Wertow: Kinoglas, in: Karsten Witte (Hrsg.): Theorie des Kinos, Frankfurt am Main 1972, S.86
Kapitel 3, Seite 61

72) Bereits in den Filmen der frühen 30er Jahre war die entfesselte Kamera von Regisseuren wie Erich Pommer oder Joe May in den Berliner UFA-Studios üblich. Auch wurde sie im italienischen Neorealismus gebraucht.
Kapitel 3, Seite 62

73) Dabei gibt es geringfügige Verschiebungen: Beispielsweise ist *A Hora e A Vez de Augusto Matraga* von Roberto Santos im Jahr 1966 gedreht, gehört thematisch zur ersten Phase des *Cinema Novo.*
Kapitel 3, Seite 63

74) Ismail Xavier: Alegorias do desengano, A reposta do Cinema Novo à modernização conservadora, São Paulo 1989.
Kapitel 3, Seite 64

75) Zensur wird in Korrelation zur Massenwirksamkeit des Mediums ausgeübt. An erster Stelle rangieren die massenwirksamen Medien wie Filme, Fernsehen, Radio und Theater, die einer strengen Vorzensur unterliegen. Alle Beiträge werden vor ihrer Veröffentlichung oder Ausstrahlung auf ihren politischen Gehalt geprüft und als zulässig oder unzulässig eingestuft. Auch in der Presse galt die Vorzensur. Nur in der Literatur fand Nachzensur statt, d.h. eine Auflage konnte erscheinen, der Verleger mußte aber damit rechnen, daß sie von der unberechenbar agierenden Nachzensur beschlagnahmt wurde.
Kapitel 3, Seite 64

76) Heloísa Buarque de Hollanda kommentiert dieses Phänomen: "O Cinema Novo havia tentado se desvincular da produção industrial visando maior independência criativa. O resultado foi um cinema distante das massas, um cinema que se fechou em si mesmo. Ao mesmo tempo, a produção industrial de filmes de qualidade duvidosa proliferava e conseguia um contato efetivo com o público." In: Heloísa Buarque de Hollanda: Herois de nossa gente , Dissertação de Mestrado UFRJ, Rio de Janeiro 1974, S.101
Kapitel 3, Seite 65

77) Jean-Claude Bernardet: Das brasilianische Kino und der ungelöste Widerspruch, in: Peter B. Schumann Hg.: Kino und Kampf in Lateinamerika, München, Wien 1976, S. 100
Kapitel 3, Seite 65

78) Nelson Pereira dos Santos, Interview mit der Verfasserin, S. 3
Kapitel 3, Seite 67

79) Nelson Pereira dos Santos, a.a.O., S. 4
Kapitel 3, Seite 68

80) vgl. Interview Davi Arigucci, Interview mit der Verfasserin, São Paulo 1988.
Kapitel 3, Seite 68

81) Der Film wurde von der Filmtechnikergewerkschaft Rio de Janeiros (Sindicato dos Técnicos do Rio de Janeiro - Sated) produziert. Alberto Cavalcanti drehte den ersten Teil: *Dois Dedos* Luis Paulinho drehte *A Prisão* und *O Ladrão* ist die dritte Kurzgeschichtenverfilmung aus der Anthologie *Insônia* von G. Ramos.
Kapitel 3, Seite 68

82) Weitere Autoren, die in seiner Filmographie erscheinen, sind Nelson Rodrigues (*A Boca de Ouro* 1962) und Machado de Assis (*O Rio de Machado de Assis* und *Azyllo Muito Louco* (1969/71)) nach dem Roman *O Alienista* sowie *El Justiceiro* (1966) nach der Erzählung *As Vidas de El Justiceiro* von João Bethencourt, *Fome de Amor* ist kein eigenes, sondern ein angetragenes Projekt nach *História para se ouvir de noite* von Guilherme Figueiredo.
Kapitel 3, Seite 68

83) Roberto Schwarz: *Nacional por subtração*, in: Que horas são?, São Paulo 1987, S. 29-48
Kapitel 3, Seite 69

84) "Das *Cinema Novo* war für die Kinowelt identisch mit dem Kino Brasiliens, was ihm im eigenen Land eine gewisse Narrenfreiheit und Kreditwürdigkeit gab. Es war zusammen mit dem Bossanova der bedeutendste Kulturexportartikel der sechziger Jahre. Ein kultureller Faktor, ein Stück Gegenkultur, die zum erstenmal das Medium Film benützte, um über die wirklichen Verhältnisse des Riesenlandes zu informieren. Eine Kinobewegung, die sich auch ästhetisch weitgehend von fremden Vorbildern befreien konnte und für das neue Kino Lateinamerikas entscheidende Initialfunktion besitzen sollte. Und es blieb auch

noch zu einer Zeit Medium der Opposition, als deren Organisationen vom Faschismus bereits zerschlagen waren." in: Peter B. Schumann: Handbuch des Lateinamerikanischen Films, Frankfurt 1982, S. 45
Kapitel 3, Seite 69

85) vgl. Bernardet, Jean-Claude: Das brasilianische Kino und der ungelöste Widerspruch, in: Schumann, Peter B. Hg.: Kino und Kampf in Lateinamerika, München, Wien 1976, S. 104
Kapitel 4, Seite 71

86) João Luiz Lafetá, Estética e Ideologia: o Modernismo em 1930, in: Argumento, S. 27
Kapitel 4, Seite 72

87) Lafetá: O mundo à revelia, in São Bernardo, Rio de Janeiro 1986, S. 202
Kapitel 4, Seite 72

88) G. Ramos, ebda., S. 10
Kapitel 4, Seite 77

89) Lafetá: Narrativa e Busca, in: O mundo à revelia, S. 209/210
Kapitel 4, Seite 80

90) vgl. Jean-Claude Bernardet: Cinema Brasileiro, Propostas para uma História, Rio de Janeiro, Paz e Terra, 1979, S. 53
Kapitel 4, Seite 81

91) Es folgen Dokumentarfilme wie *Maioria Absoluta und Minoria Absoluta* (1964). Danach entsteht der Spielfilm *Garota de Ipanema* in enger Zusammenarbeit mit Vinicius de Morais und 1969 der Dokumentarfilm *Nelson Cavaquinho*. Nach einigen Kurzfilmen wie *Sexta-feira da Paixão, Sábado de Aleluia* und *Caetano/Gil/Gal* und *Vingança dos 12* beschäftigt sich Hirszman mit *São Bernardo*, seiner zweiten Literaturverfilmung.
Kapitel 4, Seite 81

92) Nelson Pereira do Santos, Interview mit der Verfasserin, Rio de Janeiro, 24. März 1988.
Kapitel 4, Seite 82

93) Interview mit Leon Hirszman, in: Filme e Cultura Nr. 25, März 1974
Kapitel 4, Seite 82

94) Alex Viany: Graciliano Ramos lido por Leon Hirszman in: Jornal do Brasil 12. Oktober 1973
Kapitel 4, Seite 83

95) "Eine Synekdoche ist eine Redewendung, in der ein Teil für das Ganze oder das Ganze für einen Teil steht" (Monaco, 1987, 150)
Kapitel 4, Seite 83

96) Dialogliste des Films, S. 1
Kapitel 4, Seite 83

97) Helena Salém: Nelson Pereira dos Santos, Rio de Janeiro, Nova Fronteira, 1987, S. 145
Kapitel 4, Seite 99

98) José Carlos Avellar: A Razão e o Sentimento, in: Jornal do Brasil, Rio de Janeiro, 27. Oktober 1981.
Kapitel 4, Seite 100

99) Jorge Amado, Conversations avec Alice Raillard, Paris: Editions Gallimard, 1990, S. 89
Kapitel 4, Seite 101

100) Graciliano Ramos, *Memórias do Cárcere* Band I und II, Rio de Janeiro: Editora Record, 1987. (Zitatquellen werden mit dem Kürzel MDC1 bzw. MDC2 angegeben.)
Kapitel 4, Seite 101

101) Graciliano Ramos verweist auf die Zensur, die die Kulturproduktion hemmt. Das Departamento de Imprensa e Propaganda wurde 1939 von Präsident Vargas gegründet und kontrollierte sämtliche Organe der öffentlichen Meinungsäußerung, wie Theater, Film, Hörfunk, Literatur und Presse. Dieser Umstand hat aber nicht verhindert, daß Ramos selbst die *Memórias do Cárcere* geschrieben hat und damit für das Genre der Memoiren eine radikalere Variante gefunden hat.
Kapitel 4, Seite 101

102) Hans Füchtner, Die brasilianischen Arbeitergewerkschaften, ihre Organisation und ihre politische Funktion, Frankfurt am Main 1972, S. 38 ff
Kapitel 4, Seite 102

103) Jorge Amado, Conversations avec Alice Raillard, Paris, 1990, S. 87/88
Kapitel 4, Seite 103

104) Antônio Cândido, Literatura e Cultura de 1900-1945, in: Literatura e sociedade, São Paulo 1973.
Kapitel 4, Seite 103

105) João Luiz Lafetá, Estética e Ideologia, O Modernismo em 1930, in: Argumento, Ano 1, no 2, 1973, S. 26-27
Kapitel 4, Seite 103

106) Valentim Facioli, Biografia intelectual, in: Garbuglio, Facioli, Bosi: Graciliano Ramos, São Paulo, Editora Atica, 1987, S. 25
Kapitel 4, Seite 103

107) Emir Rodríguez Monegal, Graciliano Ramos und der Regionalismus im brasilianischen Nordosten, in: Mechtild Strausfeld (Hrsg.) Brasilianische Literatur, Frankfurt 1984, S. 230
Kapitel 4, Seite 104

108) Ismail Xavier, Graciliano Heroí, in: Filme e Cultura 44, abril-agosto 1984, S. 14-18
Kapitel 4, Seite 104

109) Valentim Facioli, Um homem bruto da terra - biografia intelectual, in: Garbuglio, Bosi, Facioli: Graciliano Ramos, São Paulo: Editora Atica S.A., 1987
Kapitel 4, Seite 104

110) Nelson Pereira dos Santos, Interview mit der Verfasserin, Rio de Janeiro, 24. März 1988, S. 7
Kapitel 4, Seite 105

111) Hildon Rocha, Graciliano e suas Memórias do Cárcere, in: O Estado de São Paulo, Jg. IV, Nr. 211, 24.6.1984, Caderno S. 2
Kapitel 4, Seite 105

112) Nelson Werneck Sodré, Memórias do Cárcere, in: G. Ramos, Memórias do Cárcere, Band 1, Rio de Janeiro 1987, S. 15
Kapitel 4, Seite 106

113) G.Ramos, Memórias do Cárcere, Rio de Janeiro 1987, S. 54
Kapitel 4, Seite 111

114) NelsonPereira dos Santos, Regie, *Memórias do Cárcere,* International Home Cinema, INC., 1986 OMU (englische Untertitel) Der Film wurde 1989 vom DDR-Fernsehen in

synchronisierter, geringfügig gekürzter Fassung unter dem Titel "Erinnerungen an die Hölle" gesendet. Der vorliegenden Analyse liegt die US-amerikanische Videoversion (120 Minuten) zugrunde.
Kapitel 4, Seite 124

115) Sequenz: Eine Folge von inhaltlich zusammenhängenden Einstellungen ergibt eine Sequenz, Szene:Allgemeine Bezeichnung für eine Einheit der Filmerzählung, in: James Monaco: Film verstehen, Reinbek bei Hamburg 1987, Anhang 1: Fachbegriffe, S. 383-411
Kapitel 4, Seite 124

116) Weitere großzügig angelegte Produktionen der 80er Jahre sind *Quilombo* von Ruy Guerra und *O Beijo da Mulher Aranha* von Hector Babenco.
Kapitel 4, Seite 124

117) Eine Ausnahme stellt der Film *Je vous salue, Marie* von Godard dar, der nach seinem Erscheinen von der brasilianischen Zensurbehörde verboten wurde.
Kapitel 4, Seite 124

118) Ricardo Ramos, Explicação Final, in: MDC2, a.a.O., S. 318-319
Kapitel 4, Seite 125

119) Pola Vartuck, Memórias, uma vingança contra as ditaduras, in: O Estado de São Paulo, 24.6.1984, Caderno, S. 6
Kapitel 4, Seite 130

120) Geschichte ist auch in Lucino Viscontis *Senso* (1954) präsent. Der Film beschreibt den italienisch-österreichischen Krieg im 18. Jahrhundert, um indirekte Parallelen zum Verhältnis zwischen Mussolinis Italien und Hitlerdeutschland anzusprechen.
Kapitel 4, Seite 133

121) Pola Vartuck, a.a.O., O Estado de São Paulo, 24.6.1984.
Kapitel 4, Seite 133

122) Mit der Besetzung der Rolle des Schriftstellers durch den Schauspieler Carlos Vereza war Pereira dos Santos in der Lage, Charakter und Wesensart des Schriftstellers zu betonen. Vereza setzte, um die Figur des Ramos darzustellen, seinen Körper zwei Gewaltkuren aus: er begann zu rauchen, zum zweiten hat er elfeinhalb Kilogramm abgenommen. Vereza unterlag überdies dem Druck, keine Figur aus der Fiktion, sondern einen Menschen darzustellen, den viele gekannt haben. Er hat sich auf die Persönlichkeit des Schriftstellers eingelassen und repräsentiert ihn in Gestus und Habitus als schwierigen, introvertierten Menschen. Interview mit der Verfasserin vom 3.10.1988.
Kapitel 4, Seite 134

123) Nelson Rodrigues: *O Casamento*, Rio de Janeiro: Eldorado Editora S.A., 1966 (Zitatangaben beziehen sich auf diese Ausgabe) Jabor, Arnaldo, Regie. *O Casamento*. Spielfilm. Nach dem Roman von Nelson Rodrigues. Ventania Produções Cinematográficas Ltda./Produções Cinematográficas R.F. Farias Ltda, 1975.
Kapitel 4, Seite 138

124) Marina Spinu: Das dramatische Werk des Brasilianers Nelson Rodrigues, Frankfurt, Bern, New York: Peter Lang, 1986, S. 103
Kapitel 4, Seite 138

125) Manchete, Rio de Janeiro 7.2.1976
Kapitel 4, Seite 138

126) Die in Klammern angegebenen Seitenzahlen beziehen sich auf die für diese Arbeit verwendete Ausgabe des Romans von Nelson Rodrigues: O Casamento, Rio de Janeiro, Eldora-

do Editora S.A., 1966.
Kapitel 4, Seite 138

127) In Interviews hat Rodrigues mehrfach erklärt, daß er die französische "nouvelle vague" und den italienischen Neorealismus als ein Kino der Falschmünzer begreift. Für ihn zähle einzig das Kino Hollywoods, weil es das Publikum fasziniere.
Kapitel 4, Seite 145

128) Von Nelson Rodrigues wurden verfilmt: *Meu Destino é Pecar* (Manuel Peluffo, 1952) *Boca de Ouro* (Nelson Pereira dos Santos, 1962), *Bonitinha, mas Ordinária* (J.P. de Carvalho, 1963), *Asfalto Selvagem* (J.B. Tanko, 1963), *O Beijo* (nach *O Beijo no Asfalto*, Flávio Tambellini, 1965), *A Falecida* (Leon Hirszman, 1965), *Engraçadinha depois dos Trinta* (J.B. Tanko, 1966), *Toda Nudez Será Castigada* (Arnaldo Jabor, 1973), *O Casamento* (Arnaldo Jabor, 1975), *A Dama da Lotação* (Drehbuch: Nelson Rodrigues, Regie: Neville D'Almeida,1978), *Os Sete Gatinhos* (Neville D'Almeida, 1980), *Engraçadinha, seus amores e seus Pecados* (Haroldo Marinho Barbosa, 1981), und Remakes von *Bonitinha mas Ordinária* (Braz Chediak, 1981) und *O Beijo no Asfalto* (Bruno Barreto, 1981) und *Boca de Ouro* (Walter Avancini, 1988).
Kapitel 4, Seite 146

129) Johnson, Randal: Nelson Rodrigues as filmed by Arnaldo Jabor in: Latin American Theatre Review, Lawrence, Jg. 1982, Kan. 16, S. 15-28
Kapitel 4, Seite 146

130) In: Escritores em Depoimento, Filme Cultura, VI, no 20 (Mai - Juni 1972) S. 16
Kapitel 4, Seite 147

131) Arnaldo Jabor, Interview mit der Verfasserin, Rio de Janeiro 14. Oktober 1988, Seit e 11
Kapitel 4, Seite 147

132) Arnaldo Jabor, Interview mit der Verfasserin, Rio de Janeiro, 14. Oktober 1988, Seite 2
Kapitel 4, Seite 147

133) Arnaldo Jabor, Interview mit der Verfasserin, ebda., S. 1
Kapitel 4, Seite 147

134) Jabor não esconde o jogo, in: Opinião, 3. Oktober 1975, S. 20
Kapitel 4, Seite 148

135) José Mario Ortiz Ramos: O Cinema Brasileiro contemporâneo (1970-1987) Módulo 7 in F. Ramos, Hg.: História do Cinema Brasileiro, São Paulo: Art Editora, 1987, S. 405
Kapitel 4, Seite 148

136) Jabor não esconde o jogo, in: Opinião, 3. Oktober 1975, S. 20
Kapitel 4, Seite 148

137) Arnaldo Jabor: Interview mit der Verfasserin S. 6, 14.10.1988
Kapitel 4, Seite 149

138) Johnson, Randal: Nelson Rodrigues as filmed by Arnaldo Jabor a.a.O., S. 19
Kapitel 4, Seite 150

139) Im Fall von *Toda Nudez Será Castigada* liegt das Theaterstück mit Dialogen vor, das Jabor inszenierte. Jabor fügte in *Toda Nudez Será Castigada* auch Szenen und Personen hinzu, beispielsweise den Bolivianer, der im Stück von Rodrigues nicht vorkommt. Jabor inszenierte das Drama im Spannungsfeld von Liebe und Tod, was durch die Tangomusik von Astor Piazolla unterstrichen wird. Diese Thematik ist bei Nelson Rodrigues unterschwel-

lig immer präsent, wenn er sagt: "*O amor é a mais desesperada das paixões*" Das Theaterstück gab dem Regisseur Freiheiten, die vorhandenen Dialoge und szenischen Materialien auszubauen und gemäß den eigenen Intentionen umzuformen.
Kapitel 4, Seite 150

140) "Der Index: Er mißt eine Qualität nicht, weil er mit ihr identisch ist, sondern weil er eine inhärente Beziehung zu ihr hat." Peter Wollen unterscheidet technische und metaphorische Indices. (Monaco: 1987, 147)
Kapitel 4, Seite 151

141) Randal Johnson, a.a.O., S. 27
Kapitel 4, Seite 158

142) Clarice Lispector: *A Hora da Estrela*, 7. Auflage, Rio de Janeiro, Ed. Nova Fronteira, 1984 (Für Zitatangaben wird diese Auflage zugrundegelegt.) Deutsche Übersetzung: Clarice Lispector: *Die Sternstunde*, Frankfurt am Main 1975 (übersetzt von Curt Meyer-Clason).
Kapitel 4, Seite 159

143) vgl. z.B. die Montagetechnik, die Übernahme der Drehbuchform als formale Grundlage in *Zero* von Ignácio de Loyola Brandão
Kapitel 4, Seite 159

144) Sie stirbt am 9. Dezember 1977 im Alter von 52 Jahren an Krebs.
Kapitel 4, Seite 159

145) Gero von Wilpert: Sachwörterbuch der Literatur, Stuttgart: Kröner, 1969, S. 655
Kapitel 4, Seite 160

146) Technicolor: "Verfahren zum Entwickeln eines Farbfilms, bei dem drei Schwarzweißfilme belichtet, eingefärbt und anschließend auf einen einzigen Streifen umgedruckt werden", in: Duden Deutsches Universalwörterbuch A-Z, Mannheim, Wien, Zürich 1983
Kapitel 4, Seite 161

147) Die Auffassung von Benedito Nunes, der im Text zwei unterschiedliche miteinander verflochtene Geschichten sieht, teile ich nicht. Die Metaebene, in der die Problematik schriftstellerischen Tuns und seiner Motivation erfaßt wird, scheint mir abgegrenzt von seinen übrigen konzeptionellen Erwägungen und eher ein eigenständiges Reflexionsgerüst zu sein. Vgl. Benedito Nunes: Clarice Lispectors Passion, in: Mechtild Strausfeld, Hg.: Brasilianische Literatur, Frankfurt am Main 1984.
Kapitel 4, Seite 163

148) Benedito Nunes: Clarice Lispectors Passion, in: Mechtild Strausfeld,Hg.: Brasilianische Literatur,Frankfurt am Main 1984, S. 273-288
Kapitel 4, Seite 163

149) Hélène Cixous: Extrème Fidelité, in: Travessia no 14, Florianópolis 1987.
Kapitel 4, Seite 163

150) Clarice Lispector greift auf Vorbilder aus der brasilianischen Literatur zurück, beispielsweise auf den Roman *Brás Cubas*, wo Machado de Assis den Leser von seinem Protagonisten durch das Textlabyrinth führen läßt.
Kapitel 4, Seite 165

151) Zu den renommierten Dokumentarfilmen zählt auch *Vale da Vida ou Vale da Morte* (1983) über Cubatão, eine von chemischer Industrie verseuchte Stadt im Süden São Paulos.
Kapitel 4, Seite 175

152) L. Damasceno: Talk for Princeton women's Center "Women: Both Sides of the Camera" Series, April 1988, S. 4
Kapitel 4, Seite 175

153) Sie sind nicht mehr wert als "tres moscas no açuareiro" wie José Rubem Fonseca seinen Ich-Erzähler in *Feliz Ano Novo* über den Menschenwert von Marginalen in den Augen der Reichen kommentieren läßt.
Kapitel 4, Seite 185

154) Suzana Amaral: Interview mit der Verfasserin, São Paulo, 31.5.1988.
Kapitel 4, Seite 185

Literaturverzeichnis

ABREU DE OLIVEIRA, Maria de Lourdes: Montagem no Cinema e na Literatura, in: Vozes, Ano 78, No 8, outubro, Petropolis 1984, S. 565-571.

ALBERSMEIER, Franz-Josef und ROLOFF, Volker Hg.: Literaturverfilmungen, Frankfurt am Main 1989.

ALBERSMEIER, Franz-Josef Hg.: Texte zur Theorie des Films, Stuttgart 1979.

ANTÔNIO, João: Leão de Chacara, Rio de Janeiro: Ed. Civilização Brasileira, 1975.

AUGUSTO, Sérgio: Este Mundo é um Pandeiro, São Paulo: Editora Schwarz, 1979.

AVELLAR, José Carlos: O Cinema dilacerado, Rio de Janeiro: Alhambra, 1986.

AVELLAR, José Carlos: A Razão e o Sentimento, in: Jornal do Brasil, Rio de Janeiro, 27. Oktober 1981.

BAKHTIN, M.M.: Speech Genres and other late Essays, Austin: University of Texas Press, 1986.

BALOGH ORTIZ, Ana Maria: Tradução Fílmica de um Texto Literário, São Paulo, USP, 1979.

BARTHES, Roland: Literatur oder Geschichte, Frankfurt am Main 3. Auflage, 1981.

BAZIN, André: Qu'est-ce que le cinéma?, Paris 1959.

BENJAMIN, Walter: Das Kunstwerk im Zeitalter seiner technischen Reproduzierbarkeit, in: TIEDEMANN, Rolf und SCHWEPPHÄUSER, Hermann Hg.: Gesammelte Schriften, Frankfurt am Main 1974.

BERNARDET, Jean-Claude und RAMOS, Alcide Freire: Cinema e História do Brasil, São Paulo: Contexto, 1988.

BERNARDET, Jean-Claude: Bibliografia Brasileira do Cinema, Rio de Janeiro: Embrafilme, 1987.

BERNARDET, Jean-Claude: Cineastas e Imagens do Povo, São Paulo: Brasiliense, 1985.

BERNARDET, Jean-Claude: A Cidade, O Campo, in: Cinema Brasileiro: 8 Estudos, Rio de Janeiro: Embrafilme, MEC, Funarte, 1980.

BERNARDET, Jean-Claude: Cinema Brasileiro, Propostas para uma História, Rio de Janeiro: Paz e Terra, 1979.

BERNARDET, Jean-Claude: Brasil em Tempo de Cinema, Rio de Janeiro: Paz e Terra, 1978.

BERNARDET, Jean-Claude: Das brasilianische Cinema Novo und der ungelöste Widerspruch, in: SCHUMANN, Peter B.: Kino und Kampf in Lateinamerika, München, Wien 1976.

BOSI, Alfredo Hg.: Cultura Brasileira-Temas e Situações, São Paulo: Atica, 1987.

BOSI, Alfredo: História Concisa da Literatura Brasileira, São Paulo: Editora Cultrix, 1970.

BRUNOW, Jochen: Schreiben für den Film. Das Drehbuch als eine andere Art des Erzählens, München 1988.

BUARQUE DE HOLLANDA, Heloísa: Crítica Literária e Debate Ideológico, in: Ideologies and Literature, Minneapolis, Vol IV, Number 16, May-June 1983.

BUARQUE DE HOLLANDA, Heloísa und GONÇALVES, Marcos Augusto: Cultura e Participação nos Anos 60, São Paulo: Brasiliense, 1982.

BUARQUE DE HOLLANDA, Heloísa: Macunaíma, da literatura ao cinema, Rio de Janeiro: EMBRAFILME, 1978.

BUARQUE DE HOLLANDA, Heloísa: Herois de nossa gente, Dissertação de Mestrado UFRJ, Rio de Janeiro 1974.

BUENO-RIBEIRO, Eliana: Memória e (é) ficção, As Memórias do Cárcere de Graciliano Ramos, in: Letterature d'América, Roma, Anno VII, no 29/31, 1985-1986.

BURTON, Juliane: Cinema and Social Change in Latin America, Austin: University of Texas Press, 1986.

CÉSAR, Ana Cristina: Literatura não é documento, Rio de Janeiro: Funarte, 1980.

CÂNDIDO, Antônio: Literatura e Sociedade, São Paulo: Companhia Editora Nacional, 1973.

CÂNDIDO, Antônio: Tèse e Antitese, São Paulo 1964.

CÂNDIDO, Antônio: Ficção e Confissão, Rio de Janeiro: José Olímpico, 1956.

CALIL, Carlos Augusto: A Vera Cruz e o mito do cinema industrial, in: A Vera Cruz e o mito do cinema industrial, in: Projeto Memória Vera Cruz, São Paulo: Museu da Imagem e do Som, 1987, S. 9-23.

CAVALCANTI DE PAIVA, Salvyano: História ilustrada dos Filmes Brasileiros 1929-1988, Rio de Janeiro: Francisco Alves, 1989.

CHIAPPINI MORÃES LEITE, Lígia: Vera Cruz: Cinema e Literatura, in: Almanaque 7, Cadernos de Literatura e Ensaio, São Paulo: Brasiliense, 1978.

COHEN, Keith: Film and Fiction, the Dynamics of Exchange, New Haven and London, 1979.

COSTA LIMA, Luiz: Graciliano Ramos e o Romance Nordestino, in: Eduardo Portella, Fernando Cristovão, Luiz Costa Lima u.a.: O Romance de 30 no Nordeste, Fortaleza 1983.

CIXOUS, Hélène: Extrème Fidelité, in: Travessia, Nr. 14, Florianopolis 1987.

DAMASCENO, L.: Talk for Princeton women's Center "Women: Both Sides of the Camera", in: Series, April 1988.

DIEGUES, CARLOS: Cinema - Idéias e Imagens, Rio Grande do Sul 1988.

DIEGUES, Carlos: Cinema Brasileiro, Porto Alegre: Editora da Universidade, 1988.

DUDEN: Deutsches Universalwörterbuch A-Z, Mannheim, Wien, Zürich 1983.

ELIAD, Tudor: Les secrets de l'adaptation, Paris: Editions Dujarric, 1981.

FASSBINDER, Rainer Werner: Die Anarchie der Phantasie, hrsg. von Michael Töteberg, Frankfurt am Main: Fischer Taschenbuchverlag, 1986.

FAULSTICH, Werner: Die Filminterpretation, Göttingen: Vandenhoeck und Ruprecht Verlag, 1988.

FAUSTO, Boris: História Geral da Civilização Brasileira, Band I-IV, São Paulo: Difel, 1977-1981 (Band III: Sociedade e Política 1981).

FERNANDES, Florestan: Na revolução da democracia, in: Alfredo BOSI Hg.: Cultura Brasileira, Temas e Situações, São Paulo: Atica, 1987, S. 219-224.

FERREIRA DE OLIVEIRA, Moacyr Hg.: Jornal da Tela: Embrafilme, 20 anos, März 1990.

FOSCHINI, Ana Carmen: O Cinema Brasileiro pára. À espera de um pacote, in: Jornal da Tarde, 4. August 1990.

FOSTER, David William und RAMOS FOSTER, Virginia: Modern Latin American Literature, Bd.I und II, New York 1975.

FRYE, Northorp: Analyse der Literaturkritik, Stuttgart: Kohlhammer 1964.

FÜCHTNER, Hans: Die brasilianischen Arbeitergewerkschaften, Frankfurt am Main 1972.

GALTUNG, Johan: Strukturelle Gewalt, Reinbek bei Hamburg 1982

GALVÃO, Maria Rita: Vera Cruz, a Brazilian Hollywood, in: Randal JOHNSON, Robert STAM: Brazilian Cinema, London, Toronto, East Brunswick 1982, S. 270-280.

GARBUGLIO, José Carlos, BOSI, Alfredo, FACIOLI,Valentim: Graciliano RAMOS, São Paulo: Editora Atica, 1987.

GREGOR, Ulrich: Geschichte des Films ab 1960, Bd. 4, Reinbek bei Hamburg 1983.

GREGOR, Ulrich und PATALAS, Enno: Geschichte des Films, Bd.I und II, Reinbek bei Hamburg, 1986.

HENNEBELLE, Guy und GUMUCIO-DRAGON, Alfonso: Les Cinemas de L'Amérique Latine, Paris: L'herminier, 1981.

HIRSZMAN, Leon: ABC da Greve, São Paulo, Cinemateca Brasileira, 1991.

HIRSZMAN, Leon: Interview, in: Filme e Cultura, Nr. 25, März 1974.

HULEK-GNÄRIG, Anette: Nationale Selbstdefinition in der brasilianischen Malerei, Berlin: Dissertation an der Freien Universität Berlin, 1987.

JINKS, William: The Celluloid Literature, Toronto 1971.

JOHNSON, Randal: The Nova República and the Crisis in Brazilian Cinema, in: Latin America Research Review Vol. XXIV, no 1, 1989, S.125- 139.

JOHNSON, Randal: The Film Industry in Brazil, Culture and the State, Pittsburgh: University of Pittsburgh Press, 1987.

JOHNSON, Randal: Cinema Novo x 5 Masters of Contempory BrazilianFilm, Austin: Texas Press, 1984.

JOHNSON, Randal: Literatura e Cinema, Macunaíma: do Modernismo na Literatura ao Cinema Novo, São Paulo: T.A. Queiroz, 1982.

JOHNSON, Randal: Nelson Rodrigues as filmed by Arnaldo Jabor in: Latin America Theatre Review Lawrence, Jg. 1982, Kan. 16, S. 15-28.

JOHNSON, Randal und STAM, Robert: Brazilian Cinema, East Brunswick, London, Toronto: Associated University Press, 1982.

JOHNSON, Randal: Vidas Secas and the Politics of Filmic Adaptation, in: Ideologies and Literature, Minneapolis, Vol II, No 15, Jan-March 1981.

KANZOG, Klaus: Einführung in die Filmphilologie, München: Diskurs Film 4, 1991.

KANZOG, Klaus: Adaptability of Literature to Cinema (2nd Bombay Film Festival), Vorlesung vom 20. Dezember 1989.

KANZOG, Klaus: Der Film als philologische Aufgabe, in: Pestalozzi,von Bomann, Alexander und Koebner, Thomas, Hg.: Akten des VII. Internationalen Germanisten-Kongresses, Bd. 10, Tübingen 1986.

KANZOG, Klaus: Wege zu einer Theorie der Literaturverfilmung am Beispiel von Volker Schlöndorffs Film "Michael Kohlhaas - Der Rebell, in: Joachim Paech: Methodenprobleme der Analyse verfilmter Literatur, Münster: Maks, 1983.

KITTREDGE, William und Steven M. KRANZER: Stories into Film, Toronto 1979.

KRAKAUER, Siegfried: Theorie des Films, Frankfurt am Main 1964.

KRISTEVA, Julia: The Pain of Sorrow in the Modern World: The Works of Marguerite Duras, in: PMLA,Volume 102, Number 2. März 1987.

LAFETÁ, João Luiz: O mundo à revelia, in: Graciliano RAMOS, São Bernardo, Rio de Janeiro 1986, S. 189-213 .

LAFETÁ, João Luiz: Estética e Ideologia: o modernismo em 1930, in: Argumento, ano 1, no 2, novembro 1973.

LAFETÁ, João Luiz: Narrativa e busca, in: GARBUGLIO, José Carlos, BOSI, Alfredo und FACIOLI, Valentim Hg.: Graciliano Ramos, São Paulo: Ática 1987, S. 304-307.

LINDENBERG, Klaus, Hg.: Lateinamerika, Herrschaft, Gewalt und internationale Abhängigkeit, Bonn: Neue Gesellschaft, 1982.

LINS DO REGO, José: Meus Verdes Anos, Rio de Janeiro: José Olímpio, 2. Auflage, 1957.

LISPECTOR, Clarice: A Hora da Estrela, Rio de Janeiro: Nova Fronteira, 7. Auflage, 1984.

LOUZEIRO, João Antônio: Leão de Chácara, Rio de Janeiro: Nova Civilização Brasileira, 1976.

LOTMAN, Jurij M.: Die Struktur literarischer Texte, München: Wilhelm Fink, 2. Auflage 1981.

LÜHR, Volker: Legitime Herrschaft an sich, in: LINDENBERG, Klaus Hg.: Lateinamerika, Herrschaft, Gewalt und internationale Abhängigkeit, Bonn 1982, S. 29-48.

MAGALDI, Sabato: Nelson Rodrigues: Dramaturgia e encenações, São Paulo: Editora Perspectiva, 1987.

MALARD, Letícia: Ideologia e realidade em Graciliano Ramos, Belo Horizonte: Editora Itatiaia LTDA, 1976.

MAZARRA, Richard A.: Graciliano Ramos, New York 1974

MELO SOUZA, José Inácio de: Ação e imaginário de uma ditadura, São Paulo 1990.

MEMET, David: On directing Film, New York: Viking Penguin, 1991.

MENEZES, Raimundo: Dicionário Literário Brasileiro, Rio de Janeiro, São Paulo 1978.

MIRANDA, LUIZ F.A.: Dicionário de Cineastas Brasileiros, São Paulo: Art Editora, 1990.

MONACO, James: Film verstehen, Reinbek: Rowohlt, 1987.

MONEGAL, Emir Rodríguez: Graciliano Ramos und der brasilianische Nordosten, in: STRAUSFELD, Mechtild Hg.: Brasilianische Literatur, Frankfurt am Main 1984, S. 208-231.

MUNERATO, Elice und OLIVEIRA, Maria Helena Darcy: As Musas da Matinê, Rio de Janeiro: Rio Arte, 1982.

MUZART, Zahidé L. Hg.: Clarice Lispector, Travessia no 14, Florianopolis 1987.

NAGIB, Lúcia: Werner Herzog, O Cinema como realidade, São Paulo: Estação Liberdade, 1991.

ORTIZ, Renato: A Moderna Tradição Brasileira, São Paulo, Brasiliense, 1988.

ORTIZ RAMOS, José Mário: Cinema, Estado e Lutas Culturais (Anos 50/60/70), Rio de Janeiro: Paz e Terra 1983.

PAECH, Joachim: Literatur und Film, Stuttgart: Metzler, 1988.

PAECH, Joachim: Methodenprobleme der Analyse verfilmter Literatur, Münster: Maks, 1983

PARANAGUA, Paulo Antônio: Le Cinema Brésilien, Paris: Centre Georges Pompidou, 1987.

PASOLINI, Pier Paolo: Ketzererfahrungen "Empirismo eretico" Schriften zur Sprache, Literatur und Film, Frankfurt am Main, Berlin, Wien, 1982.

PEREIRA DOS SANTOS, Nelson: O Problema do Conteúdo no cinema Brasileiro,

Comunicação ao I Congresso Paulista do Cinema Brasileiro 1952, neu geschrieben von Jean-Claude Bernardet, unterzeichnet vom Regisseur, São Paulo 1991 (unveröffentlicht).

PIRES, Alves: Graciliano Ramos e as Memórias do Cárcere, in: Broteria, Lissabon, Vol 100, No 2, Feb. 1975.

PRÜMM, Karl: Extreme Nähe und radikale Entfernung, in: ALBERSMEIER, Franz-Josef und ROLOFF, Volker Hg.: Literaturverfilmungen, Frankfurt am Main 1989.

RAMA, Angel Hg.: Der lange Kampf Lateinamerikas, Frankfurt am Main, Suhrkamp Verlag, 1982.

RAMOS, Fernão: História do Cinema Brasileiro, São Paulo: Art Editora, 1987.

RAMOS, Graciliano: Memórias do Cárcere, Band I+II, 23. Auflage, Rio de Janeiro: Editora Record, 1987.

RAMOS, Graciliano: São Bernardo, 46. Auflage, Rio de Janeiro: Editora Record, 1986.

RAMOS, Graciliano: Infância, 23. Auflage, Rio de Janeiro: Editora Record, 1987.

RAMOS, Graciliano: Vidas Secas, 58. Auflage, Rio de Janeiro: Editora Record, 1986.

ROCHA, Glauber: Revision Crítica del Cine Brasileño, Madrid: Editorial Fundamento, 1971.

ROCHA, Glauber: O Século do Cinema, Rio de Janeiro: Alhambra, 1985.

ROCHA, Glauber: Revolução do Cinema Novo, Rio de Janeiro, Alhambra, 1981.

ROCHA, Hildon: Graciliano e suas Memórias do Cárcere, in: O Estado de São Paulo, Jg. IV, Nr. 211, 24.6.1984.

RODRIGUES, Nelson: O Casamento, Rio de Janeiro: Eldorado Editora, 1966.

ROMANO DE SANT'ANA, Affonso: Análise Estrutural de Romances Brasileiros, Petropolis: Vozes, 1973.

ROPARS-WUILLEUMIER, Marie-Claire: De la littérature au Cinéma, Paris 1970.

ROSS, Harris: Film as Literature, Literature as Film, Connecticut 1987.

RUPPERT, Peter: Ideas of Order in Literature and Film, Tallahassee 1980.

SALÉM, Helena: Nelson Pereira dos Santos, O Sonho possível do Cinema Brasileiro, Rio de Janeiro: Nova Fronteira, 1987.

SALLES GOMES, Paulo Emílio: Suplemento Literário, Bd. I und II, Rio de Janeiro: Paz e Terra, 1982.

SALLES GOMES, Paulo Emílio: Cinema e trajetória do subdesenvolvimento, Rio de Janeiro: Paz e Terra, 1986.

SANTOS, Roberto: Cinema e literatura, in: Artis, número 7, São Caetano do Sul, Jan/Feb. 1976.

SCHNEIDER, Irmela: Der verwandelte Text, Tübingen 1981.

SCHNITMAN, Jorge: Film Industries in Latin America: Dependency and Development, New Jersey, Norwood 1984.

SCHRÖDER, Gottfried: Text und Film im Fremdsprachenunterricht, in: Joachim PAECH Hg.: Methodenprobleme der Analyse verfilmter Literatur, Münster: Maks, 1984.

SCHUMANN, Peter B.: Handbuch des lateinamerikanischen Films, Frankfurt am Main: Klaus Dieter Vervuert, 1982.

SCHUMANN, Peter B.: Kino und Kampf in Lateinamerika, München, Wien: Hanser Verlag, 1976.

SCHWARZ, Roberto: Que Horas São?, São Paulo: Companhia das Letras, 1987.

SEGALL, Maurício: Mistificando como antigamente, in: Novos Estudos, Vol 1, Nr. 2, S. 18-26, São Paulo 1982.

SENNA, Orlando Hg.: Glauber Rocha, Roteiros do Terceyro Mundo, Rio de Janeiro: Alhambra, Embrafilme, 1985.

SKIDMORE, Thomas E.: Politics in Brasil, New York 1967.

SPINU, Marina: Das dramatische Werk des Brasilianers Nelson Rodrigues, Frankfurt am Main, Bern, New York: Peter Lang, 1986.

STAM, Robert und Ismail XAVIER: Recent Brazilian Cinema: Allegory, Metacinema, Carnival, in: Film Quarterly, Vol XLI, No 3, S. 15-30, 1988.

STAM, Robert: Reflexivity in film and literature - from Don Quichote to Jean-Luc Godard, Berkeley: University of California, 1985.

TAVARES DE BARROS, José: A Imagem da Palavra, Belo Horizonte 1990.

TAVARES DE BARROS, José: Cinema e Literatura no Brasil, Juiz de Fora, 1967.

TEIXEIRA DE MELLO, Alcino: Legislação do Cinema Brasileiro, Band I + II, Rio de Janeiro, Embrafilme, 1986.

TÖTEBERG, Michael Hg.: Rainer Werner Fassbinder, Filme befreien den Kopf, Essays und Arbeitsnotizen, Frankfurt am Main 1986.

VARTUCK, Pola: Memôrias, uma vingança contra as ditaduras, In: O Estado de São Paulo, 24.6.1984.

VIANY, Alex: Graciliano Ramos lido por Leon Hirszman, in: Jornal do Brasil, 12. Oktober 1973.

WALDMAN, Berta und VOGT, Carlos: Nelson Rodrigues, São Paulo: Brasiliense, 1985.

WERNECK SODRÉ, Nelson: Memórias do Cárcere, in: Graciliano Ramos: Memórias do Cárcere, Bd. I, Rio de Janeiro 1987.

WILPERT, Gero von: Sachwörterbuch der Literatur, Stuttgart, Kröner, 1969.

WITTE, Karsten, Hg.: Theorie des Kinos. Frankfurt am Main, 3. Auflage, 1972.

WUSS, Peter: Kunstwert des Films und Massencharakter des Mediums, Berlin 1990.

XAVIER, Ismail: Alegorias do Desengano, São Paulo, USP, 1989.

XAVIER, Ismail: Do Golpe Militar à abertura: A resposta do cinema de autor, in: Ismail Xavier, Pereira Miguel, Bernardet, Jean-Claude: O desafio do cinema, Rio de Janeiro, Zahar: 1985.

XAVIER, Ismail: Graciliano Heroí, in: Filme e Cultura No 44, April-August 1984.

XAVIER, Ismail: Sertão Mar, São Paulo: Brasiliense, 1983.

XAVIER, Ismail: Em torno de São Bernardo, in: Argumento, Nr. 1, Jg. 1, S. 125-130, 1974.

Interviews der Verfasserin mit:

AMARAL, Suzana: São Paulo 31.5.1988

AMARAL, Suzana: São Paulo 27.2.1991

ANDRADE, Joaquim Pedro de: Rio de Janeiro, 18.7.1988, auszugsweise veröffentlicht in: Folha de São Paulo, 21.4.1990

ARRIGUCCI, Davi: São Paulo, 1988

BERNARDET, Jean-Claude: São Paulo, 8.8. 1988

CALIL, Carlos Augusto: São Paulo, 9.3.1991

GERVITZ, Roberto: São Paulo, 1.6.1988

LOUZEIRO, José: Rio de Janeiro, im September 1988

JABOR, Arnaldo: Rio de Janeiro, 14.10.1988

PENNA, Hermano: São Paulo, 20.10.1988

PENNA, Hermano: São Paulo, 3.3.1991

PEREIRA DOS SANTOS, Nelson: Rio de Janeiro, 24. 3.1988

PEREIRA DOS SANTOS, Nelson: Rio de Janeiro, 12.3.1991

UBALDO RIBEIRO, João: Berlin, 4.7.1990

VEREZA, Carlos: Rio de Janeiro, 3.10.1988

XAVIER, Ismail: São Paulo, 4.3.1991

Filme und Drehbücher

AMARAL, Suzana, Regie. A Hora da Estrela, 96 Minuten, Raiz Produções Cin. & Embrafilme, 1985.

HIRSZMAN, Leon, Regie. São Bernardo, 110 Minuten, Saga-Filmes, 1973.

JABOR, Arnaldo, Regie. O Casamento, 111 Minuten, Ventânia Produções Cinematográficas Ltda, Produções Cinemátograficas R.F. Farias, 1975.

PEREIRA DOS SANTOS, Nelson, Regie. Memórias do Cárcere, 120 Minuten, International Home Cinema, INC, 1986 (OMU in englischer Sprache).

PEDRO DE ANDRADE, Joaquim, Regie. O Padre e A Moça, Luis Carlos Barreto, 1966.